DOMINIQUE JAMET

LA CHUTE DU PRÉSIDENT CAILLAUX

Récit

Pygmalion

Sur simple demande adressée à
Pygmalion, 87 quai Panhard-et-Levassor 75647 Paris Cedex 13,
vous recevrez gratuitement notre catalogue
qui vous tiendra au courant de nos dernières publications.

ISBN 978-2-7564-0847-7

À Laetitia-Marie

AVANT-PROPOS

Joseph Caillaux... Mais qui se souvient de Joseph Caillaux ? C'est à peine si ce nom, qui fut au début du XXe siècle celui d'un des personnages principaux de la scène politique française, éveille encore dans la mémoire collective un vague écho, qui va s'affaiblissant avec le temps. L'écho des cinq coups du mignon petit revolver que Mme Caillaux, le 16 mars 1914, eut la très fâcheuse idée de décharger sur la personne de Gaston Calmette, directeur du *Figaro*, qui menait depuis trois mois une campagne forcenée contre son mari. La maladroite ! Tirant presque à bout portant, elle ne pouvait rater, et elle ne rata pas sa cible. Il ne lui était pas venu à l'esprit que son geste criminel allait faire une victime collatérale : Caillaux lui-même qu'elle mettait hors jeu, par ricochet, et cela dans le moment précis où il était en situation de jouer un rôle déterminant et salvateur en éloignant de nous, comme il l'avait fait trois ans plus tôt, le calice sanglant de la guerre.

La catastrophe, cet autre naufrage du *Titanic* à la puissance dix, où allaient sombrer la France, l'Europe et avec elles la douceur de vivre d'une vieille civilisation, a englouti, parmi bien d'autres épaves, jusqu'au souvenir des élections législatives du printemps 1914. Or, après ce scrutin, marqué par la victoire éclatante de la gauche, c'est à Joseph Caillaux, président du parti radical alors dominant, qu'il serait tout naturellement revenu de former le nouveau gouvernement. Le fait divers auquel était mêlé son nom le contraignit à passer son tour en se retirant momentanément de la partie pour se consacrer entièrement à la défense de sa femme. Mais il était entendu dans l'esprit de tous, et d'abord dans le sien, que, sitôt cette affaire réglée, il reprendrait sa place, toute sa place, à la tête d'une équipe ministérielle où Jaurès et les siens auraient fait leur entrée. Il était pour sa part aussi déterminé que le tribun socialiste à tout faire pour barrer la route à ce qui était pour lui « une folie et un crime ».

Mais lorsqu'Henriette Caillaux fut en effet acquittée, le 28 juillet 1914, il était trop tard. À l'autre bout du continent, un mois plus tôt, dans les rues poussiéreuses de Sarajevo, d'autres coups de revolver avaient mis le feu aux poudres. Obtus, féroce et frivole, le parti de la guerre, aux commandes à Vienne, à Saint-Pétersbourg, à Berlin, mais aussi à Paris, n'allait pas laisser filer le prétexte que lui offrait le meurtre imbécile d'un archiduc de rencontre par un Serbe irresponsable. Un prétexte à vingt millions de morts. Caricatures de Machiavel, épigones de Bismarck, émules de Napoléon III, les dirigeants de l'Europe et les foules abusées qu'ils entraînaient dans leur sillage allaient à la boucherie en beuglant des chants patriotiques. Les dés étaient jetés. Du banc de touche, délibérément écarté d'une partie qui lui faisait horreur, Caillaux ne put qu'assister en spectateur consterné et impuissant au déferlement de la barbarie.

La patrie reconnaissante a dédié par centaines des boulevards, des avenues, des esplanades, des places, des rues, des squares, des lycées, des collèges, des écoles, elle a érigé des monuments, elle a dressé des statues à la gloire de grands hommes de taille très diverse. La IIIe République, en particulier, a honoré ses pères fondateurs, Gambetta, vedette du ballon libre, Jules Ferry, malgré le Tonkin ; elle a plus que convenablement traité ses présidents, M. Thiers, en raison ou en dépit de sa victoire sur la Commune, Sadi Carnot ou Paul Doumer après leur fin tragique, Félix Faure dont la sortie pittoresque demeure le plus connu de ses faits d'armes ; elle a pardonné à l'ondoyant et retors Aristide Briand devenu sur le tard le chantre de la paix les écarts de sa jeunesse folle et les reniements de sa maturité. Son assassinat a fait rendre les armes aux pires contempteurs de Jaurès, militant et martyr. Le pompeux et funeste Poincaré, patriote lorrain de son état, le fascinant et néfaste Clemenceau, jacobin de Vendée, nous contemplent de haut pour l'éternité, juchés sur le monstrueux piédestal que leur font quinze cent mille cadavres et quatre millions de blessés. Joseph Caillaux n'a eu droit qu'au silence et à l'oubli.

Le leader nationaliste algérien Ferhat Abbas disait avoir cherché en vain dans les cimetières de son pays une patrie qui n'avait jamais existé. Qui s'aventurerait dans Mamers à y chercher la trace de Joseph Caillaux pourrait douter que celui-ci en ait jamais foulé le pavé.

Aimable et tranquille – trop tranquille – sous-préfecture de la Sarthe, Mamers compte un peu moins de six mille habitants, une population stable depuis plus de deux siècles : au recensement de 1793, on en dénombrait six mille deux cents, et six mille quarante-cinq en 1901… Sans vouloir faire injure à une petite ville endormie qui flotte dans les habits trop grands qu'elle a hérités du passé, il est permis de s'étonner qu'elle semble ignorer le plus remarquable de ses citoyens. Compte-t-elle donc tant d'illustrations pour faire si peu de cas de celui qui ne fut pas seulement un élu local – député de la circonscription pendant vingt ans, puis sénateur du département et président du Conseil général de la Sarthe pour une autre période de vingt ans – mais qui fut également six fois ministre des Finances et, en 1911, chef du gouvernement ?

Certes, place de la République, apposée sur la maison mitoyenne dont le mur porte encore l'inscription au pochoir : « ABRI : 8 PERSONNES », qui remonte apparemment à la seconde guerre mondiale, une plaque commémorative habilement dissimulée sous les frondaisons nous apprend que

Joseph Caillaux eut sa demeure ici. Certes, juste en face, dans l'ancien couvent de la Visitation qui abrite curieusement sous le même toit la sous-préfecture et la mairie, il paraît que la table de travail et la bibliothèque de Caillaux, achetées à la famille en 1956 par le sous-préfet du moment, sont visibles environ une fois l'an. Ce n'est pas rien, mais ce n'est pas grand-chose.

Dans le centre de la ville, Victor Hugo et Pasteur, cela va de soi, Anatole France, Ledru-Rollin, Carnot (Lazare) et Charles de Gaulle, entre autres dieux et demi-dieux tutélaires de notre Panthéon national, ont donné leur nom à des rues et des places. Une longue artère porte celui de Paul Henri Balluet d'Estournelles de Constant, sénateur de la Sarthe, prix Nobel de la paix 1909, du reste contemporain et ami de Caillaux, qui fut en son temps l'inlassable propagandiste du désarmement international simultané. Mais *quid* de Caillaux lui-même ? Le plan de la ville, à vrai dire, indique très clairement une place Joseph-Caillaux. Mais on se heurte ici à un petit mystère urbanistico-policier qui n'est pas sans rappeler la fameuse *lettre volée* d'Edgar Poe, si ostensiblement mise en évidence qu'elle échappe à toutes les investigations. On peut chercher des heures la place Joseph-Caillaux, qu'aucune plaque visible ne signale, y passer et y repasser, la traverser dix fois, vingt fois, et ne pas soupçonner un instant qu'on s'y trouve. Qu'on imagine un vaste terrain vague, sans forme et donc sans limite apparente, autrefois un pré, aujourd'hui un parking asphalté sans autre ornement qu'une rangée de conteneurs de déchets. La municipalité qui baptisa en 1980 ce lieu, ou plutôt ce non-lieu de mémoire, était si consciente de ce qu'elle faisait, c'est-à-dire de ce qu'elle ne faisait pas, qu'elle ne l'inaugura jamais.

Mais pourquoi, dira-t-on, avoir honte, à ce point, de Caillaux ? Quelle faute inexcusable, quel crime inexpiable, quel péché impardonnable ont-ils valu à cet homme politique une malédiction française qui s'étend bien au-delà de l'arrondissement de Mamers ? De quelle dette paye-t-il encore les intérêts posthumes ?

Ministre des Finances à quatre reprises entre 1899 et 1914, Caillaux a porté à bout de bras le projet de l'impôt sur le revenu, autrement dit l'instauration d'une fiscalité moderne, techniquement efficace, socialement équitable, qui n'épargnerait pas plus la rémunération du capital que celle du travail, qui ferait peser sur les contribuables une charge d'autant plus lourde qu'ils seraient plus fortunés, d'autant plus légère qu'ils seraient moins aisés et qui, associée à une forte taxation des successions, serait un facteur de redistribution de la richesse. À l'instar d'un Moïse à qui fut interdit de franchir le seuil de la Terre promise, Caillaux n'était plus aux affaires lorsque l'impôt sur le revenu fut effectivement adopté en 1914 : il fallait bien financer le coût de la grande tuerie en préparation. Mais il en avait assez fait pour concentrer sur sa personne les fureurs de la banque, de l'industrie, du commerce et des possédants déchaînés contre l'insupportable système « vexatoire, inquisitoire et confiscatoire » dont le taux maximal culminait alors à 5 % !

Autre chef d'accusation : président du Conseil en 1911, c'est Caillaux et Caillaux seul qui désamorça le conflit franco-allemand né de la provocation d'Agadir, au grand dam des patriotes de comptoir, des revanchards de salon, des traîneurs de sabre en casque à pointe ou en képi mou et autres bellicistes des deux côtés des Vosges. « Une minute de paix, c'est toujours bon à prendre », murmure Hécube dans *La guerre de Troie n'aura pas lieu*. Il ne tint pas à Caillaux que l'Europe ne prolongeât pas le sursis de trois ans qu'il lui avait offert.

Circonstance aggravante : écarté du gouvernement en 1914, et donc dans l'impossibilité de récidiver, Caillaux figura au petit nombre des hommes de bonne volonté – le pape Benoît XV, l'empereur d'Autriche Charles Ier, le prince Sixte de Bourbon-Parme – qui, en 1917, épouvantés par l'ampleur, la sauvagerie et l'absurdité du massacre, plaidèrent vainement pour la fermeture de la grande boucherie en gros et en détail, fût-ce au prix d'une paix blanche. Au faîte de sa puissance, le Tigre qui le guettait au premier faux pas ne fit qu'une bouchée du rival blessé qu'il avait résolu de sacrifier sur l'autel de ses rancunes personnelles et de sa monomanie guerrière. Jeté en prison, incarcéré pendant deux ans, Caillaux frôla le peloton d'exécution que Clemenceau promettait aux « traîtres ». Sauvé par l'armistice, il fut condamné en 1920 par le Sénat siégeant en Haute Cour à trois ans de détention et dix ans d'inéligibilité. Amnistié en 1924, aussitôt élu sénateur et président du Conseil général de la Sarthe, sa carrière n'en était pas moins brisée. Il n'aura plus que l'amère satisfaction de voir disparaître avant lui ses ennemis jurés, Clemenceau, Poincaré, Briand, Barthou, et de porter personnellement l'estocade au deuxième gouvernement Blum en 1938.

Les haines féroces qui n'avaient pu abattre Caillaux vivant l'ont achevé mort. Le temps, qui ne cesse de réviser les perspectives de l'histoire, rendra-t-il jamais justice à l'homme clairvoyant dont le grand tort est d'avoir eu raison à contre-courant ? C'est une chose singulière et regrettable que les deux chefs du parti de la paix, les deux hommes dont l'entente seule aurait pu prévenir le désastre, que Caillaux et Jaurès aient été éliminés à quelques jours de distance, l'un politiquement, l'autre physiquement. Faut-il n'y voir qu'une coïncidence ? Le hasard, quelquefois, ressemble à un complot comme deux gouttes de sang.

1

UNE JOURNÉE PARTICULIÈRE

Lundi 16 mars 1914, sept heures et demie du matin

Penché sur son miroir, Caillaux taillait avec un soin extrême les pointes de sa moustache à l'aide d'une paire de petits ciseaux effilés lorsqu'Henriette, encore en déshabillé, fit irruption dans le cabinet de toilette. Elle brandissait *Le Figaro* du jour. « Attends », dit-il, « j'ai presque terminé. » Il acheva sa besogne, prit le temps de contempler son œuvre sans dissimuler sa satisfaction, et se tourna enfin vers sa femme. « Eh bien, qu'est-ce qu'ils ont encore inventé ? » « Regarde. »

Sous le titre « INTERMÈDE COMIQUE. LES NOTES BIOGRAPHIQUES DE "JO" », le directeur du journal, Gaston Calmette, daubait sur *« la continuité, la constante fidélité »*, *« la tenue politique »* dont le ministre des Finances s'était prévalu lors d'une réunion publique à Mamers. *« Ma politique de 1914 »*, avait-il déclaré, *« est la suite logique de celle que je pratiquai dès ma première législature... Tel vous m'avez élu, tel vous me retrouverez »*, etc. Calmette ironisait sur la *constante évolution* qui avait conduit Caillaux du centre droit au radicalisme et mettait en regard de ses professions de foi actuelles une petite fiche que Caillaux avait rédigée lors de sa première candidature dans la Sarthe, en 1898 : il s'y réclamait de son père, ancien ministre de Mac-Mahon, et se disait républicain *progressiste*, autrement dit centre droit... De plus, il y rejetait le principe de l'impôt sur le revenu, dès lors que celui-ci serait assorti d'une déclaration et, en l'absence de déclaration, d'une taxation d'office.

— Et c'est ça qui te met dans cet état, ma Riri ? Que j'aie évolué depuis seize ans, la belle découverte ! Tous mes électeurs le savent, sans compter ceux qui l'ont oublié. Que je sache, ils ne m'en tiennent pas rigueur ! En tout cas, ce n'est pas ça qui va me couper l'appétit. Si c'est tout ce que Calmette a à se mettre sous la dent, c'est qu'il n'a plus de munitions...

— Mais justement, tu n'as pas vu le titre ?

— Eh bien, qu'est-ce qu'il a, le titre ?

— « Intermède comique »... Tu sais bien ce que ça veut dire, « intermède » ?

— Ma foi, je pense que oui.

— J'ai cherché la définition exacte dans le Larousse. Un intermède, c'est une interruption, un divertissement, par exemple, entre deux actes. Oh Jo, je suis sûre qu'il va publier nos lettres !

— Et après ? Il n'y a rien dont nous ayons à rougir dans ces lettres !

— Rien ? Notre intimité étalée au grand jour, notre passé mis sous les yeux de millions de curieux, c'est ça que tu appelles « rien » ? Si la petite apprend que nous étions, enfin que nous avions... alors que je vivais encore avec son père, ce sera un choc terrible pour elle. Et moi, je n'oserai plus la regarder en face. Et mes amies, que vont-elles penser ?

Caillaux se retint de répliquer que la jeune Germaine Claretie, qui allait quand même sur ses dix-neuf ans et ne semblait pas plus sotte qu'une autre, serait peut-être moins étonnée que ne le supposait sa mère. Quant aux amies, elles en avaient vu d'autres...

— Tu sais que Germaine se faisait une fête d'être présentée à la reine d'Angleterre dans un mois. Fille d'une mère divorcée, l'ambassade m'avait bien fait comprendre que c'était déjà délicat, et que si ce n'était pas toi... Mais d'une mère adultère ! Et qu'adviendra-t-il de ses fiançailles ?

» Je n'en peux plus, Jo. Il faut que tu le saches. Toi, tu as tes électeurs, tu as tes amis qui te soutiennent, qui t'applaudissent, tu as ton parti, tout le monde sait bien que le vrai chef du gouvernement, c'est toi. On te respecte, on te craint, on sait bien que tu n'es pas homme à te laisser faire. Mais moi... Je suis si seule. Je fais tout pour ne pas t'ennuyer avec ça, tu as déjà assez de soucis. Je n'ai autour de moi que des visages malveillants, des ricanements, des cancans. Je crois bien que je vais renoncer à mon jour. Plus personne ne vient, je veux dire plus personne qui compte, ou alors c'est pour m'épier, pour voir quelle contenance je fais, et aller me débiner dans les salons. On se retourne sur moi, on chuchote dans mon dos. Tiens, l'autre jour, j'étais chez Paquin pour un essayage. Il y avait là deux dames très distinguées, sûrement de bonnes clientes. Eh bien, après que j'étais entrée dans la cabine, l'une des deux a dit à son amie, sans prendre la peine de baisser la voix : « Tu as vu ? Je crois bien que c'est la femme de ce voleur de Caillaux ! »

— Calme-toi, ma Riri. Je vais tout faire, et pas plus tard qu'aujourd'hui, pour que cette persécution s'arrête. Et si ce saligaud était assez goujat pour publier nos lettres, j'irai de ce pas lui casser la gueule.

— Ne fais pas ça, Jo, je t'en supplie. Le remède serait pire que le mal. Ça te retomberait encore dessus. Oublie tout ce que je viens de te dire. Je te promets que je serai courageuse. Je serai forte.

Là-dessus elle se mit à pleurer. Caillaux supportait mal les larmes des femmes. Et pas du tout les femmes qui pleurent.

Lundi 16 mars 1914, onze heures du matin

Le Conseil, qui s'était tenu comme d'ordinaire dans la salle des Portraits, s'achevait. Les ministres s'ébrouaient comme des collégiens libérés par la sonnerie, dans un joyeux désordre de fauteuils reculés et de conversations particulières. Caillaux s'approcha de Poincaré :

— Monsieur le président, dit-il à mi-voix, pourriez-vous m'accorder un entretien tête à tête ?

— Maintenant ?

— Oui.

— Eh bien, passons dans mon bureau, je demanderai qu'on ne nous dérange pas.

— Tu sais de quelle campagne ignoble je suis l'objet, dit Caillaux.

— Il serait difficile de l'ignorer, répliqua Poincaré, sur ses gardes.

— Si j'étais seul en cause, je ne t'en parlerais même pas. Mais ce n'est plus le cas. Ce n'est pas au chef de l'État que je m'adresse, c'est à l'homme, à l'ami, enfin à l'ancien ami. Tu as pu constater vendredi dernier que Calmette n'avait pas hésité à employer contre moi une lettre privée qu'il s'était procurée je ne sais trop comment. Dans son article de ce matin, il parle de mes « imprudentes correspondances ». Il ne peut s'agir que des lettres que j'ai écrites à Henriette avant qu'elle se sépare de son mari. Tu imagines dans quel état d'esprit elle est…

— Je l'imagine d'autant plus aisément, dit Poincaré un peu pincé, qu'il y a deux ans c'était mon Henriette à moi qui était directement visée par d'abominables ragots. J'ai tout entendu à l'époque. Que non seulement elle était divorcée, mais adultère, mais bigame, qu'elle n'était pas seulement de mœurs légères, mais prête à se vendre au plus offrant, qu'elle était une professionnelle de l'amour vénal…

— Je n'y étais pour rien.

— Toi peut-être, mais tes amis…

— Clemenceau n'est pas mon ami.

Poincaré se délectait de la situation, mais la petite voix intérieure qui ne le laissait jamais en paix vint lui chuchoter qu'il n'en devait rien laisser paraître, ne serait-ce que par prudence, et lui rappeler qu'il était un homme de devoir et de responsabilité. À force de se l'entendre dire, il avait fini par le croire. Aussi se composa-t-il un maintien grave et attentif. On put lire dans ses yeux la compassion et le désir de venir en aide à son prochain.

— Écoute, je ne vois pas très bien ce que je peux faire pour toi, mais si je peux t'être utile…

— Tu le peux. C'est toi qui, au moment de mon divorce, m'as mis en relation avec Me Maurice Bernard, ce dont je te remercie. Vous êtes toujours intimes ?

— Il ne se passe guère de jours que nous ne nous voyions. Il doit me rendre visite cet après-midi même.

— Je sais qu'il est également proche de Calmette. J'irais bien moi-même au *Figaro* mais, si j'ai Calmette en face de moi, je ne pourrai pas me retenir de lui infliger la correction qu'il mérite. Il vaut mieux que tu charges ton ami d'un message urgent de ma part.

— Soit. Et que serait ce message ?

— Qu'il dise à ce paltoquet, dit Caillaux d'une voix que l'énervement faisait trembler, que je suis arrivé au bout de ma patience et que, s'il persiste à se conduire en voyou, il aura affaire à moi. Je suis d'une jolie force au pistolet et personne ne contestera, je pense, que je suis l'offensé. Suis-je assez clair ?

— Parfaitement. Il serait désolant que tu en vinsses à de telles extrémités. Je parlerai à Maurice Bernard dès aujourd'hui.

— Je te remercie, dit Caillaux, dont l'excitation retombait aussi vite qu'elle était montée. Je n'en attendais pas moins de toi. Au fait, est-il vrai que ta femme répète la révérence qu'elle doit faire à la reine d'Angleterre ?

Resté seul, Poincaré se frotta les mains. Il jubilait. *Notre ami a bien perdu de sa superbe. S'il me demande de m'entremettre, c'est vraiment qu'il ne soupçonne rien, c'est le signe qu'il est à bout. Il est à la veille de faire des bêtises.*

Il se reprocha vivement les sentiments peu élevés qu'il manifestait là. Mais il ne parvenait pas à refréner son plaisir et, si un huissier fût entré, il eût surpris, étonné, le très compassé chef de l'État à fredonner *Viens Poupoule*.

Caillaux, de son côté, n'était pas moins content de lui. *Cet imbécile croit que je ne me doute pas que c'est lui qui mène le bal. Autant s'adresser au bon Dieu qu'à ses saints. Je lui ai sûrement fait peur. Il y a de bonnes chances que Calmette se calme.*

Et souriant au passage à une jolie femme qui traversait la rue du Faubourg-Saint-Honoré, il exécuta d'élégants moulinets avec sa canne à pommeau d'ivoire.

Lundi 16 mars 1914, onze heures et demie

En rentrant au ministère, Caillaux fut surpris d'y retrouver sa femme : elle se gardait habituellement de venir le déranger à son bureau. Il lui trouva un pauvre visage, bien qu'en le voyant elle eût aussitôt sorti sa houppette et ravivé son fond de teint. Yvon Delbos, son jeune attaché de cabinet, le prit discrètement à part :

« Pardonnez-moi, monsieur le ministre, mais Mme Caillaux nous a paru, comment dire, très nerveuse. Il nous a semblé que cela lui ferait du bien de passer un moment seule avec vous. Nous préparerons votre intervention de cet après-midi pendant l'heure du déjeuner. Le chauffeur du ministère pourrait venir vous prendre chez vous à une heure et demie. »

Pendant le trajet entre le Louvre et la rue Alphonse-de-Neuville, Henriette rendit compte à son mari de l'entretien qu'elle avait eu dans la matinée avec le président Monier. De l'avis de ce magistrat ami, président du tribunal civil de la Seine, que Caillaux avait souhaité consulter, mais que son emploi du temps ne lui avait pas permis de recevoir lui-même, la loi et les tribunaux étaient ainsi faits qu'il n'existait aucune possibilité d'arrêter la campagne du *Figaro* et aucune certitude de faire condamner Calmette en temps utile. Que rapporterait un procès, sinon de remuer un peu plus la boue sans être assuré du résultat ? La presse était libre en France, et libre, notamment, d'abuser de cette liberté. Lui-même, Monier, lorsqu'il avait été la cible d'attaques diffamatoires, avait choisi de ne pas engager d'action judiciaire. En retour, Caillaux raconta sa conversation avec Poincaré et, cédant à l'un de ses démons les plus familiers qui le poussait toujours à se mettre en valeur, il réaffirma sa ferme intention d'aller défier Calmette et de le tuer en duel. Et, comme il la voyait effrayée : « Rassure-toi », lui dit-il, « ce n'est pas pour aujourd'hui, je choisirai le jour et l'heure. » Elle se força à sourire. Et c'est alors que l'idée lui apparut, encore floue et comme cotonneuse, mais où elle reconnut le fantôme qui hantait depuis quelque temps ses nuits et ses cauchemars. *Je ne peux pas le laisser ruiner sa carrière pour défendre mon honneur. Il faut que Joseph comprenne que pour lui je suis prête à tout. Il faut que je fasse quelque chose de grand, d'extraordinaire. Mais quoi ?*

Le déjeuner fut morose. Et mauvais. La salade était cuite, les côtelettes carbonisées. La cuisinière, sonnée et tancée, rétorqua insolemment qu'avec des patrons qui n'avaient pas d'heure, elle ne pouvait pas faire des miracles. Puis elle regagna l'office où elle remua des casseroles avec fracas tout en grommelant. Les mots « radin » et « voleur » parvinrent très distinctement aux oreilles du couple.

« Il faut nous séparer de cette fille, dit Henriette Caillaux. Décidément, tout va de travers aujourd'hui. »

Caillaux jeta sa serviette sur la table et se leva. Il était de retour quelques instants plus tard.

— Voilà, c'est fait. Je l'ai dispensée de faire ses huit jours. Mais du coup nous n'avons plus personne.

— Et nous recevons jeudi ! J'irai tout à l'heure au bureau de placement. Si cela ne t'ennuie pas, je garde Arthur, j'aurai besoin de lui. J'ai quelques courses à faire, et il faut que je passe à la banque pour ce que tu sais… Ne m'en veux pas, mais je crois que je n'aurai pas le courage de t'accompagner ce soir à l'ambassade d'Italie. Pour être assise à côté de Poincaré, merci bien ! Je préviendrai Mme Tittoni. Sois gentil de me renvoyer ton chauffeur dès que tu seras arrivé au Sénat.

Je lui confierai ton habit de façon que tu puisses te changer avant le dîner.

Lundi 16 mars 1914, après-midi

Henriette Caillaux sortit à deux heures.

Et remonta aussi vite dans sa chambre. « Que madame me pardonne », avait dit le chauffeur en lui ouvrant la portière de la Delaunay-Belleville, « mais je crois que madame a oublié son chapeau. » Elle avait porté la main à son front nu. Elle avait failli sortir en cheveux, comme une ouvrière. Comme une fille ! *Du sang-froid, ma petite, ce n'est pas le moment de perdre la boule !* Cependant, la brume dans son cerveau s'était dissipée. L'idée avait maintenant une forme, des contours, des couleurs et même une voix. Elle gravissait les marches d'un grand escalier. Un huissier l'introduisait dans le bureau où un homme en redingote était assis. Elle marchait droit sur lui. *Alors je lui dirai : « Monsieur, vous êtes un goujat et un lâche » et je le souffletterai... Mais est-ce qu'on me laissera entrer si je me nomme ?*

Les choses allèrent heureusement très vite rue Robert-Estienne. La gérante du bureau de placement lui soumit trois fiches accompagnées de certificats élogieux. Par chance, une des trois demandeuses était là, une fille de la campagne aux bonnes grosses joues réjouies, qui avait servi chez les Raoul-Duval, qu'elle retint aussitôt et qui promit de se présenter rue Alphonse-de-Neuville le lendemain à la première heure.

« Maintenant, dit-elle au chauffeur, conduisez-moi boulevard des Italiens, au Crédit lyonnais. »

Quelques instants plus tard, elle se saisit du cornet acoustique :

— Arthur, vous ne trouvez pas que le moteur fait un drôle de bruit ?

— Madame a parfaitement raison. On peut dire que madame a l'oreille. À mon sens, ça vient qu'il y a du jeu dans les soupapes. Si madame n'a pas besoin de la voiture demain matin, j'irai très tôt au garage de la porte de Châtillon faire régler les culbuteurs.

— Chez ce M. Landru ? Il m'a fait la meilleure impression l'autre jour. Je me demande comment il fait pour rester si propre avec tout ce cambouis, et les mains toujours sous le capot.

— On peut dire que c'est quelqu'un de sérieux, madame, et ça, on ne peut pas le dire de tous les mécaniciens. C'est inimaginable ce qu'on voit de nos jours.

Mme Caillaux se fit conduire à la salle des coffres et retira, comme le lui avait demandé son mari, une grande enveloppe marquée « Barthou ». Quand elle remonta en voiture, l'idée était là, qui l'attendait, tranquillement assise sur la banquette, comme une évidence, prête à poursuivre la conversation. *Et s'il sonne les huissiers ? S'il essaie de me maîtriser... Je ne supporterai pas qu'on porte la main sur moi.*

— Arthur, dit-elle, avant de rentrer je voudrais passer chez Gastinne-Renette.

— Au coin de l'avenue d'Antin et du Rond-Point ?

— Oui, c'est cela.

Il leur arrivait de temps en temps de venir s'exercer au tir chez le célèbre armurier, elle à la carabine, son mari au pistolet. Le directeur du magasin la salua respectueusement avant de la confier aux soins d'un jeune employé.

— En quoi puis-je vous être utile, madame ?

— Voilà, monsieur. Je demeure à Paris, mais je me rends souvent à la campagne où nous avons une maison. Il m'arrive de m'y trouver seule. Je ne suis pas particulièrement craintive, mais on ne sait jamais… Alors, j'aimerais voir ce que vous avez comme armes de défense, quelque chose de maniable, mais pas un simple joujou.

— Je vois, madame. Je pense que nous avons ce qu'il vous faut. Ce Smith and Wesson, par exemple, me paraît tout à fait correspondre à ce que vous souhaitez.

— Et combien vaudrait-il ?

— Quatre-vingt-quinze francs.

— Quatre-vingt-quinze francs !

Elle prit l'arme, la soupesa.

— Est-ce qu'il n'est pas un peu dur à la détente ? Et puis quand même, près de cent francs !

— C'est très juste, madame. Peut-être pourriez-vous alors essayer celui-ci ? C'est le dernier modèle de Browning, un automatique, calibre 6,35, à six coups. C'est élégant, c'est léger et en même temps on l'a bien en main. Je vous montre comment on charge, vous voyez, c'est très facile… Et il ne fait que cinquante-cinq francs.

Le vendeur fit la démonstration, puis invita sa cliente à charger l'arme à son tour, ce dont elle se débrouilla fort bien.

— Je crois que je vais vous le prendre, dit-elle.

— Maintenant, dit le jeune homme, j'attire votre attention sur le fait que la détente, au contraire du Smith, est très sensible. Vous n'avez presque aucune pression à effectuer, les coups partent pour ainsi dire tout seuls. C'est pourquoi le fabricant a installé une double sécurité, de façon qu'on ne puisse pas tirer par accident. Vous voyez, après ce clic, la détente reste bloquée. C'est seulement après avoir actionné ce petit levier et entendu de nouveau un clic que l'arme est prête à l'emploi. Comme ceci. Et naturellement en sens inverse. Ça peut paraître un peu compliqué, mais à l'usage on s'y fait très vite.

Mme Caillaux demanda à descendre au stand de tir. De grands panneaux où étaient tracées des cibles rondes se dressaient à dix mètres de distance. Elle tira à six reprises.

— Vous avez fait mouche quatre fois, observa le vendeur. À cette distance et pour une première fois, ce n'est pas mal du tout. On voit que vous avez l'habitude des armes… Voulez-vous que je vous fasse voir maintenant la gamme de nos étuis ?

— Je vous remercie, monsieur, mais je suis très pressée aujourd'hui. Je reviendrai en choisir un à tête reposée.

Dehors, il s'était remis à pleuvoir. Une bourrasque fit passer des effluves de feuilles et de bois mouillés sur les Champs-Élysées. De bonnes odeurs de crottin se mêlaient aux insistantes vapeurs de l'essence. L'air de Paris… La ville changeait à vue d'œil. Le pas rassurant des chevaux ne rythmait plus la vie. Un an déjà que le dernier omnibus attelé était rentré au dépôt pour n'en plus sortir. Il faudrait quand même qu'elle se décide un jour à voir à quoi ressemblait ce fameux Métropolitain.

Dans la voiture, elle sortit de sa boîte le petit objet nickelé, s'exerça à charger et à décharger l'arme, manœuvra dans les deux sens le cran de sûreté. Ce n'était pas bien sorcier en effet.

L'arme dans sa main, bientôt tiède et rassurante, l'idée prit toute sa force. Voilà. Elle sortait le revolver de son manchon et le braquait sur Calmette. Décomposé par la peur, le directeur du *Figaro* se jetait à ses pieds et implorait sa clémence. *« Je ferai tout ce que vous voudrez, mais je vous en supplie, ne tirez pas. » « Alors, asseyez-vous, prenez une plume et écrivez ceci : « Moi, Gaston Calmette, journaliste, sans y être contraint d'aucune manière, je tiens à déclarer fausses et forgées toutes les rumeurs et les calomnies que j'ai répandues depuis des mois à l'encontre de M. Caillaux. »* Elle se saisissait de la feuille de papier, la saupoudrait de sable. *« Demain, vos aveux seront dans tous les journaux. »* Elle se saisissait de la feuille de papier, rabattait sa voilette sur son visage, puis sortait, lente et majestueuse.

Elle fut de nouveau chez elle à quatre heures passées. Elle appela l'ambassade d'Italie en s'excusant de prévenir si tard. Elle avait espéré jusqu'au bout, mais la migraine avait été la plus forte… En revanche, elle confirmait la présence de son mari. Elle prit encore le temps d'appeler un ami expert ès mondanités pour le consulter sur le plan de table du grand dîner de fin de législature qu'elle donnait le 20 dans les salons du ministère. Mais l'idée, indiscrète, obsédante, dominatrice, la tirait par la manche et ne la lâchait plus. Elle s'assit donc à son secrétaire et écrivit :

Mon mari bien-aimé,

Quand ce matin je t'ai rendu compte de mon entretien avec le président Monier qui m'avait appris que nous n'avions en France aucune loi pour nous protéger contre les calomnies de la presse, tu m'as dit que ces jours-ci tu casserais la gueule à l'ignoble Calmette. J'ai compris que ta décision était irrévocable. Mon parti à moi fut alors pris : c'est moi qui ferai justice. La France et la République ont besoin de toi. C'est moi qui commettrai l'acte. Si cette lettre t'est remise, c'est que j'aurai fait ou tenté de faire justice. Pardonne-moi, mais ma patience est finie.

Je t'aime et je t'embrasse du plus profond de mon cœur.

Ton Henriette.

Elle cacheta soigneusement la lettre et monta à l'étage frapper à la porte de Miss Baxter, la préceptrice chargée de perfectionner l'anglais de sa fille. « Si je ne suis pas rentrée à sept heures, lui dit-elle, vous remettrez cette lettre à mon mari. Si je rentre avant sept heures, vous me la rendrez. »

Elle revint dans sa chambre et revêtit une jupe noire, un corsage noir, une jaquette de caracul assortie et se coiffa d'une toque à aigrette, au mépris de la campagne ardente des défenseurs de la nature qui s'indignaient que l'on sacrifiât à la frivolité des Parisiennes, sans souci de la prévisible extinction de l'espèce, ces malheureux oiseaux et leurs cousines les autruches.

Le chauffeur patientait dans la cour. « Arthur, conduisez-moi s'il vous plaît au 26, rue Drouot. » Elle avait glissé le petit Browning dans son manchon et le contact de l'arme qu'elle réchauffait entre ses mains affermissait sa résolution. Elle fit arrêter au coin du boulevard Montmartre et de la rue Drouot. « Attendez-moi ici, dit-elle au chauffeur, je ne sais pas pour combien de temps j'en aurai. » La pluie avait cessé. Il était cinq heures. Elle fit quelques pas sur le trottoir puis rebroussa chemin : « Au fait, Arthur, enlevez la cocarde de la voiture. »

Elle avait rabattu sa voilette, précaution peut-être superflue en un temps où la photo, le cinéma et la télévision n'avaient pas encore fait entrer les traits du visage de centaines de « personnalités » dans tous les foyers et dans toutes les mémoires. Un garçon indifférent la dirigea vers le premier étage. Sur le palier, deux huissiers tuaient le temps à petit feu derrière un bureau très ministériel. « Je voudrais voir votre directeur. » « M. Calmette est absent pour le moment, madame. » « Mais il doit repasser ? » « Je ne peux pas vous dire. Vous aviez rendez-vous ? » « Non, mais quand il saura qui je suis, il me recevra. » L'huissier eut une moue dubitative. « Vous risquez d'en avoir pour longtemps. Vous ne voulez pas plutôt parler à un secrétaire de rédaction ? » « C'est M. Calmette que je veux voir. J'attendrai aussi longtemps qu'il faudra. »

Impressionné par la distinction et l'assurance de l'inconnue, le chef des huissiers lui indiqua une banquette de velours rouge où elle prit place et demeura très droite. Elle avait enfoncé les deux mains dans son manchon et caressait la crosse d'acier du Browning dont elle fit discrètement jouer le cran de sécurité. Les journalistes qui passaient et repassaient devant elle l'examinèrent d'abord avec curiosité. Puis on s'habitua à cette présence immobile et silencieuse.

C'était donc là l'antre où se confectionnaient chaque soir et d'où sortaient chaque matin les flots d'horreurs qui leur empoisonnaient la vie. Au cœur du dispositif ennemi, elle se gardait, tel un éclaireur aventuré au-delà des avant-postes, de céder à la somnolence, malgré la chaleur étouffante que rayonnaient les calorifères. Le parfum entêtant d'une sorte d'encens qui brûlait dans des cassolettes luttait vainement contre d'écœurants remugles de tabac froid. Des bruits de conversations et parfois de grands éclats de rire parvenaient de ce qui devait être la salle de rédaction. Des ouvriers en bleu de travail remontaient de l'imprimerie des épreuves encore humides. Puis ce furent deux jeunes rédacteurs qui vinrent s'installer non loin d'elle pour examiner les dessins qu'un homme à l'allure de rapin sortait d'un grand carton. Elle ne put saisir la teneur exacte de leurs propos, mais il lui sembla à plusieurs reprises les entendre prononcer le nom de Caillaux.

La grosse pendule murale sonna. Il était six heures du soir.

Rue de Grenelle, à l'ambassade d'Italie, on remaniait le plan de table. Un carton au nom de Mme Stephen Pichon, l'épouse de l'ancien ministre des Affaires étrangères, avait remplacé celui de Mme Caillaux, à la gauche du président de la République. La comtesse de Noailles avait pris la place de Mme Pichon à la droite de Caillaux. Mais auraient-ils quelque chose à se dire ? Boni de Castellane hériterait de la vieille princesse Ruspoli. Tant pis ! Mon Dieu que c'était irritant ces changements de dernière minute !

À l'Élysée, Poincaré faisait avec son vieil ami Maurice Bernard un petit tour de l'horizon académique. Il avait fait part à l'avocat du message de Caillaux, toutefois sans insister sur l'état de nerfs et en édulcorant les menaces du ministre des Finances, puis il était revenu à un sujet qui lui tenait plus à cœur : la prochaine élection sous la Coupole. « Tout le monde s'attend que tu te présentes. Tu jouis de l'estime et de la sympathie de tous, tu as des défenseurs. Marcel Prévost fait campagne pour toi. Je te garantis Ribot, Hanotaux, Barrès, Freycinet, Deschanel, peut-être Lavisse… En revanche de Mun, Richepin, Faguet, Anatole France te sont franchement hostiles. Loti est plus que tiède. Les ducs sont incertains. J'ai fait un pointage. Dans l'état actuel des choses, tu ne passes pas. Je vais te donner un conseil d'ami. Annonce que tu te retires, tu enlèveras une sacrée épine du pied à beaucoup de gens qui te sont potentiellement acquis mais qui sont trop fortement engagés avec Robert de Flers pour se déjuger, et à la prochaine vacance tu passes comme une lettre à la poste. »

Au palais du Luxembourg, la séance tirait à sa fin. Tout en écoutant d'une oreille distraite les interventions passionnées des sénateurs de la Meuse et de la Haute-Saône en faveur des producteurs d'eau-de-vie de mirabelle, Caillaux, au banc du gouvernement, devisait gaiement avec Yvon Delbos et François Pietri, ses proches collaborateurs.

Entre la sortie des bureaux et la fermeture des grands magasins, en attendant la vente à la criée des journaux du soir et l'ouverture des théâtres, la foule se pressait sur le trottoir luisant des boulevards et aux terrasses illuminées des cafés.

Deux hommes engagés dans une conversation animée traversèrent le hall du *Figaro*. Un garçon se précipita au-devant du plus corpulent des deux pour le débarrasser de son pardessus et lui ouvrir la porte d'un bureau où il fit la lumière.

Le chef des huissiers s'approcha de la dame en noir qui patientait sur sa banquette depuis une heure et semblait perdue dans une rêverie intérieure. Elle sursauta en effet quand l'homme lui adressa la parole. « M. le directeur vient de rentrer, madame. Je vais lui demander s'il peut vous recevoir. Qui dois-je annoncer ? » Mais la visiteuse se contenta de lui tendre une enveloppe fermée. « Vous lui remettrez ceci. Ma carte est à l'intérieur. Il me recevra. »

Calmette haussa les sourcils quand il lut le nom imprimé sur la carte de visite. « Un ennui ? » s'inquiéta Paul Bourget. Pour toute réponse, Calmette lui montra la carte. « Vous n'allez quand même pas la recevoir ? » « C'est une femme, mon cher… » soupira Calmette en reconduisant le romancier, et il fit un signe de tête affirmatif à l'huissier.

Henriette Caillaux entra dans le bureau. Calmette, du geste, l'invitait à s'asseoir. Elle resta debout. « Vous vous doutez », dit-elle enfin, elle avait du mal à prononcer les mots, les lèvres sèches, « de ce qui m'amène ? » Il écarta les bras. Non, il ne voyait pas. Elle sortit le revolver de son manchon et tira, cinq fois, à une distance d'un mètre et demi.

Paul Bourget, encore sur le palier, les huissiers dans l'antichambre, les journalistes dans les pièces voisines, entendirent une série de claquements secs. Comme de gros livres qui se seraient abattus sur des rayonnages, témoignèrent les uns. Comme une porte qu'on aurait brutalement fermée, selon d'autres. On se précipita. Calmette, très pâle, s'appuyait des deux mains à plat sur son bureau. « Je ne me sens pas très bien », murmura-t-il. Sa visiteuse, restée debout en face de lui, le revolver à la main, était apparemment très calme. Un huissier lui enleva l'arme et la saisit par le bras. « Je suis Mme Caillaux », dit-elle. « Je ne vais pas m'enfuir. J'ai mon auto qui m'attend en bas pour aller au poste avec les agents… Lâchez-moi, je suis une dame. »

Un rédacteur, Louis Latzarus, et l'huissier la ramenèrent dans l'antichambre et la firent rasseoir sur la banquette.

« Puisqu'il n'y a pas de justice en France... » commença-t-elle. « Taisez-vous, mais taisez-vous donc ! » lui cria Latzarus, indigné.

Il était six heures vingt quand le téléphone sonna sur le bureau du ministre de l'Intérieur, Renoult. Le commissaire du 9e arrondissement sollicitait des instructions. Le ministre lui donna consigne de procéder à un premier interrogatoire, tout en veillant à ce que la meurtrière présumée fût traitée avec les plus grands ménagements. Il avisa aussitôt Hennion, le préfet de police, d'avoir à envoyer au plus vite des effectifs de renfort sur les boulevards et dans le quartier de la presse. Puis il réussit à joindre Caillaux, qui n'avait pas encore quitté le Sénat, informa le président du Conseil et, en dernier lieu, l'Élysée.

Quatre balles avaient atteint Calmette, une cinquième s'était logée dans une bibliothèque vitrée. « Quatre dans le buffet, une dans l'armoire », titra le lendemain une feuille anarchiste. On assit d'abord le directeur du *Figaro* dans son fauteuil, puis on l'étendit sur un canapé, dans l'antichambre, à deux pas de Mme Caillaux, toujours gardée à vue, et on s'empressa autour de lui, dans l'affolement, sans savoir exactement que faire, tandis qu'il se vidait lentement de son sang. Encore conscient, il s'affaiblissait visiblement. Quatre agents de police tranquillement accourus du commissariat tout proche, rue du Faubourg-Montmartre, perdirent de leur côté un temps infini à chercher partout l'arme du crime que leur remit Latzarus lorsqu'ils eurent l'idée de lui demander où elle pouvait être, puis ils emmenèrent leur prisonnière.

Il était sept heures et demie lorsque Caillaux se présenta au seuil du commissariat, escorté de Malvy, le ministre du Commerce, du secrétaire général du ministère des Finances, Privat-Deschanel, de Labeyrie, son chef de cabinet, d'Yvon Delbos. Un député ami, Ceccaldi, ne tarda pas à les rejoindre. « Je suis le ministre des Finances et je viens voir ma femme », dit Caillaux au factionnaire dépassé par l'événement et comme celui-ci tardait à lui rendre les marques extérieures de respect auxquelles il avait droit : « Vous pourriez saluer, mon ami », lui fit-il sèchement observer.

Au premier étage, Hennion, le procureur de Paris, Lescouvé, le juge d'instruction Boucard, déjà désigné, le directeur de la Sûreté, d'autres policiers de haut rang se pressaient dans les locaux trop étroits. Le commissaire Carpin se contenta d'un interrogatoire de pure forme en présence de tout ce beau monde. Au reste, Mme Caillaux reconnaissait les faits. Elle tint à affirmer qu'elle n'avait pas eu l'intention de donner la mort. « J'espère », ajouta-t-elle, « ne pas l'avoir trop gravement blessé. Je voulais simplement lui donner une bonne leçon. » Elle ne fit pas de difficulté à exposer ses motifs : « Une lettre a été publiée. D'autres devaient suivre. Il n'y avait pas d'autre moyen de faire cesser cette horrible campagne. »

Caillaux fut autorisé à s'entretenir un moment sans témoins avec sa femme dans le propre bureau du commissaire. Quand ils furent seuls :

— Ma pauvre Henriette, dit-il d'un ton de reproche peiné, qu'as-tu fait ?

— Oh, Jo, répondit-elle, et pour la première fois depuis le meurtre de grosses larmes lui vinrent aux yeux, je ne voyais pas d'autre solution. Ce que j'ai fait, je l'ai fait pour toi.

— Je n'en doute pas, mais j'ai peur que cela ne me simplifie pas la vie.

— Crois-tu qu'on va me mettre en prison ?

— Oui. Fais-moi la liste de tout ce dont tu peux avoir besoin cette nuit. Je viendrai te voir demain dès que ce sera possible. Aie confiance. Je te tirerai de là.

Entre-temps, le bruit de l'attentat s'était répandu comme une traînée de poudre sur les boulevards. Une foule nombreuse, difficilement contenue, obstruait le faubourg Montmartre et poussait des cris de haine et de vengeance.

La porte de derrière du commissariat débouchait heureusement sur la cour d'un immeuble dont l'entrée donnait sur la rue de la Grange-Batelière. Encadrée par deux inspecteurs, Mme Caillaux traversa cette cour et prit place dans un taxi qui se dirigea vers la prison Saint-Lazare.

Quelques minutes plus tard, un second taxi s'arrêtait devant le même immeuble, mais le manège n'était pas passé inaperçu. Quand le chauffeur démarra en trombe, il entraîna dans son sillage un flot de manifestants qui hurlaient : « Caillaux assassin ! » Le ministre put remonter tranquillement dans sa propre voiture. Cependant, ce soir-là et les soirs qui suivirent, il ne rentra pas dormir à son domicile. Il n'avait pas que des amis…

2

« LE JEUNE ET TRÈS BRILLANT MINISTRE... »

1899 – 1910

C'est dans un vaudeville de Feydeau qu'un solliciteur balourd, éperdument désireux de plaire à un interlocuteur dont il espère l'appui, ne trouve à lui décocher que ce compliment saugrenu : « Si jeune et déjà fils de préfet ! » Nul doute qu'à Joseph Caillaux, le même flagorneur eût murmuré, pâmé : « Si jeune et déjà fils de ministre ! »

La famille Caillaux est typique de ces dynasties bourgeoises qui fournirent une grande partie de leur personnel politique à la monarchie de Juillet, au Second Empire, puis à la IIIe République naissante. À Byzance, on disait des enfants de noble origine qu'ils étaient nés dans la pourpre. Dès le berceau, le petit Joseph Caillaux, porphyrogénète moderne, suçait l'emblématique cuiller en argent que l'expression populaire met dans la bouche des privilégiés de naissance.

De fait, Eugène Caillaux, son père, appartenait au monde des riches et des puissants. Député monarchiste de la Sarthe en 1871, ministre des Travaux publics de 1874 à 1876, le bref apogée de sa carrière politique se situa en 1877, sous la présidence du maréchal de Mac Mahon lorsqu'il occupa et tint d'une main de fer, dans le gouvernement à poigne du 16 mai, le très stratégique portefeuille des Finances.

Sous les lambris de l'hôtel de Roquelaure, siège du ministère des Travaux publics, puis dans les murs du palais du Louvre où l'administration des Finances devait s'incruster plus de cent ans, le duc de Broglie, le duc Decazes, le duc d'Audiffret-Pasquier, M. de Fourtou et d'une manière générale tous ces notables austères dont le visage s'encadrait de majestueux favoris, penchés sur le jeune Joseph, s'accordaient à prédire un grand avenir à cette future étoile du parti conservateur. Une enfance aussi dorée sur tranche laisse, outre des impressions ineffaçables, la nostalgie, mêlée de dédain, des grandeurs temporelles. Lorsque, vingt-deux ans après son père, Caillaux prit à son tour possession des bureaux de la rue de Rivoli en tant que grand argentier de la République française, c'était un peu comme s'il rentrait à la maison après une longue absence.

Balayé avec les tenants de l'Ordre moral par les républicains victorieux, puis battu aux sénatoriales de 1882, Eugène Caillaux, renonçant à la grande politique, pantoufla dans les chemins de fer. C'est tout au plus s'il conserva jusqu'en 1895 son siège de conseiller général du canton de Mamers et jusqu'à sa mort, l'année suivante, le modeste fauteuil de maire d'Yvré-l'Évêque. Trouvait-il tant d'intérêt à ces mandats locaux ? Les tenait-il au chaud pour les transmettre le moment venu à son rejeton ? Les pères se plaisent à rêver que leurs enfants les reproduiront, en mieux.

Après l'avoir pourvu d'un précepteur ecclésiastique et d'une institutrice britannique, puis inscrit au lycée Condorcet, Eugène Caillaux, lui-même polytechnicien et ingénieur des Ponts et Chaussées, souhaitait naturellement que Joseph marchât sur ses traces. Le fils fit au père le plaisir de se présenter au concours de l'X, mais ne poussa pas la soumission jusqu'à y être reçu. Cette hypothèque levée, il tenta l'inspection des Finances, et fut admis au deuxième rang, avec une extrême facilité.

Inspecteur des Finances, donc, et maître de conférences à l'École libre des Sciences politiques, il se fit bientôt reconnaître comme un spécialiste particulièrement doué de l'économie et des finances. Il n'en menait pas moins en parallèle l'agréable existence d'un grand bourgeois célibataire, jeune homme à fortune et à bonnes fortunes, et consacrait à ses plaisirs les loisirs que lui laissaient ses obligations. Le maréchal Pétain disait un jour : « Dans ma vie, je n'ai eu que deux passions, les femmes et l'infanterie. » Caillaux, quant à lui, ne s'intéressait pas aux fantassins. Il lui arriva, lors d'un voyage d'agrément en Italie, de tomber nez à nez avec Raymond Poincaré, passager du même train, comme lui vieux garçon, comme lui en galante compagnie. Les deux hommes étaient alors dans les meilleurs termes. Ils passèrent quelques heures ensemble. Caillaux exhiba sans fausse pudeur, et non sans quelque fatuité, sa conquête du moment. Poincaré cacha jalousement sa compagne d'excursion. Deux tempéraments, deux façons d'être.

Dix ans s'écoulèrent ainsi. Quel déclic, tout d'un coup, fait d'un dilettante un passionné, d'un amateur papillonnant un professionnel de la politique ? L'atavisme ? Le désir, deux ans après la disparition de son père, de recueillir l'héritage et de continuer le nom ? La prise de conscience et la lassitude de sa propre futilité ? L'envie d'être utile ? Le goût du défi et de la lutte ? Ce n'est pas impunément, se crût-on vacciné, qu'on goûte à la compétition électorale. Après tant d'autres, le dandy de trente-cinq ans fut contaminé par le virus du pouvoir, ce mot chatoyant et mensonger que l'ambition peint de si riantes couleurs.

À l'approche des élections législatives de 1898, le vieux duc de La Rochefoucauld-Doudeauville, élu et réélu sans discontinuer depuis un quart de siècle dans le département de la Sarthe où il portait avec distinction le pavillon des fleurs de lys, avait résolu de prendre sa retraite et réglé sa succession. La mort subite de son collègue, voisin et ami, M. d'Aillières, le député sortant de Mamers, également monarchiste et également bien implanté, lui fit un devoir de conserver à son parti ce fief tombé en déshérence. Toutefois, soupçonnant peut-être qu'il y eût anguille sous roche, il tint à s'assurer avant de se lancer dans l'arène que le jeune Caillaux n'avait pas l'intention d'entrer en lice. Tranquillisé sur ce point, le noble duc s'abstint de faire campagne, certain qu'il était, en l'absence de tout concurrent sérieux, d'être plébiscité sur son seul nom dans cette circonscription rurale attachée à la tradition et à ceux qui la représentaient.

Dix-sept jours avant le scrutin, Caillaux annonça sa candidature comme « républicain », sans autre précision et sans autre raison que de se démarquer de son adversaire. Tandis que, sillonnant sans relâche l'arrondissement et y réactivant les réseaux dormants qu'y avait entretenus son père, multipliant les réunions et les promesses, le jeune challenger menait une campagne-éclair et médusait l'électeur ébaubi par son aisance, ses talents d'orateur, sa connaissance des questions locales et sa maîtrise des grands problèmes de l'heure, le vénérable duc, estomaqué, indigné, désemparé, doublement trahi par l'âge et les rhumatismes, restait assis dans son château, au coin de sa cheminée, et se bornait à déléguer en ses lieu et place son secrétaire qui, impuissant et la bouche en cul de poule, se faisait invariablement clouer le bec par le disert, avantageux et impudent Caillaux.

Celui-ci l'emporta dès le premier tour. C'était le début d'un bail de longue durée avec Mamers. Par la suite, si âpre et parfois si serrée que fût la compétition et quelles que dussent être les vicissitudes de sa carrière au niveau national, nul ne parviendrait à le déloger de sa citadelle.

Le nouvel élu ne devait pas ce premier succès à son bilan, et pour cause. Pas davantage à son programme, tissu assez commun de rassurantes banalités, qui résistait victorieusement à la lecture. Son brio, sa bonne mine, les relations qu'il se targuait d'avoir à Paris avaient joué en sa faveur. Mais davantage encore son étiquette et son patronyme. Au fil du temps, sa personnalité, son poids politique et surtout les bienfaits qu'il répandait généreusement sur la Sarthe lui firent une position inexpugnable. À l'aise comme un poisson dans l'eau des mares stagnantes du scrutin d'arrondissement, Caillaux ne rechignait pas plus aux discours de distribution des prix qu'aux harangues de comices agricoles, aux inaugurations d'élections communales, de gendarmeries, de perceptions, de fontaines publiques. Grand coupeur de rubans tricolores, distributeur de décorations, dispensateur de subventions, de nominations, d'affectations et de promotions, il jouait avec application et apparemment avec plaisir son rôle de potentat départemental, de despote éclairé du Bocage manceau.

Aussi bien, si ses mandants n'eurent jamais à regretter de l'avoir désigné, il n'eut pas lieu non plus de se plaindre d'eux. Alors qu'au Palais-Bourbon la droite ne cessera de lui jeter au visage le contre-exemple de son père et sa propre dérive vers la gauche, ses électeurs le verront sans émoi passer d'un « républicanisme » plutôt incolore à un radicalisme bon teint puis à la tête du parti radical et le suivront dans toutes ses évolutions comme le troupeau en transhumance suit son berger de la plaine aux alpages. Il appréciait à sa juste valeur cette fidélité et s'il avait coutume dans l'intimité de les appeler *« mes bêêêtes »* en imitant leur accent traînant, c'était avec un peu de moquerie mais beaucoup de reconnaissance. On pourrait parler d'un mépris affectueux ou, mieux, d'une affection légèrement condescendante. Car en somme il était des leurs...

Au moment où Caillaux faisait son entrée au Parlement, à la charnière du XIXe et du XXe siècle, l'affaire Dreyfus, à son paroxysme, avait coupé la France en deux. La République chancelait. La très réelle menace qui pesait sur elle venait moins de l'extérieur, comme dans un passé récent, c'est-à-dire des manifestations ou des complots de ceux qui n'acceptaient toujours pas le régime, que de l'intérieur, c'est-à-dire des tentations, des compromissions, des trahisons de personnages consulaires tels que Félix Faure, Casimir-Perier, Méline, Ribot, Dupuy, et dans le sillage de ces vieux requins, de nouveaux venus affamés de pouvoir comme Poincaré ou Barthou. Face à la vague d'attentats anarchistes, ces républicains de papier avaient pris le parti de l'ordre social au prix de lois scélérates. Confrontés au cas de conscience que posait la condamnation du capitaine Dreyfus, ils faisaient passer l'ordre public avant la vérité au prix d'une effroyable erreur judiciaire. Perdre son âme ou perdre son siège ? Ces réalistes avaient fait leur choix et le camp réactionnaire qui ne s'y trompait pas les soutenait, parfois malgré eux, comme la corde soutient le pendu.

Au lendemain de la mort accidentelle de Félix Faure, disparu en action, comme disent les Américains, le désordre est dans les esprits et dans la rue. Au nez et à la barbe d'un gouvernement tétanisé, sous l'œil paterne de la police et le regard bienveillant de la caste militaire, nationalistes, plébiscitaires, ligueurs, arrogants et impunis, tiennent le haut du pavé. Déroulède, dangereux farfelu, et d'autant plus dangereux qu'il est sincère, saisit l'occasion des obsèques solennelles du président défunt pour prendre par la bride le cheval du général commandant les troupes mobilisées par la pompe funèbre, enjoint à ce général de marcher sur l'Élysée, et ce général hésite un moment avant de résister à l'ordre donné par le poète factieux ! Trois mois plus tard, le 4 juin 1899, sur l'hippodrome de Longchamp, un énergumène en jaquette et haut-de-forme, suivi d'une petite bande de voyous élégants et titrés, tous membres du Jockey-Club ou du Cercle de l'Union, force l'entrée de la tribune officielle et abat sa canne sur le chapeau du nouveau chef de l'État, le président Émile Loubet, avant que le service d'ordre se décide à intervenir.

Cette fois, c'en est trop. Le président du Conseil, Dupuy, est emporté par une vague d'indignation, et Loubet fait appel à Pierre Waldeck-Rousseau.

En la personne de Waldeck, qui figura vingt ans plus tôt dans l'éphémère « grand ministère » de Gambetta, la République renoue avec ses origines. La mission du nouveau gouvernement n'est pas simple : elle est triple. En finir avec l'affaire Dreyfus, cette guerre civile froide, ce que facilitera le triomphe de l'Exposition universelle, extraordinaire démonstration de puissance pacifique. Réhabiliter et pour ainsi dire refonder la République tombée dans la boue. Rétablir l'autorité de l'État. Ces trois objectifs seront atteints. Le ministère Waldeck-Rousseau (1899-1902) battra le record de longévité d'un gouvernement depuis la monarchie – un record qui ne sera égalé puis battu que sous la Ve République, soixante ans plus tard. Encore n'eût-il tenu qu'à son chef de se maintenir après sa victoire aux élections de 1902. Sa santé ne le lui permit pas.

Waldeck fut le seul homme politique de son époque que Caillaux citât constamment en exemple et dont il reconnût la supériorité de talent et de caractère. De Waldeck il admirait et aurait aimé égaler l'éloquence sobre, la netteté de la pensée et du discours, le souverain mépris des petites habiletés, des petites prudences, cette façon si franche d'aller droit au but, l'indifférence au qu'en-dira-t-on, le souci de la tenue, vestimentaire et morale. Poussant le mimétisme jusqu'à afficher comme son modèle une calvitie précoce, il lui enviait son apparente impassibilité alors que lui-même était incapable de dissimuler les émotions que trahissait instantanément l'afflux de sang qui venait rougir ses pommettes et empourprer son crâne nu.

Il n'était pas écrit d'avance que Caillaux ferait ses débuts ministériels sous l'autorité de ce grand homme lui aussi méconnu. Waldeck avait constitué une équipe extrêmement large puisqu'elle allait du marquis de Galliffet, l'ancien écuyer de Napoléon III, le « fusilleur de la Commune », dont la nomination au ministère de la Guerre déchaîna la fureur des socialistes, à Alexandre Millerand, socialiste plus qu'à demi défroqué, mais pas encore apostat, titulaire du tout nouveau ministère du Travail, en dépit des hurlements de la droite. Pour les Finances, en ces temps très anciens où l'ignorance des mécanismes de l'économie était la chose du monde la mieux partagée, à commencer par la classe politique, Waldeck, qui voulait avoir la paix sur ce front-là, cherchait un technicien incontesté. Poincaré et Méline lui recommandaient Krantz, ce qui constituait une bonne raison d'écarter celuici. Caillaux n'était pas marqué politiquement. Républicain déclaré, mais républicain modéré, il siégeait sur les bancs de l'Union démocratique aux côtés de Poincaré et Barthou. Sa victoire inattendue sur un La Rochefoucauld avait étonné. Ses cours brillants à Sciences po l'avaient fait remarquer. Les spécialistes, enfin, avaient salué l'ouvrage austère mais à peu près lisible qu'il avait publié sous le titre *Les Impôts en France*. Évitant de prendre part aux furieuses polémiques qui accompagnèrent la liquidation de l'affaire Dreyfus, la libération et la grâce du prisonnier de l'île du Diable, et ne se mêlant pas plus de la crise de nerfs de Fachoda qui nous mit à deux doigts de la guerre avec l'ennemi héréditaire – c'est bien entendu de la perfide Albion qu'il s'agit, la France en 1900 s'offrait encore le luxe d'avoir deux ennemis héréditaires –, Caillaux s'imposa rapidement par la force tranquille de sa compétence.

Les députés étaient tout étonnés, et ravis, de comprendre enfin la loi de finances que le ministre leur décortiquait dans le dernier détail et dont il leur éclairait aussi bien les subtilités qu'il leur en expliquait la philosophie générale. Ce fut à qui tresserait des louanges au nouveau venu sur la scène politique.

Après que Caillaux se fut personnellement impliqué dans la défaite, aux élections sénatoriales de 1900, de Godefroy Cavaignac, ancien ministre de la Guerre et porteur d'un nom illustre, qui avait malencontreusement versé dans le nationalisme, voici par exemple ce qu'on pouvait lire dans *Le Figaro* du 21 février 1900 : *« M. Cavaignac n'est plus l'homme fort de son département. Il y a aujourd'hui dans la Sarthe des hommes nouveaux qui ont très rapidement et très légitimement conquis une situation en vue... Je veux parler de M. Caillaux, le jeune et très brillant ministre des Finances, dont l'élévation, si justifiée par son intelligence et son talent, a été accueillie avec une vive satisfaction par tous les républicains de la Sarthe qui voient en lui un chef tout indiqué pour les luttes futures. »* Sans doute le quotidien de la rue Drouot, qui prônait contre le sentiment de ses lecteurs désorientés la révision du procès Dreyfus, soutenait-il Waldeck. Mais il ne faisait, touchant Caillaux, que traduire l'opinion générale.

En peu de mois, le nouveau locataire de la rue de Rivoli était parvenu à mettre de la clarté et de la probité dans la présentation des comptes publics et de l'ordre dans la labyrinthique administration des Finances. *Le Figaro*, décidément complaisant, l'en félicitait avec une certaine lourdeur : *« Au ministère, on sait gré à M. Caillaux de ne se laisser guider dans ses choix que par les états de service de ses fonctionnaires tout en se préoccupant, bien entendu, de leur dévouement au régime qu'ils servent. » Le Figaro*, encore : *« Il a décerné ses petits rubans avec autant de discernement que de justice. »* Du *Figaro*, toujours, le 10 mars 1901 : *« M. Caillaux s'est classé hier au premier rang des orateurs financiers de l'époque. »*

Heureuse époque, il est vrai, où les gouvernements pouvaient présenter des budgets en équilibre, voire excédentaires. Mais le ministre n'y était pas pour rien, et jouait en virtuose de son clavier, tantôt opposant son veto à des propositions inconsidérées de dépenses, tantôt dégageant grâce à des trésors d'ingéniosité des recettes insoupçonnées, serrant ou desserrant tant que de besoin la vis de la pression fiscale. Ainsi la baisse, très populaire, des taxes sur les « boissons hygiéniques », à savoir le vin, la bière et le cidre, fit-elle passer sans difficulté l'alourdissement de la progressivité de l'impôt sur les successions.

On admira qu'en 1902, année électorale, Caillaux, élu d'une région de bouilleurs de cru, eût le courage de refuser toute détaxation des petits producteurs d'alcool. Par bonheur pour lui, sa situation locale était déjà assez assise pour le mettre à l'abri des représailles. Au reste, sanction éclatante de la réussite du gouvernement, tous les ministres de l'équipe Waldeck retrouvèrent leur siège, ce qui n'empêcha pas son successeur, Émile Combes, de n'en reprendre aucun dans son gouvernement. Le « petit père » n'avait de leçons de mesquinerie à recevoir de personne.

N'étant pas de la nouvelle combinaison, Caillaux en profita pour mettre de l'ordre dans ses affaires et notamment pour enterrer sa vie de garçon en se mariant avec Berthe Dupré, née Gueydan, épouse d'un agent des Contributions et sa maîtresse depuis plusieurs années. Le ministre, dans un premier temps, avait apaisé le mari en le nommant à une perception – on parlerait aujourd'hui de conflit d'intérêts. Mais l'ambitieuse Berthe avait absolument tenu à divorcer puis, le divorce prononcé, elle avait tant et tant répété à Caillaux qu'elle n'avait divorcé qu'à cause de lui et pour lui que, de guerre lasse, il s'était senti tenu de réparer. Dans cette régularisation d'une vieille liaison, la délicatesse et le sens des convenances avaient plus pesé qu'une passion déjà sur son déclin.

Pas plus qu'il n'avait été un dreyfusard historique, Caillaux ne s'engagea dans la grande querelle de la Séparation, en partie par manque de motivation – il était indifférent en matière de religion – en partie par prudence : pourquoi diable, à propos de calices et de chandelles, risquer de s'aliéner une partie de son électorat ? Il ne tarda pas à désapprouver les excès sectaires du combisme. Avoir servi sous Waldeck-Rousseau n'en valait pas moins brevet de républicanisme. *Volens nolens*, Caillaux était identifié au Bloc, ce rassemblement de toutes les gauches dans le cadre d'un gouvernement de contre-offensive républicaine. En témoignage de l'estime particulière qu'il avait pour le député de la Sarthe, Jaurès l'adjura personnellement de rester fidèle à Combes en souvenir de Waldeck :

« Je n'aurais garde, écrivait-il dans *L'Humanité* du 7 janvier 1905, *de confondre M. Caillaux avec les intrigants, les fanatiques, les vaniteux, les incohérents, les ambitieux... cette fraction de vingt-cinq ou trente républicains votant systématiquement contre le cabinet... Des anciens ministres de Waldeck, il est celui qui a conservé la meilleure tenue, l'un de ceux dont l'attitude est la plus conciliable avec ses anciennes actions... Je ne l'accuserai pas de ne songer qu'aux avantages matériels du pouvoir. Mais fait-il toujours partie du pays républicain ? Qu'il cesse de se joindre à ceux qui, par leurs votes, leurs intrigues et leurs amendements, affaiblissent le gouvernement du Bloc ! »*

L'esprit de parti, une fois n'est pas coutume, l'emportait dans le cœur de Jaurès sur les exigences de la morale. Au nom du fameux principe : « Pas d'ennemis à gauche ! », le leader socialiste allait loin dans la défense de l'inacceptable. Le Bloc n'était plus que l'ombre déformée de ce qu'il avait été. Quel rapport entre le renouveau républicain tel que l'avait incarné Waldeck et le sordide système de fichage de l'armée, de la magistrature et de la fonction publique mis en place par le général André, ministre de la Guerre, avec la collaboration des loges maçonniques et la bénédiction du président du Conseil ? Quel honnête homme pouvait-il encore soutenir ce que Clemenceau, appelant un chat par son nom, qualifiait de « gouvernement de mouchards » ? Combes tombé dans le mépris, son gouvernement le suivit dans sa chute le 14 janvier 1905. Caillaux avait voté contre le cabinet.

L'heure de Clemenceau sonna un an plus tard lorsqu'après avoir exécuté tant de gouvernements, il put enfin former le sien à l'âge de soixante-cinq ans. Il rappela Caillaux aux Finances. À quarante-trois ans, celui-ci n'était plus un « jeune loup » mais un pilier de la nouvelle équipe. Le président du Conseil ne se borna pas à insérer dans sa déclaration de politique générale, comme un gage donné à son cadet, un paragraphe en faveur de l'impôt sur le revenu, « et même sur le capital », bien qu'il y fût personnellement hostile. Mieux, il alla, non sans quelque duplicité, jusqu'à autoriser Caillaux à présenter devant la Chambre, le 28 octobre 1906, son grand projet d'impôt général, global et progressif, cette machine de guerre fiscale dont la seule évocation faisait contre elle l'union sacrée du château, de la boutique, de la banque et de la rente. C'était un os à ronger négligemment jeté à la gauche et pour la droite un *casus belli.* L'épisode marqua le début de la brouille entre Caillaux, désormais identifié à ce mauvais coup contre les riches et l'opinion conservatrice, dont *Le Figaro*, qui, sous la direction de Gaston Calmette, avait rallié son camp naturel. Naturellement la Chambre, comme elle le faisait depuis onze ans, et comme l'escomptait Clemenceau, vota le projet Caillaux. Naturellement, le Sénat, comme il le faisait depuis onze ans, et comme l'avait prévu Clemenceau, le repoussa. Pour quelque temps, on n'en parla plus.

Pour le reste, le Tigre, que les questions économiques et financières ennuyaient prodigieusement, qui se vantait de n'y rien connaître et d'en être fier, laissa les coudées franches à Caillaux. Ce nouveau bail de presque trois ans permit à celui-ci de peaufiner son image de « magicien » de la finance, capable de monter ou de torpiller un dossier, de boucler un budget, voire de concevoir une réforme fiscale dans le quart d'heure.

Après que le gouvernement Clemenceau eut été renversé, en juillet 1909, Aristide Briand, président du Conseil désigné, proposa donc à Caillaux, comme une évidence… le ministère des Finances. Or, Caillaux subordonna son acceptation à l'octroi d'un droit de contrôle, en clair de *veto*, sur le budget de tous les départements ministériels. Ce qui revenait à instituer un vice-Premier ministre, voire un président du Conseil bis. La chose ne pouvait se faire, et ne se fit pas. Mais la revendication était claire. Quand on décline l'honneur d'être le second à Rome, c'est que l'on aspire à y être le premier.

Onze ans après ses débuts, l'ex-« jeune ministre » ne cachait plus son ambition de faire partie du cercle restreint des mâles dominants en lutte pour la suprématie sur le zoo politique. Ses anciens et ses pairs qui lui avaient été accueillants le regardaient désormais avec inquiétude.

3

DU PLOMB DANS L'AILE

2 mars – 23 juin 1911

Le bon président Fallières avait la violence en horreur. C'est pourquoi il préférait gracier les condamnés à mort plutôt que de leur faire couper la tête. On en vint même, sous son paisible septennat, à l'accuser d'avoir *motu proprio* aboli la peine capitale, ce qui le contraignit, bien à contrecœur, à prouver qu'il n'en était rien.

Le bon président Fallières ne détestait rien tant que les conflits. Aussi bien voulait-il croire en les évitant qu'ils se résoudraient d'eux-mêmes. Joseph Caillaux, Jean Cruppi, Maurice Berteaux, trois hommes qui avaient joué un rôle déterminant dans la chute du deuxième ministère Briand, en briguaient tous les trois la succession. Fallières, plutôt que de choisir l'un d'entre eux, fit donc appel au sénateur de la Gironde Ernest Monis, ancien ministre de Waldeck-Rousseau et père de la loi 1901 sur les associations, en lui conseillant instamment de prendre les trois rivaux dans son gouvernement. Cruppi, qui était magistrat, hérita des Affaires étrangères, Berteaux, agent de change et millionnaire à la popularité montante, fut nommé à la Guerre, et Caillaux, bien que sa compétence en la matière fût reconnue, retrouva le portefeuille des Finances.

On tenait généralement Monis pour un très brave homme et à un siècle de distance rien n'autorise personne à soutenir le contraire. Outre la politique, qui lui apportait de bien douces satisfactions d'amour-propre, l'un de ses principaux centres d'intérêt était la marque d'apéritif – un délicieux vin cuit – dont il était propriétaire. Briand devenu le chien de garde préféré des possédants depuis qu'il avait maté la grande grève des cheminots, son remplacement par Monis fut interprété comme une inflexion vers la gauche, plus en harmonie avec la composition de la Chambre élue en 1910. Un ministère radical, enfin ? Le discours de politique générale du nouveau président du Conseil n'étonna que par sa platitude. La promesse vague de réintégrer les cheminots révoqués par Briand ne suffit pas à lui gagner les socialistes. L'hommage éclatant rendu par Monis au projet d'impôt sur le revenu, « œuvre admirable de M. Caillaux », lui aliéna en revanche la droite. Cette petite phrase constituait la seule indication un peu significative de la couleur d'un cabinet qui, à peine né, était déjà considéré comme un gouvernement de transition. Les circonstances firent que celle-ci fut encore plus brève que prévu.

Après que Caillaux, « incisif et net comme d'habitude » à en croire la presse, fut venu le 16 mars, rituellement, défendre son projet devant la Haute Assemblée qui, rituellement, le rejeta, le gouvernement sembla atteint d'une langueur précoce. De très violentes émeutes secouèrent successivement l'Aube, dont les viticulteurs craignaient de perdre leur droit à l'appellation « Champagne », puis la Marne, dont les exploitants en exigeaient le monopole. Cette crise retenait toute l'attention et semblait absorber toute l'énergie d'un Premier ministre fermement résolu à aller son train pour ne pas dire son train-train de sénateur et à éviter toute décision.

Le 18 mai, le sultan du Maroc, assiégé dans Fès, sa capitale, par les tribus berbères révoltées, implora l'aide de la

France. Le sort et la vie même de Moulay Hafid, perclus de dettes et violemment contesté par ses sujets, étaient entre nos mains. Monis, Caillaux et Delcassé étaient absents de Paris. Prétextant l'urgence et la difficulté de les joindre, Cruppi et Berteaux décidèrent l'envoi immédiat d'un corps expéditionnaire de 20 000 hommes avec mission de délivrer le malheureux souverain. Cela pour la plus grande joie du lobby colonial et du lobby militaire, sans aucune consultation diplomatique et sans souci des réactions de l'étranger. De retour, Monis entérina l'initiative de ses ministres.

Tôt dans la matinée du 21 mai, le président du Conseil, accompagné notamment du ministre de la Guerre, se rendit sur le terrain d'aviation d'Issy-les-Moulineaux pour y assister au départ des concurrents du rallye aérien Paris-Madrid. Aucune mesure de sécurité particulière n'avait été prise pour canaliser les quelque 200 000 curieux, et c'est dans le plus aimable désordre que la petite troupe des officiels, histoire de se dégourdir les jambes, se dirigea vers la piste déjà envahie par des groupes de spectateurs. Un peloton de cuirassiers, qui intervint pour évacuer les badauds, masqua malencontreusement la vue aux personnalités alors qu'un pilote en difficulté rebroussait chemin pour un atterrissage d'urgence. Le fils de Monis, qui était aussi son directeur de cabinet, n'eut que le temps de crier : « Attention, on dirait que celui-là fonce sur nous ! » Quand les secours intervinrent, il était trop tard pour Maurice Berteaux, très proprement décapité par l'hélice. Monis, quant à lui, touché au bras et à la cuisse, était grièvement blessé. Le gouvernement avait du plomb dans l'aile.

Après quelques jours d'hospitalisation, le président du Conseil se fit ramener place Beauvau, où il demeura alité. S'il prétendait continuer à diriger la France de sa chambre de malade et réunissait en effet les ministres à son chevet, il était clair que le ministre des Finances était devenu de fait le véritable chef du gouvernement.

Il revint à Caillaux, le 9 juin, de prononcer devant la Chambre l'éloge funèbre de Maurice Rouvier. « Il possédait au plus haut point », dit-il, « la passion de l'intérêt général.

Il y allait résolument avec une rapidité de décision et ce courage des responsabilités qui sont la marque des hommes de forte trempe… Il était en butte à la conjuration sourde et permanente des intérêts particuliers qui s'attache si obstinément aux pas des grands parlementaires. » L'orateur songeait vraisemblablement à lui-même en dressant ce portrait flatteur, mais l'actualité marocaine donnait une résonance forte à son propos. Six ans auparavant, Delcassé, ministre des Affaires étrangères, fort de la toute neuve Entente cordiale, son œuvre, et tout infatué de lui-même, avait prétendu tenir la dragée haute au Kaiser irrité par nos empiétements incessants au Maroc. Bravant l'opinion publique, Rouvier, alors président du Conseil, n'avait pas hésité à sacrifier son ministre au maintien de la paix.

Le 23 juin 1911, le gouvernement Monis fit naufrage sans bruit et sans débat, par temps calme et mer belle, renversé d'un souffle, et même pas renversé du tout. Le brave général Goiran, qui avait succédé à Berteaux au ministère de la Guerre, avait inauguré ses fonctions par une interview retentissante accordée au *Matin*. Il y révélait en exclusivité son intention de faire venir rue Saint-Dominique et d'y installer les poules qu'en tout bien tout honneur il élevait jusque-là dans la tranquille obscurité de son commandement du 6e corps, à Châlons-sur-Marne, et qui lui fournissaient en abondance les œufs frais pondus dont ne pouvait se passer le responsable de la Défense nationale. Au détour d'une discussion sur on ne sait plus quoi et en tout cas à propos de bottes, le général crut devoir informer la Chambre qu'il était personnellement hostile au système en cours, qui prévoyait en cas de conflit de confier la direction des opérations à un généralissime et qu'il lui semblait préférable que le gouvernement en conservât la prérogative à travers le ministère de la Guerre. Les quelques députés présents en séance ayant réagi par quelques murmures et beaucoup d'indifférence aux déclarations du général, s'apprêtaient à passer à l'ordre du jour lorsque le garde des Sceaux, Antoine Perrier, qui représentait le gouvernement, déclara qu'il n'accepterait qu'un ordre du jour de confiance. La Chambre ne s'étant pas émue de cette menace vota l'ordre du jour pur et simple par 248 voix contre 224 et le ministre vexé jugea bon d'annoncer la démission du gouvernement, décision que le bon Monis, de son canapé, avalisa. Bien qu'un recomptage eût fait apparaître qu'en réalité le cabinet n'avait pas été mis en minorité, le président du Conseil refusa comme un beau diable de reprendre sa démission. Le général Goiran n'avait eu le temps que de faire bâtir et peindre son cher poulailler dans la cour de l'hôtel de Brienne. Les poules restèrent à Châlons où leur propriétaire les rejoignit.

Le ministère Monis était tombé dans l'oubli avant même d'avoir cessé d'être. Puisque Joseph Caillaux, par accident autant que par la force des choses, en était l'âme, l'occasion se présentait de faire coïncider les apparences et la réalité. Fallières, s'il n'avait suivi que ses préférences, aurait appelé Poincaré ou Delcassé. Mais la logique imposait Caillaux, et il écouta la logique.

4

LA GUERRE DE 1911 N'AURA PAS LIEU

24 juin – 30 décembre 1911

Le président du Conseil pressenti commença ses consultations avec une feinte nonchalance. Il mettait sa coquetterie à montrer qu'il n'était pas plus impressionné que ça par la haute responsabilité qui lui incombait. Le soir même de sa désignation, il dînait joyeusement avec quelques amis au Pavillon d'Armenonville. Cette décontraction, pour ne pas dire cette désinvolture, fut diversement commentée.

En l'occurrence, Caillaux donnait délibérément le change. La formation de son gouvernement s'avéra difficile. Si Monis prêtait plutôt à sourire, son successeur faisait peur. On le savait imprévisible, on le craignait dictatorial. Qu'est-ce que ce diable d'homme pouvait bien avoir dans le ventre ?

Entre ceux qui ne croyaient pas à l'avenir de la nouvelle combinaison et ceux qui étaient politiquement ou personnellement hostiles à son artisan, Caillaux ne tarda pas à constater qu'on se donnait le mot pour faire le vide autour de lui. Poincaré, approché, déclina les Affaires étrangères. Léon Bourgeois, il est vrai coutumier du fait, s'excusa sur sa santé.

Clemenceau refusa avec hauteur d'être subordonné à celui dont il avait été le chef. Du coup, Delcassé, brouillé à mort avec le Tigre, accepta le portefeuille de la Marine où sa compétence était reconnue. Caillaux, qui ne se sentait pourtant aucune affinité avec ce monomane des alliances politico-militaires dirigées contre l'Allemagne, n'était pas mécontent du pied de nez qu'il adressait à son meilleur ennemi.

Ce fut sa seule grosse prise. Pour le reste, il dut se rabattre sur des seconds rôles : Klotz aux Finances, Messimy à la Guerre. Il s'en accommoda. Il aurait plus facilement barre sur eux. Comme sur Justin de Selves, dont la nomination au Quai d'Orsay étonna, tant sa réputation d'incapacité s'était solidement établie au long des dix années où il avait occupé la préfecture de la Seine. Il n'avait guère pour lui qu'une barbe particulièrement soignée et d'être le neveu de l'inoxydable Freycinet. Mais Caillaux, qui s'était réservé l'Intérieur, comptait bien suivre de très près la politique étrangère. Vue sous cet angle, la nullité présumée, puis bientôt confirmée, du titulaire du poste n'était pas pour lui déplaire. La quasi-mise en quarantaine dont il faisait l'objet de la part des personnalités de premier plan était de mauvais augure. Il était clair qu'on le laissait se débrouiller tout seul dans le grand bain et que s'il était en difficulté il n'y aurait pas grand monde pour lui tendre la perche et l'empêcher de boire la tasse. Il fallait tout l'optimisme, ou la complaisance d'un journal ami pour oser : « Il a le savoir, le vouloir, le prévoir. Et maintenant le pouvoir. »

On attendait avec curiosité la déclaration ministérielle. Elle surprit et déçut par sa prudence. Caillaux promettait la réforme électorale, mais « une réforme qui aurait l'assentiment de tous les républicains ». C'était renvoyer une nouvelle fois aux calendes la représentation proportionnelle, pomme de discorde entre radicaux et socialistes. Il évoqua la réforme fiscale et le statut des fonctionnaires, mais sans fixer de calendrier. Quand Monis avait promis de réintégrer les cheminots du réseau d'État révoqués par Briand et d'intervenir auprès des compagnies privées de chemin de fer pour qu'elles fissent preuve de clémence envers leurs personnels licenciés, Caillaux parla simplement de se pencher avec bienveillance sur le sort de ces hommes. C'était vague. En revanche, il ne prit pas de gants pour signifier qu'il était pressé de faire voter le budget... et de clore la session parlementaire. Il annonça « un gouvernement qui gouverne ». Il n'était pas le premier à le faire mais, compte tenu de sa personnalité, cette promesse-là fut prise au sérieux. Confronté comme ses prédécesseurs à une vague de grèves et de sabotages à coloration révolutionnaire, Caillaux condamna avec force les menées antimilitaristes et anarcho-syndicalistes. Les mots d'ordre public et de fermeté revinrent dans son discours. C'était reprendre les termes et s'inscrire dans le prolongement de Clemenceau et de Briand. Assuré du soutien de la plupart des radicaux, mais accueilli avec plus que de la réserve par les républicains de gouvernement et en butte à la défiance de la droite, Caillaux cherchait à élargir son assise de ce côté-là. De fait, il fut investi sur le score fort honorable de 367 voix contre 173 ; mais les 75 socialistes avaient voté contre lui.

Jaurès se fit sévère. « Nous sommes prévenus contre ce ministère... Caillaux a des fonctions dans l'oligarchie financière. » Il dénonça son attachement buté aux « trous fangeux » du scrutin majoritaire : « Cet homme cassant a plié. Il a dansé la gloire de l'arrondissement. » Et *L'Humanité* du lendemain tirait à boulets rouges sur *« le danseur ministériel », « le pitre de la place Beauvau »...*

C'est alors – le 1er juillet 1911 – que la foudre tomba. La nouvelle courut sur les fils des agences : un navire de guerre allemand, le *Panther*, avait jeté l'ancre le long des côtes marocaines, en rade d'Agadir. L'orage grondait sur le Maroc, mais le nuage, une fois encore, venait d'Allemagne. Un nuage épais, obscur, strié d'éclairs, qui portait la guerre dans ses flancs.

Tandis que *La Gazette du Rhin*, organe officieux du gouvernement allemand saluait un acte viril, précurseur d'autres actions, que les quelques maisons de commerce allemandes au Maroc et en particulier les quatre négociants établis dans la vallée du Souss demandaient à bénéficier de la protection du gouvernement impérial, la presse et l'opinion françaises réagissaient au quart de tour, comme au bon vieux temps de la dépêche d'Ems – rien appris, rien compris depuis 1870. « Provocation intolérable », « insulte à l'honneur national », « une gifle », « la riposte nécessaire », « si la France est provoquée, elle saura tirer l'épée », etc., on voit le ton.

Douze ans après l'incident et l'humiliation de Fachoda, la France était mise au défi, son gouvernement sommé d'agir. Ce choc n'était pas tout à fait une surprise. Lourde de complications et de dangers, l'histoire était en somme assez simple, et ne datait pas de la veille.

Tout entier à sa mission historique, Bismarck avait voulu, réalisé et parachevé l'unité allemande, sans se laisser un instant distraire de son but. Puissance dominante sur le Vieux Continent depuis qu'elle y avait écrasé l'Autriche puis la France, l'Allemagne, tant qu'elle avait été gouvernée par le chancelier de fer, s'était désintéressée des entreprises coloniales, au point même d'encourager le coq gaulois à chercher outre-mer de quoi aiguiser ses ergots et regonfler son ego. C'est ainsi que la Grande-Bretagne et la France avaient pu faire de l'Afrique leur chasse gardée, d'abord dans la rivalité, puis en bonne intelligence. Lorsque Guillaume II, dévoilant soudain une ambition planétaire, avait réclamé sa part du gâteau, il ne restait plus sur le marché que quelques portions, et pas toutes de premier choix. Certes, entre 1885 et 1910, l'aigle allemand, mettant les bouchées doubles, avait pris dans ses serres le Togo, le Cameroun, le Tanganyika, le Rwanda, le Burundi, la Namibie, en tout 2 000 000 de kilomètres carrés, mais dans le même temps, l'empire colonial britannique en Afrique s'était accru de 4 700 000 kilomètres carrés, celui de la France de 3 600 000, et il n'était pas jusqu'à ce vieux malin de Léopold II qui n'eût acquis en toute propriété le richissime Congo, soixante-quinze fois plus étendu que la Belgique.

Le Maroc, avec l'Abyssinie et la Libye, était l'un des derniers territoires africains encore à lotir, et le plus alléchant. Aussi bien, lorsqu'en 1905 il était apparu que la France, et accessoirement l'Espagne, avaient des vues sur le royaume chérifien pliant sous le poids de sa dette, et que les « puissances » (c'est ainsi que l'on désignait alors, sans autres précisions, les grands États européens) n'y voyaient pas d'objections, le Kaiser en personne y avait mis le holà. Retour de Jérusalem où il s'était proclamé le défenseur de tous les musulmans du monde, Guillaume II, revêtant sa grande tenue de paladin du monde occidental, avait parcouru les rues de Tanger en grand arroi, botté, casqué, empanaché, pour s'y déclarer le garant de l'indépendance du Maroc. Rouvier, on l'a vu, avait refusé à Delcassé, qui l'envisageait d'un cœur léger, la satisfaction d'une bonne petite guerre de derrière les traités et l'année suivante, à l'issue de la conférence internationale d'Algésiras, les hautes parties contractantes avaient confirmé la pleine suzeraineté du sultan, stipulé que toutes les nations européennes disposeraient au Maroc des mêmes facilités mais attribué à la France et à l'Espagne, dans leurs zones d'influence respectives, des droits de police avec la mission d'y assurer la sécurité des étrangers.

Paris n'avait cessé d'interpréter l'acte d'Algésiras dans le sens le plus favorable à ses visées. Tout d'abord en multipliant les incursions sur le sol du Maroc en représailles des rezzous perpétrés en territoire algérien par des tribus pillardes, puis en envoyant des instructeurs former l'armée du sultan et l'assister dans sa lutte contre les rebelles et les prétendants au trône. Petits paquets par petits paquets, l'armée française avait déployé des effectifs sans cesse accrus dans des opérations de plus en plus lourdes, jusqu'à cet envoi récent d'un corps expéditionnaire, pour partie débarqué à Casablanca, pour partie venu de l'Algérie limitrophe, dégager le sultan et la mission militaire française assiégés dans Fès. Sous couvert de protection des intérêts européens, on avait affaire à une ingérence caractérisée, prélude évident à la mise en tutelle, sous une forme ou sous un autre, d'un royaume vieux de douze siècles.

L'Allemagne s'était émue à plusieurs reprises de nos menées. De discrètes tractations s'étaient nouées. Il avait été question de dédommagements, de compensations. Après l'occupation de Fès par nos troupes, le secrétaire d'État aux

Affaires étrangères, M. de Kiderlen-Waechter, avait convoqué notre ambassadeur à Berlin, M. Jules Cambon, pour lui faire part de sa protestation officielle et lui demander des éclaircissements sur nos intentions. C'était le moment où le gouvernement Monis battait de l'aile et de la cuisse. Dans la déliquescence générale, la note rédigée par M. Cambon s'était perdue, égarée, évanouie dans le labyrinthe des bureaux du Quai d'Orsay, soit que le ministre en fonction ne l'eût jamais reçue, soit qu'il eût négligé de la transmettre à son successeur. En tout cas, M. de Kiderlen-Waechter n'avait pas même eu droit à un accusé de réception de ses doléances. L'Allemagne ne se faisait pas à ce désordre qui était réputé être l'un de nos charmes. D'où le « coup d'Agadir », réponse tonitruante au silence de notre diplomatie.

*

Convoqué place Beauvau dès huit heures du matin, Joffre, qui n'était pas précisément un lève-tôt, pestait intérieurement contre ce bon Dieu de pékin qui ignorait les douceurs de la grasse matinée et ne goûtait pas, selon toute probabilité, le coupable et délicieux plaisir de la sieste. Caillaux n'avait pas encore eu l'occasion de rencontrer tête à tête le tout nouveau chef de l'État-major, celui qui serait notre généralissime en temps de guerre. Il se murmurait dans les hautes sphères de l'armée que le général devait son rapide avancement au moins autant à son entregent qu'à ses mérites. S'il avait déployé de belles qualités dans la conquête et l'administration de Madagascar, il avait surtout manœuvré avec une habileté consommée dans les couloirs du ministère pour damer le pion à Gallieni qui n'avait pas le don ou le goût de se mettre en avant. *Était-il maçon ? Il faudrait demander à Sarrail.*

Le parcours exceptionnel de Joffre était marqué par la souplesse et l'intrigue. Son visage rond et coloré, ses yeux bleus, ses manières respiraient la simplicité, la bonhomie, la franchise. *Un malin, décidément.*

— Général, dit Caillaux, j'irai droit au but. Vous connaissez la situation. Il se peut, dans les semaines, qui sait, dans les jours qui viennent, que nous soyons conduits à un conflit armé avec l'Allemagne. Il est impératif que je connaisse l'état réel de nos forces.

— Monsieur le président, l'armée tout entière est animée du meilleur esprit. Elle fera pleinement son devoir…

— Je n'en doute pas un instant, général, mais j'ai besoin d'une réponse nette et sincère à une question simple et directe. Quel est le véritable rapport de forces entre nos deux armées ? Avons-nous la moindre chance de l'emporter ?

— Je suppose, monsieur le président, que cette conversation est destinée à rester confidentielle…

— Bien entendu. Je vous garantis le secret, mais en échange j'exige la vérité.

— Eh bien, monsieur le président, les comptes sont vite faits. Nous avons 120 000 hommes en couverture, un effectif que nous pouvons porter à 250 000 hommes en quinze jours, 450 000 en trois semaines. Ils ont 350 000 hommes sur la frontière, 500 000 dans les dix jours, 800 000 en quinze jours. Je ne parle ici que de l'armée active. Si l'on inclut les réservistes, le rapport nous est bien plus défavorable. Notre artillerie lourde est largement inférieure à l'artillerie adverse. Notre haut commandement est en pleine réorganisation. Nous serions ratatinés, écrabouillés en moins de temps qu'il n'en faut pour le dire. Ce serait pire que la dernière fois.

— Même soutenus par l'Angleterre ?

— L'Angleterre ? Mais elle n'a pas d'armée ! C'est tout au plus, dans l'hypothèse où elle enverrait des troupes de ce côté de la Manche, si elle pourrait aligner 80 000 hommes, autant dire rien, et encore en raclant tous les fonds de tiroir. Songez au temps qu'il leur a fallu il y a dix ans pour venir à bout de trente mille paysans, et rien ne permet de croire qu'ils ont tiré les bonnes leçons de la guerre des Boers.

— Mais la Russie ?

— Au moins là, il n'existe aucun problème d'effectifs. Mais à la lumière de la guerre avec le Japon, en admettant qu'un conflit ne déclenche pas de nouveaux troubles, j'émets les plus fortes réserves sur la valeur militaire de cette masse.

En tout état de cause, la Russie a besoin de trois mois pour achever sa mobilisation et sa concentration, et nous serions au tapis dans les six semaines.

— C'est bien, général, je vous remercie… Je pense comme vous qu'en effet il n'y a pas lieu d'ébruiter notre entretien, mais j'en ferai bon usage.

À onze heures, Caillaux réunit un conseil de cabinet. Il donna d'abord la parole au ministre des Affaires étrangères. Pour M. de Selves, nous étions en présence d'une provocation caractérisée et calculée. L'Allemagne voulait voir jusqu'où elle pouvait aller. Si notre riposte n'était pas à la hauteur du défi qui nous était lancé, elle en déduirait qu'elle pouvait tout se permettre. « Je suis d'avis », conclut le ministre, « que M. Cambon sollicite dès aujourd'hui une audience de M. de Kiderlen-Waechter pour exiger le rappel immédiat du *Panther* et l'informer que, s'il ne nous est pas donné satisfaction, la France enverra elle-même un cuirassé devant Agadir. Si vous m'y autorisez, monsieur le président, je convoquerai de mon côté M. de Schoen pour lui faire part de notre mécontentement et de notre résolution. »

Au fou ! pensait Caillaux. *Non seulement un incapable, mais un fou.*

— Un seul cuirassé, dit-il. Et pourquoi pas deux ?

— Oui, approuva de Selves enchanté. Ce serait plus fort.

Albert Lebrun, ministre des Colonies, et ministre pour la première fois, leva le doigt comme à l'école. Caillaux lui fit signe de parler :

— Ne croyez-vous pas, monsieur le président, que l'occasion est toute trouvée pour que la Chambre fasse la démonstration de l'unité nationale face au péril étranger ? Il me semble que le vote d'un texte qui dénoncerait la tentative d'intimidation de l'Allemagne et son immixtion dans nos affaires nord-africaines, un texte qui serait évidemment adopté à l'unanimité, à la seule exception des socialistes, serait du plus grand effet à l'intérieur comme à l'extérieur…

— C'est en effet une excellente idée, mon cher ministre, exactement ce qu'il faut pour mettre le feu aux poudres. Si nous avons affaire à une provocation, nous donnons tête baissée dans le panneau. S'il s'agit au contraire, comme je le pense, d'un appel insistant et un peu lourd au dialogue, c'est la meilleure façon d'y mettre fin avant même qu'il ait commencé… Mais nous n'avons pas encore entendu M. le ministre de la Marine. C'est à vous, Delcassé.

Le gnome rajusta son lorgnon, s'éclaircit la voix, et prit la parole, avec l'autorité de l'expert qu'il prétendait être :

— Pour ce qui me concerne, à toutes fins utiles et sans préjuger de la décision finale qui vous revient, monsieur le président, je me suis assuré que le *Liberté* soit à même de quitter Toulon pour Agadir d'ici à cinq jours. Si nécessaire, le *Danton* pourrait suivre dans les meilleurs délais. L'Allemagne nous fournit un prétexte en or, pourquoi ne pas le saisir ? Il faudra bien qu'à Berlin on comprenne qu'il a coulé de l'eau sous les ponts depuis Fachoda et depuis Algésiras. Dès lors que nous avons la marine de notre diplomatie, nous sommes maîtres de faire la politique de nos alliances. Sir Winston Churchill a pris l'initiative de m'appeler pour m'informer confidentiellement que sur notre demande l'Angleterre est disposée à dépêcher devant Agadir une force navale équivalente à la nôtre.

— Churchill, dit Caillaux, mais de quoi se mêle-t-il ? Que je sache, la Marine et la Guerre ne sont pas dans ses attributions.

— C'est exact, mais vous n'ignorez pas à quel point il est depuis toujours un passionné des questions militaires. Du reste, j'ai la conviction qu'il ne s'exprimait pas à titre personnel, mais qu'il était chargé de nous faire connaître la position du gouvernement de M. Asquith.

— Au fait, intervint de Selves, que le nom du Premier ministre britannique sembla tirer d'une douce somnolence, j'avais omis de vous dire que M. Paul Cambon a pu joindre M. Asquith, qui l'a assuré du total soutien de son pays.

Un incapable, un imbécile, et un fou furieux, je suis servi. Caillaux avait du mal à contenir son irritation.

« Vous remercierez vos amis britanniques comme il se doit, mon cher collègue, dit-il en se tournant vers Delcassé, ignorant délibérément Lebrun et de Selves, mais dites-leur, s'il vous plaît, que nous n'en demandons pas tant. Il serait paradoxal que la Grande-Bretagne, qui n'est pas partie dans cette affaire, réagisse par des mesures militaires, alors que nous, qui sommes concernés au premier chef, ne le ferons pas. Je ne crois pas que la situation soit au point que nous devions faire jouer nos alliances. Si nous avons un litige, c'est avec l'Allemagne, c'est donc avec l'Allemagne que nous le réglerons, et par la négociation. Jusqu'où l'Angleterre nous soutiendrait-elle, et pourquoi le ferait-elle ? Le seul intérêt qu'elle puisse y trouver réside dans le prétexte qui lui serait donné de détruire la marine impériale. Mais le sort de la France ne se joue pas sur les océans. À la question : "Est-il de notre intérêt de faire la guerre à l'Allemagne pour que l'Angleterre conserve la maîtrise des mers ?", ma réponse est clairement : non. Il serait bien sûr souhaitable, dans l'hypothèse d'un conflit, que l'Angleterre et la Russie se rangent à nos côtés, mais il est infiniment préférable qu'il n'y ait pas de conflit. »

Delcassé, têtu, revint à la charge. « Permettez-moi, dit-il, monsieur le président… J'ai eu la curiosité de me reporter aux propos que tenait Guillaume II il y a onze ans, et je ne crois pas inutile de nous les remettre en mémoire. » Il lut à voix haute : *« Quand on veut peser dans le monde, on n'y parvient pas par la plume, si elle n'est soutenue par la force de l'épée... Notre avenir est sur l'eau. Grâce à notre flotte, nous obtiendrons à l'étranger la place que nous n'y avons pas encore acquise... Notre domaine est le monde. »* Il frappa la feuille du plat de la main.

— Il me semble que cette menace nous vise, et qu'elle vise notre empire autant que celui de l'Angleterre.

— Je vous accorde, cher ami, que cette déclaration qui remonte à plus de dix ans n'est pas faite pour rassurer, mais vous m'accorderez que ni en 1900 ni depuis l'empereur n'a tiré l'épée. Il s'est contenté d'en agiter le fourreau à plusieurs reprises. On ne fera jamais assez large la part de la rhétorique et de la rodomontade dans ces grandes envolées où l'on croit toujours entendre des cliquetis de sabre. Guillaume est un vrai Hohenzollern, il a le goût des revues, des parades, la folie des uniformes, mais il ne veut pas la guerre, et il l'a prouvé vingt fois depuis son avènement. Ce n'est pas par les armes, mais par l'industrie et le commerce qu'il entend donner la première place à son pays.

» Ne cédons pas aux emballements de la presse. Nous ne sommes pas un journal à un sou, qui se vend à la criée. Nous sommes le gouvernement de la France, et nous ne devons pas l'oublier. Je ne doute pas que dans l'entourage de l'empereur, dans sa famille même, au sein du Grand État-major, certains comptent bien que nous allons perdre nos nerfs. Nous savons tous ici qu'en France même, certains, de bonne ou de mauvaise foi, sont prêts à donner dans le panneau. Or, nous ne sommes pas confrontés en dépit des apparences à un acte de force, mais à un geste, je dirais presque une gesticulation.

» Ce matin, je me suis fait apporter le *Jane's fighting ships*. Ce n'est pas à vous, M. le ministre de la Marine, que j'apprendrai que la lecture en est instructive. Savez-vous qu'avec ses 970 tonneaux et ses cent vingt-cinq hommes d'équipage, le *Panther*, qui dispose pour tout armement de deux pièces de 107 et de six mitrailleuses de 37 est tout simplement le plus petit bâtiment de la flotte impériale ? On a parlé de croiseur, nous avons affaire à une modeste canonnière, et des plus vétustes. Ce n'est pas un hasard. Voyez-vous, si l'Allemagne cherchait l'affrontement, c'est devant Tanger ou Casablanca qu'elle aurait dépêché le *Friedrich Der Grosse*, le *Scharnhorst* ou le *Gneisenau*. Qui connaissait le nom même d'Agadir, il y a encore deux jours ? Ce n'est pas une ville, mais une misérable bourgade dont les cinq cents habitants vivent de contrebande, ce n'est pas un port, tout juste une rade naturelle.

» L'Allemagne ne conteste nullement que nous ayons au Maroc des droits, des devoirs et des intérêts particuliers. Elle constate seulement, ce qui n'est pas niable, que, sans l'avoir informée, et moins encore consultée, nous sommes allés bien au-delà de ce que nous permettaient l'acte final d'Algésiras et les accords franco-allemands de 1909, et elle en conçoit fort légitimement de l'humeur. Cette crise doit être l'occasion de mettre au clair nos positions respectives en Afrique et de dissiper les équivoques ou les malentendus qui empoisonnent nos relations avec le grand pays voisin. Je recevrai moi-même M. de Schoen cet après-midi et je ne manquerai pas de vous tenir informés des suites de cet entretien. Quoi qu'il en soit, pas un acte, pas une parole émanant de ce gouvernement ne doivent envenimer une situation dont les dangers ne sauraient vous échapper.

» C'est tout, messieurs.

*

M. de Schoen, le très francophile ambassadeur d'Allemagne à Paris, avec sa grosse moustache blanche et la haute et raide silhouette dont sa redingote accentuait la sévérité, avait la mine et l'allure d'un vieux gentilhomme-paysan. En ce mois de juillet frisquet, le coup d'Agadir, qui l'empêchait d'aller comme chaque année prendre les eaux de Carlsbad, ne dérangeait pas seulement ses habitudes, mais affectait sa sérénité.

Que l'entrevue eût lieu place Beauvau et non au Quai d'Orsay, tête à tête avec le président du Conseil, hors la présence de M. de Selves, le troublait également.

Caillaux alla droit au fait, selon son habitude :

— Monsieur l'ambassadeur, j'aurais préféré vous rencontrer dans des circonstances plus paisibles et moins délicates. Nous ne savons pas exactement ce que sont les intentions et les *desiderata* de votre souverain. Je ne demande qu'à les connaître et à y donner satisfaction dans les limites du raisonnable. Mais il doit être clair pour Berlin comme à Paris que la France ne saurait s'incliner sous une quelconque pression, encore moins devant une menace qu'elle considérerait à juste titre comme inacceptable. Vous pouvez du reste tenir pour acquis qu'au besoin nos alliés, comme ils nous en ont donné l'assurance, se rangeraient à nos côtés. Mais laissons cela…

» Nous ne sommes pas allés au Maroc par caprice ni pour notre plaisir. Le Maroc et le Sahara sont le prolongement naturel de notre belle colonie algérienne. Il suffit de regarder une carte pour comprendre que le Maroc est la pierre d'angle qui manque encore à notre édifice nord-africain. On ne peut pas parler de conquête lorsque le supposé conquérant est déjà chez lui.

» Cela étant dit, qui devait être dit, il y aurait de la mauvaise foi à ne pas reconnaître que mes prédécesseurs n'ont respecté ni dans leur lettre ni sur le fond les accords de 1906 et 1909. La marche sur Fès est un coup de canif dans notre contrat. Il est patent que l'intervention puis l'installation à demeure de nos troupes sont un pas de plus dans la marche inexorable vers le protectorat. Mais nous sommes, aussi bien moi que vous, mis devant le fait accompli. Vous êtes un observateur trop avisé de notre pays et de notre vie politique pour ignorer qu'aucun gouvernement, surtout dans les circonstances actuelles, ne pourrait faire marche arrière sans s'exposer aux plus véhémentes accusations de lâcheté et même de trahison. Néanmoins, je comprends parfaitement l'irritation de votre souverain et je considère que l'Allemagne a droit à des apaisements, j'irais jusqu'à dire des réparations, tant sur le plan matériel que sur le plan moral. Voyez-vous, je suis de ceux qui considèrent que nous avons eu plus que notre part dans le partage de l'Afrique et que l'Allemagne a été injustement désavantagée. Il n'y a aucune raison que nous ne trouvions pas, en Afrique même, de quoi vous dédommager. Faites-nous connaître précisément vos souhaits en ce sens. Ils seront accueillis avec bienveillance. Notre bonne entente au moment de la guerre du Transvaal, notre fraternité d'armes lors de l'expédition de Chine prouvent que nous pouvons avoir des relations confiantes et même amicales. Rien ne serait pire qu'une nouvelle guerre entre nos deux pays. Quel qu'en soit le vainqueur, nous serions tous deux perdants. C'est pourquoi nous devons tout faire pour régler un incident fâcheux avant qu'il ne dégénère en une catastrophe irréparable. À moins que vous ne souhaitiez la guerre, ce que pour ma part je me refuse à croire.

— Sa Majesté l'empereur a seulement voulu, par un geste frappant, réaffirmer les droits et la dignité de l'Allemagne, et peut-être aussi témoigner son mécontentement de les avoir vus oubliés ou négligés ces derniers temps. Mais je puis vous confirmer que ses intentions, aujourd'hui comme hier, sont intrinsèquement pacifiques. Rien n'est changé depuis qu'en 1901 le chancelier von Bülow déclarait : « Les Hohenzollern ne marcheront pas sur les traces des Bonaparte. »

— Vous m'en voyez heureux, Excellence. Au reste, je n'en doutais pas. Votre empereur veut la paix. M. de Bethmann-Hollweg veut la paix. Vous voulez la paix. Je veux la paix. Sur cette base nous devrions nous entendre. Cette malheureuse affaire ne serait pas inutile si elle marquait la première étape d'un rapprochement durable. Régler ce contentieux pourrait nous amener à en régler d'autres et, pourquoi pas, à déployer notre savoir-faire, à investir nos capitaux, à unir nos efforts dans des entreprises industrielles et financières communes, au Proche-Orient, en Afrique, au Maroc même ! De quoi l'Allemagne et la France ne seraient-elles pas capables si elles conjuguaient leurs forces ?

— Ah, monsieur le président, que de choses deviendraient possibles si la France acceptait vraiment le traité de Francfort !

— Hélas, nous n'en sommes pas là. Un jour peut-être, mais revenons à notre sujet. S'il y a un différend entre nous, il ne concerne fort heureusement que nos deux pays. Il n'y a donc nullement lieu de réunir une conférence internationale qui verrait d'autres puissances s'ingérer dans cette affaire, en profiter pour aborder d'autres dossiers, et ne ferait vraisemblablement que compliquer le problème sans en accélérer la solution. Mais nous ne pourrons mener à bien les négociations qui s'imposent que dans le secret le plus absolu. Monsieur l'ambassadeur, je vais prendre le risque de vous parler avec une entière franchise. Si nous suivons les procédures habituelles, donc si nous passons par les canaux de la diplomatie, je tiens pour assuré que nos pourparlers se dérouleront pour ainsi dire sur la place publique, sous la pression de l'opinion publique, de la presse, des Parlements, que les passions se donneront libre cours, et que l'échec est au bout du chemin. J'ai longuement réfléchi à cet aspect des choses, et voici ce que je vous suggère : que M. le chancelier de Bethmann-Hollweg et M. de Kiderlen-Waechter veuillent bien faire le choix d'un interlocuteur unique et discret avec lequel pourraient s'aboucher en toute sécurité et dans la plus totale discrétion les émissaires que j'accréditerai auprès de lui et qui ne rendront de comptes qu'à moi-même. C'est à cette seule condition que nous sortirons du mauvais pas où nous sommes, c'est à cette seule condition que nous éviterons l'échauffement des esprits, l'enlisement et pour finir le torpillage de la paix. Faites-moi connaître dans les meilleurs délais la réponse de votre gouvernement.

M. de Schoen avait pris sa canne et son chapeau et s'inclinait pour prendre congé quand Caillaux le retint familièrement par la manche :

— Un dernier détail, Excellence, mais qui a son importance. Quand vous rendrez compte de notre entretien à votre ministre, prenez bien garde de ne pas passer par votre chiffre. Il serait dommage que votre correspondance fût à la merci d'une indiscrétion. Vous me comprenez, je pense…

— Je suis d'autant plus sensible à votre recommandation, répondit l'ambassadeur surpris, que je l'interprète comme un premier témoignage du climat que vous voulez établir entre nos deux pays.

— Ne me remerciez pas. Il y a tant de gens qui seraient heureux de voir échouer les négociations à venir qu'il me paraît indispensable de prendre quelques précautions.

*

Qu'ils s'en aillent ! Mais qu'ils s'en aillent ! Tout ce qui importait maintenant à Caillaux était d'échapper à la surveillance jalouse et tatillonne des Chambres et, libéré de tout contrôle, de prendre à bras-le-corps le dossier franco-allemand.

Les socialistes bourdonnaient autour de lui comme des mouches importunes. Le plus enragé d'entre eux, Gustave Hervé, tout juste condamné pour avoir fait l'apologie du nommé Liabeuf, meurtrier d'un policier, fier de l'être, et condamné à mort, se déchaînait contre celui qu'il avait spirituellement surnommé « Caillaux de sang » et qu'il n'hésitait pas à comparer à Plehve et Stolypine, les implacables ministres du tsar autocrate. Cinq mille indignés, réunis au Manège Saint-Paul en solidarité avec les cheminots, conspuaient le chef du gouvernement qui, en réaction, se sentait obligé de donner des gages au parti de l'ordre. La Bourse du travail était perquisitionnée, Gustave Hervé transféré de la Santé à Clairvaux, la manifestation de soutien aux cheminots et aux postiers révoqués interdite. Aux députés socialistes qui le huaient, à Jaurès qui l'accusait de « banqueroute morale », Caillaux répliquait fermement : « Nous protégerons les ouvriers. Nous imposerons un statut aux compagnies de chemin de fer. Nous pouvons nous mettre d'accord sur des réformes démocratiques, mais nous ne serons jamais d'accord pour la démagogie et le désordre. » Plus cru, et bon camarade comme toujours, Clemenceau, histoire de mettre de l'huile sur le feu du dialogue social, se faisait un plaisir de colporter partout les propos virils que Caillaux lui aurait tenus en confidence : « Moi, vous savez, je n'y vais pas par quatre chemins. Je veux être un gouvernement qui gouverne. Je ne me laisserai pas embêter. Les cheminots, je les emmerde. » Ces déclarations, les officielles et plus encore les officieuses, ne lui nuisaient pas dans tous les esprits. Les actions des chemins de fer connurent des hausses spectaculaires. Le gouvernement obtint des majorités énormes contre l'agitation révolutionnaire. Le budget de 1911 fut voté à la mi-juillet par 474 voix contre 87 (l'extrême gauche socialiste) après seulement six douzièmes provisoires – une célérité exceptionnelle – et la clôture de la session fut prononcée.

Enfin seul… La négociation put commencer dans la touffeur de la saison et le mystère douillet de palaces belges, suisses ou tchèques, à Spa, à Lausanne, à Carlsbad, à Marienbad, où le baron Lancken, attaché d'ambassade à Paris et intime du Kaiser, désigné par son gouvernement, rencontrait les successifs plénipotentiaires couleur de muraille mandatés par Caillaux : Fondère, Semler, deux hommes d'affaires amis personnels du président du Conseil français, ou André

Tardieu, influent collaborateur du *Temps*. Ce processus hors normes était particulièrement lent. Penchés sur des cartes imprécises, confrontés aux subtilités juridiques et à la complexité matérielle et politique du dossier, les *missi dominici* français et le diplomate allemand élaboraient de concert des propositions qu'ils rentraient soumettre à Berlin et à Paris d'où ils repartaient pour de nouvelles stations balnéaires ou des séjours de haute montagne, porteurs de contre-propositions, d'amendements, d'additifs, d'instructions mis au point tant par Caillaux et son cabinet que par le Kaiser et son secrétaire d'État aux Affaires étrangères, M. de Kiderlen-Waechter. Celui-ci, pour la galerie, recevait fréquemment notre ambassadeur en Allemagne, Jules Cambon (à ne pas confondre avec Paul Cambon, son frère et notre représentant à Londres), tandis que M. de Selves, de son côté, avait avec M. de Schoen de fréquents entretiens dont l'histoire n'a pas conservé le souvenir.

La reconnaissance des droits prééminents de la France étant le prix, convenu d'avance, de l'accord final, la discussion portait essentiellement sur la nature et l'étendue des compensations africaines que la France était disposée à offrir. Comme il est de règle, chaque camp produisit d'abord des exigences déraisonnables. L'Allemagne réclamait la totalité du Congo français. « Il n'en est pas question », répondait Caillaux, « à moins que vous nous abandonniez le Togo et le Cameroun. »

Fin juillet, les deux pays étaient au bord de la rupture. L'Angleterre soufflait sur les braises. Lloyd George et Winston Churchill, obsédé par l'idée d'une destruction préventive de la marine allemande, se disaient prêts à nous porter assistance. On apprit que le roi George V dont on venait de célébrer le couronnement, renonçait à ses vacances et que Nicolas II reportait sa visite officielle à Paris. Le *Berlin*, un croiseur moderne de 3 500 tonneaux, avec un équipage de deux cent quatre-vingt-six hommes et… la T.S.F., vint relever le *Panther* à bout de souffle. Il était temps de parler sérieusement.

L'Allemagne savait d'entrée qu'elle n'aurait pas tout le Congo. Le gouvernement français avait admis l'idée d'abandonner une partie de cette acquisition récente. Mais comment concilier deux revendications compréhensibles et difficilement compatibles ? La France tenait à préserver la continuité territoriale de l'Afrique équatoriale, l'Allemagne désirait que toutes ses colonies en Afrique centrale fussent également d'un seul tenant et souhaitait en outre une communication directe avec le Congo belge, qu'elle convoitait ouvertement. Comment faire pour ne pas couper le Gabon de l'Oubangui-Chari ? Comment assurer un accès allemand au fleuve Congo sans créer une solution de continuité entre nos propres possessions ? Qui indemniserait et à quelle hauteur les compagnies françaises établies au Congo qui ne souhaiteraient pas poursuivre leurs activités à l'ombre du pavillon allemand ? Des intérêts considérables étaient en jeu, et Caillaux n'était pas disposé à renouveler le coup, juteux pour les intéressés de la N'Goko Sangha, dont la concession avait été rachetée au prix fort par l'État sur l'insistance suspecte de Briand. Entrées dans leur phase concrète, les négociations relevaient de la couture au petit point et les négociateurs, sous la lampe, s'usaient les yeux à des travaux de dentellière.

Cependant, les diplomates, ulcérés d'être tenus à l'écart, les journalistes, dévorés d'une légitime curiosité, les parlementaires qui s'étonnaient de la longueur de leurs vacances, le public anxieux et frustré s'impatientaient. L'absence de fumée donnait à penser qu'il n'y avait pas de feu. Rien ne filtrait du gouvernement, du Quai d'Orsay, des cabinets ministériels, et pour cause. Caillaux, qui avait voulu et organisé cette étanchéité faisait mieux que s'en accommoder. Il s'enchantait d'une atmosphère de secret qui comblait son tempérament romantique et lui faisait croire à sa toute-puissance. Une rumeur folle courut au mois d'août : Caillaux avait manigancé le vol de la Joconde pour faire oublier Agadir.

De temps à autre, des deux côtés de la frontière, de brusques accès de fièvre faisaient remonter la température. Un frisson de peur passait sur l'Europe. Les navires allemands se relayaient devant Agadir. Après le *Panther*, le *Berlin*, après le *Berlin*, l'*Eber*. Un soleil impitoyable chauffait les ponts et les bordages des bâtiments. Les matelots bronzaient, nageaient, excursionnaient et tuaient le temps en pêchant le requin. Ils s'incrustaient dans le paysage. Après tout, disaient les journaux pangermanistes, en vertu de quelle légitimité la France s'installerait-elle au Maroc ? Le Français, on le sait, ne comprend que la force. La seule politique qui vaille avec ces fiers-à-bras consisterait à envoyer des troupes à l'Ouest. Dans ce climat, des grandes manœuvres d'une ampleur sans précédent, qui mobilisèrent de l'autre côté des Vosges 600 000 soldats d'active et 400 000 réservistes, ne rassurèrent pas sur la volonté de paix du Kaiser.

De leur côté, les missionnaires français au Congo suppliaient la mère patrie de ne pas les abandonner. La veuve de Savorgnan de Brazza, dans une lettre émouvante, implora la France de ne pas brader l'héritage laissé par son mari, cette terre arrosée du sang de nos valeureux soldats. Quelques journaux se hasardèrent à remarquer que, précisément, grâce à l'habileté et à l'humanité de Brazza, cette conquête-là, contrairement à tant d'autres, ne nous avait rien coûté.

Un député du Sud-Ouest, M. Massabuau, déclara qu'il préférait « aller à la frontière » plutôt que de céder un pouce du Congo. Ayant dit, il rentra chez lui.

Le parti radical, lors de son congrès de Nîmes, sacrifiant à ce que l'on appellerait aujourd'hui le « politiquement correct », crut devoir se dire « ému du bruit qu'une partie de notre domaine colonial pouvait être cédée à une puissance étrangère » et se prononça pour « une défense énergique du patrimoine et de la dignité de la France ».

Sentant le vent, le prudentissime Paul Deschanel, ancien président de la Chambre, se drapa dans une noble attitude : « Le fifre allemand sonne le ralliement français. Nous n'accepterons qu'une solution compatible avec notre dignité. »

Tous les regards se tournaient vers Caillaux. Le président du Conseil, impavide, ne perdait rien de son assurance ni de sa superbe.

À l'ambassadeur d'Espagne qui s'étonnait que son pays, partie prenante au Maroc, ne fût pas associé aux négociations avec l'Allemagne, et se répandait en vagues menaces, il répliqua sans ambages que la France seule était mandatée par le sultan pour représenter ses intérêts, que les choses sérieuses se réglaient entre grandes puissances et que, si Madrid s'obstinait à réclamer sa place autour d'une table où sa présence n'était pas désirée, le gouvernement français pourrait bien fermer les yeux sur les activités des guérillas, carlistes ou autres, à sa frontière pyrénéenne.

À l'ambassadeur de Grande-Bretagne, à l'ambassadeur de Russie qui s'inquiétaient d'un desserrement éventuel des liens de la Triple Entente et d'un rapprochement concomitant de la France et de l'Allemagne, il répondit seulement : « Je n'ai qu'approbation pour les traités qui rapprochent, mais je me méfie des alliances qui ligotent. » Cette phrase énigmatique fit le tour et suscita les commentaires des chancelleries.

On apprit à la fin du mois d'août que le président du Conseil, invité par le président de la République, séjournait à Rambouillet pour y chasser dans les tirés. N'était-ce pas pousser un peu loin la décontraction ? L'automne s'annonçait et rien ne bougeait. Cela tournait à la mauvaise farce.

À la mi-septembre enfin, de source officieuse, de sources concordantes, de source généralement bien informée, de très bonne source, de source sûre, de source autorisée, d'une source proche du gouvernement, les nouvelles se firent rassurantes, sans être encore très précises. Les conversations qui se poursuivaient évoluaient de façon positive, les négociations progressaient de façon satisfaisante, un accord était en vue, l'accord était imminent, l'accord était certain, l'accord était comme s'il était fait. C'était une question de quelques jours, au pire de quelques semaines. Juste quelques détails secondaires à régler... Une opportune panique boursière à Berlin, conséquence d'une fuite brutale et massive des capitaux français, où certains analystes crurent deviner la main invisible d'un gouvernement établi sur les bords de la Seine, leva les derniers obstacles.

Le 12 octobre, à la veille de la rentrée parlementaire, l'accord sur le Maroc fut officiellement annoncé. Restait à régler le problème du Congo, ce qui fut fait le 4 novembre.

La France se voyait reconnaître des droits politiques exclusifs au Maroc, dont le marché restait cependant ouvert sur un pied d'égalité à toutes les nations. L'Allemagne recevait 257 000 kilomètres carrés au Congo. La moitié de la superficie de la France, quand Caillaux n'avait jusqu'alors publiquement évoqué que « quelques milliers de kilomètres carrés » ! Sans doute, mais ce n'était jamais qu'un dixième de notre A.E.F., un trentième de notre domaine africain. Encore ne s'agissait-il, murmurait-on *sotto voce* du côté français, que d'une vaste étendue de forêts et de marais, enclavée, sous-peuplée, dépourvue de toute ressource minière connue et de surcroît infestée par la mouche tsé-tsé. Qu'était-ce en comparaison des 600 000 kilomètres carrés du Maroc, de ce joyau, objet de toutes les convoitises, qui venait compléter notre pré carré nord-africain ? Bien peu de chose en vérité. De plus, en échange du gros morceau de Congo que nous lui abandonnions, l'Allemagne nous rétrocédait le fameux « bec de canard », une bande de terrain de 16 000 kilomètres carrés qui reliait le Gabon, l'Oubangui-Chari et ce qui nous restait de Congo.

M. Cambon pour la France, M. de Kiderlen-Waechter pour l'Allemagne paraphèrent lors d'un « dîner de la paix » le traité franco-allemand. Le soulagement fut immense. Le nuage qui assombrissait l'Europe depuis cinq mois s'était dissipé. La guerre de 1911 n'aurait pas lieu.

« J'ai évité la guerre et donné le Maroc à la France », déclara Caillaux. La presse lui décernait des couronnes civiques : *« En ces heures difficiles, le ministère Caillaux a vraiment représenté la cause de la France »... « M. Caillaux, dont l'autorité intellectuelle et morale n'est contestée par personne »... Le Radical*, journal ami, célébrait *« la fermeté patriotique »*, *« la ténacité intelligente »* de Caillaux. Et, dans la foulée, *« le tact, la prudence, la mesure »* de M. de Selves. On admirait *« cette gracieuse aisance, cette façon libre et dégagée de traiter de grandes affaires en se jouant ». Le Matin*, lyrique, décrivait le président du Conseil en majesté, escorté de quatre ministres lors d'un déplacement en province, disait *« sa voix, extraordinairement jeune et merveilleusement timbrée »*, s'extasiait que, pris sous une averse, *« à défaut de pouvoir faire la pluie et le beau temps »*, il eût fait décapoter son landau pour saluer la foule. Interviewé, Caillaux s'élevait contre *« la politique de fanfaronnade, faite pour alarmer chacun, et qui n'effraie personne ». « France et Allemagne »*, affirmait-il, *« doivent vivre côte à côte en se respectant. Nous avons fait avec l'Allemagne en 1911 comme avec l'Angleterre en 1903 : nous avons enterré la hache de guerre avec l'Angleterre lorsque nous nous sommes entendus sur la délimitation de nos zones d'influence respectives. »* Ce qui peut-être était le plus positif dans l'accord franco-allemand, c'était déjà qu'il y eût un accord. Pour la première fois depuis 1871, après quarante ans de rancœur, de méfiance et de tension, l'Allemagne et la France avaient signé un traité en bonne et due forme, un traité qui pouvait, qui devait être l'amorce d'une diplomatie nouvelle et d'un nouvel équilibre européen. Ce n'était pas une simple parenthèse. Il y aurait un au-delà du traité. Comme Jaurès, Caillaux voulait voir dans cette crise heureusement dénouée *« l'aube d'une entente durable et cordiale »* avec le pays voisin.

Et puisque, libéré du boulet qui avait entravé son action depuis la formation de son gouvernement, il avait de l'avis général gagné ses galons d'homme d'État, il avait désormais les mains libres pour gouverner. Réformer. Faire passer en force l'impôt sur le revenu. Lutter contre la vie chère. Lancer un grand plan de constructions navales, un vaste programme d'habitations à bon marché. Partout où il allait, et il se montrait un peu partout, les foules reconnaissantes au sauveur de la paix l'acclamaient comme vingt-sept ans plus tard d'autres foules acclameraient, pour la même raison, Daladier au retour de Munich. Et lui dont la modestie n'était pas le caractère dominant, et qui s'emballait facilement, se sentait égal aux dieux, comme eux invulnérable et – politiquement – immortel.

Cette unanimité ne dura pas.

Le danger à peine passé, il n'apparaissait plus si grand qu'il avait semblé. Beaucoup, tout en reconnaissant que le Maroc était un cadeau magnifique, n'en estimaient pas moins que l'Allemagne, qui n'en était pas propriétaire, nous le faisait payer cher. Des matamores, la moustache en croc et le poing sur la hanche, allaient répétant qu'on aurait dû limiter la discussion au Maroc et en exclure d'entrée le Congo, comme si les deux sujets n'avaient pas été liés. On parla de « reculade », de « capitulation ». À l'autre bout de l'éventail politique, les socialistes s'offusquaient que l'on eût disposé sans les consulter des populations marocaine et congolaise.

Le débat ne tarda pas à se déplacer du fond, où Caillaux se sentait solide, sur la manière et la méthode. Cette négociation menée et aboutie dans l'opacité la plus complète faisait question. De toutes parts, y compris chez ceux qui avaient négocié ou avalisé les clauses cachées de l'alliance franco-russe, celles de l'Entente cordiale, celles du traité franco-espagnol de partage du Maroc, s'élevaient des protestations contre la diplomatie occulte. On ressortait du placard et on agitait les épouvantails fanés du secret du roi, du césarisme, du pouvoir personnel. Les mêmes accusations avaient servi, la même tactique avait été utilisée et avait réussi, contre Gambetta, contre Jules Ferry, et au cœur de la sourde campagne qui se développait dans les couloirs du Parlement enfin rentré en session, on retrouvait le même homme, l'illustre tombeur de « Ferry-Tonkin », l'éternel, l'impitoyable Clemenceau.

Le sénateur du Var, il faut lui rendre cette justice, n'avait jamais caché son hostilité à ce qu'il qualifiait de vil marchandage. Dès le départ, il s'était dit écœuré de « l'attitude humiliée » de Caillaux. Lorsque celui-ci lui avait proposé, ainsi qu'à Poincaré et Ribot, de le tenir au courant de l'avancement des tractations, Clemenceau avait hautement refusé d'être associé par ce biais à une démarche qu'il condamnait. Il claironnait maintenant à qui voulait l'entendre que, s'il s'avérait que non seulement les deux assemblées et les commissions parlementaires, mais que le gouvernement dans son ensemble et d'abord le ministère des Affaires étrangères avaient été laissés dans l'ignorance complète de la trame tissée par des personnages qui n'avaient pour légitimité que d'être des amis personnels de Caillaux, celui-ci était tout simplement passible de la Haute Cour !

Informé des propos de son ancien président du Conseil et de ses intentions belliqueuses, Caillaux crut pouvoir le discréditer par un coup assez hardi – et passablement oblique.

En juin 1911, les « Jeunes Gardes », un groupuscule révolutionnaire dont le chef était un certain Miguel Almereyda, avaient procédé à l'« interpellation » de deux hommes, Métivier et Ricordeau, qu'ils soupçonnaient d'être des agents provocateurs à la solde de la police. Lors de la grande grève des carriers, en 1908, Clemenceau étant chef du gouvernement, Métivier, leader cégétiste en vue, s'était signalé par des prises de position conformes à sa réputation de vrai de vrai, de pur de pur, et de dur de dur. Ses harangues enflammées, puis l'annonce de son arrestation avaient eu l'effet d'un chiffon rouge sur les grévistes. Lors d'une manifestation de protestation, à Draveil, les militaires chargés du service d'ordre se sentant menacés avaient tiré : il y avait eu quatre morts. L'année suivante, le même Métivier, qui n'avait pas moisi en prison, avait tenté de fomenter rien de moins que l'enlèvement du président du Conseil, Aristide Briand. Par chance, les militants commençaient à se défier de lui, et ce beau projet n'avait pas eu de suite.

Au cours de leur « garde à vue », scrupuleusement limitée par leurs geôliers à quarante-huit heures, Métivier et Ricordeau avouèrent qu'en effet, ils avaient été recrutés et salariés par la Sûreté. Le 7 octobre s'ouvrit devant les Assises de la Seine le procès de la « justice révolutionnaire ». Almereyda revendiqua fièrement l'enlèvement des deux mouchards et fit valoir qu'il rendait un service certain à la société bourgeoise en lui signalant les éléments qui la gangrenaient. Il produisit à l'appui de ses dires les aveux rédigés et signés par ses deux prisonniers et une lettre, signée du directeur de cabinet de Clemenceau, accordant à Métivier un rendez-vous avec « le premier flic de France ». Le jury acquitta Almereyda.

Le lendemain, *L'Humanité* de Jaurès, mais aussi *Le Rappel* et *Le Radical*, proches de Caillaux, stigmatisaient le recours à des méthodes de basse police, qui ressuscitaient les mœurs du Second Empire. Le 23 novembre, le député socialiste Lauche interpella Caillaux. La police utilisait-elle encore les agents qu'elle appointait du temps de Clemenceau et de Briand ? Trop heureux de faire pièce à deux adversaires et passant un peu vite sur le fait que pendant trois ans il avait été le ministre du premier et le collègue du second, Caillaux protesta, la main sur le cœur : « Je ne recourrai jamais aux mouchards. Je n'utilise pas ces gens-là. » Et en gage de sa bonne foi, il promit de livrer à la justice Métivier, qui goûtait aux frais de la République les joies d'une retraite heureuse sur les bords de la Riviera, et Ricordeau qui tenait au Maroc un établissement accueillant.

Briand assuma du mieux qu'il put à la tribune de la Chambre ce que son prédécesseur et lui-même avaient fait pour la défense de l'ordre social menacé. Hors séance, il reprocha violemment à Caillaux son manquement rétrospectif au principe sacro-saint de la solidarité ministérielle. Clemenceau, pour sa part, adressa au président de la Chambre une courte lettre où il reconnaissait avoir reçu Métivier, mais une seule fois, et en coup de vent. La plupart des parlementaires, dans le secret de leur conscience, blâmaient Caillaux. Il y a des choses qui ne se font pas. L'affaire en resta là.

Clemenceau affectait l'impassibilité. Il n'en pensait pas moins. « J'exercerai librement, le moment venu, mon droit de critiquer notre politique extérieure », répétait-il d'un air paterne, dissimulant sous sa grosse moustache une féroce envie de mordre. On savait de reste que, dans la religion très personnelle du Vendéen, il n'y avait pas de place pour le pardon des injures. Il savourait déjà son plaisir comme un chat qui tient entre ses pattes une souris mais diffère le moment où il lui portera le coup de griffe fatal. Réveiller le chat qui dort n'est pas recommandé, dit l'adage. Caillaux aurait dû y réfléchir à deux fois avant de tirer le Tigre par la queue.

De l'autre côté des Vosges, le traité suscitait des oppositions symétriques de celles qu'il rencontrait en France. Les deux mêmes questions revenaient dans les deux pays : le traité est-il compatible avec l'honneur national ? Nous est-il profitable ? M. de Lindquist, secrétaire d'État aux Colonies, répondait clairement « non ». Il démissionna. Les pangermanistes, comme on pouvait s'y attendre, et le Kronprinz en personne, ce qui était moins prévisible, l'applaudirent bruyamment. « Nous avons fait un marché de dupes », s'écria devant le Reichstag un député conservateur. « Qu'avions-nous à faire des marais empoisonnés du Congo ? M. de Bethmann-Hollweg doit être traduit devant un tribunal populaire ! » Eh bien, argumentaient les défenseurs de Caillaux, voilà qui prouve surabondamment que la France a raflé la mise ! C'est faire bon marché, répliquaient les adversaires du traité, de la lettre de félicitations et d'encouragement que le chancelier a cru devoir adresser à Caillaux, et qui démontre assez clairement que nous avons tiré les marrons du feu pour l'Allemagne.

Si animés que fussent les débats du Reichstag, ils ne tiraient pas à conséquence, puisque c'est au seul Kaiser que revenait la sanction des traités. Il n'en était pas de même chez nous, et le Parlement mit à l'ordre du jour de sa session extraordinaire prévue du 7 novembre au 30 décembre 1911 la discussion du traité et le vote du budget 1912.

Une première et vive bataille s'engagea sur le point de savoir si l'on discuterait simultanément du traité et des conditions dans lesquelles il avait été négocié. Le seul point important, disait Caillaux, le seul sur lequel je demande à être jugé est le suivant : ce traité est-il bon ou mauvais pour la France ? La seule urgence est de l'entériner ou de le rejeter. Quant aux conditions dans lesquelles ce succès avait été obtenu, le président du Conseil s'en expliquerait très volontiers, mais le moment venu, c'est-à-dire une fois que le Quai d'Orsay aurait publié le traditionnel Livre jaune. Il y aurait alors une discussion « ample et libre » dont il était le premier à reconnaître le très grand intérêt – historique.

De fait, il semblait difficile de refuser la ratification, sauf à revenir au point de départ de la crise, donc à signifier qu'on ne reculait pas devant le risque de guerre. « Je voterai le traité », annonça le sénateur et ancien président du Conseil

Charles Dupuy. « On ne peut pas aller contre. Le vin est tiré, il faut le boire. » Il résumait le sentiment largement majoritaire. Les socialistes, quant à eux, distinguaient le traité et le gouvernement. *« On ne peut pas »*, écrivait Gustave Hervé dans *La Guerre sociale*, *« être à la fois du côté des prolétaires et du côté des requins. »* Et de dénoncer *« le valet de la haute finance »*. Marcel Sembat, plus modéré, se voulait réaliste : « Nous voterons le traité que nous a cuisiné Caillaux, parce que c'est un traité de paix. » Et Jaurès faisait la synthèse : « Nous voterons la paix, puis nous sanctionnerons Caillaux. »

En attendant, le gouvernement et son chef engrangeaient les bonnes nouvelles. Le 21 novembre, le sultan du Maroc fit connaître son adhésion aux dispositions du traité. Le 26 novembre, le *Berlin* et l'*Eber* quittèrent la rade d'Agadir, mettant fin à une faction de cent cinquante et un jours. Le 28 novembre, la commission des Affaires étrangères de la Chambre rendit un avis favorable au traité et, le 5 décembre, la Chambre vota la disjonction du débat sur le traité et du débat sur sa négociation par 342 voix contre 110. Le 8 décembre, la Grande-Bretagne et la Russie adressèrent leurs félicitations à la France.

Le débat lui-même s'engagea le 13 décembre au Palais-Bourbon. Trente et un orateurs s'étaient inscrits.

Il revenait à M. de Selves, ès qualités, de présenter le dossier. Huit mois après sa prise de fonctions, il apparut aux plus indulgents que le titulaire des Affaires étrangères ne maîtrisait ni son sujet ni son département. Comme des interrupteurs s'étonnaient qu'il eût pu mener à bien des négociations sur le Maroc sans avoir connaissance du traité franco-espagnol de 1904, le ministre demeura tout interdit. Puis il bredouilla des choses indistinctes. Il gémit. On crut comprendre qu'il se plaignait de ses services. On lui cachait tout, on ne lui disait rien. Caillaux fut obligé de passer après lui et de tout reprendre depuis le début pour corriger l'impression désastreuse laissée par son collaborateur.

Albert de Mun, le grand orateur de la droite, eut de jolies formules : « Il a fallu la crise marocaine pour que nous apprenions que la France et l'Espagne s'étaient partagé le Maroc. Il y a quelque chose de pire que les traités secrets, ce sont les clauses secrètes des traités publics. » Millerand, plus du tout socialiste, mais de plus en plus patriote, se réjouit de l'achèvement de notre grande œuvre nord-africaine. Deschanel salua le couronnement de l'édifice, mais regretta l'agrandissement démesuré des colonies allemandes. Vaillant, socialiste, condamna les ombres, Denys Cochin, conservateur, vanta les hauts faits de notre intervention militaire au Maroc.

Le 17 décembre, l'ombrageux et incontrôlable Camille Pelletan, conscience institutionnelle du parti radical, fit entendre, fidèle à lui-même, sa petite musique discordante. Le Maroc était un cadeau empoisonné. Y étions-nous assurés d'une paix durable ? Qui pouvait garantir qu'un jour nous ne serions pas contraints d'y envoyer le contingent ? L'Empire était un fardeau. Ce n'était pas en Afrique mais en Europe que se jouait notre avenir. D'abord on l'écouta poliment, puis sa voix se perdit dans le brouhaha des conversations particulières.

Il revint à Caillaux, le 18 décembre, de conclure. Le président du Conseil, très sûr de lui, replaça l'épisode qui s'achevait dans la longue durée. Notre situation au Maroc n'avait jamais été clairement définie ni avant ni après la conférence d'Algésiras. Elle l'était si peu qu'en 1909, pour que l'Allemagne nous y reconnût une certaine prépondérance politique, nous lui avions consenti des privilèges économiques. Or, ce compromis même était si peu satisfaisant qu'avant même notre marche sur Fès l'Allemagne n'avait cessé de nous reprocher d'outrepasser nos droits. Nous étions désormais dans un rapport équitable et réciproquement accepté. Pouvions-nous refuser une compensation à l'Allemagne ? En 1900, l'Italie avait reconnu nos droits au Maroc contre notre reconnaissance de ses droits sur la Libye. En 1903, nous avions reconnu les droits de l'Angleterre sur le Soudan et l'Angleterre, en échange, avait reconnu nos droits sur le Maroc. Ces deux précédents nous indiquaient la voie à suivre. « Je me suis situé dans la continuité de notre politique. L'œuvre de Jules Ferry est achevée. Devrais-je m'en excuser ? »

À l'heure des explications de vote, les députés lorrains, Maurice Barrès en tête, vinrent dire qu'ils s'inclinaient sous la contrainte – de mauvais gré, en somme – mais que par respect pour leurs compatriotes, vivants et morts, d'Alsace et de Moselle, ils ne pouvaient envisager aucun accommodement avec le Reich tant que la plaie de 1871 resterait ouverte à notre flanc. C'était pour Maginot, député de Bar-le-Duc, une ligne infranchissable. Le sensible Albert Lebrun, Lorrain lui aussi, mais également ministre, ne pouvait que se solidariser avec le gouvernement, mais il en avait le cœur fendu. Il inaugura ce jour-là le numéro lacrymal qu'il devait rendre célèbre.

Le 20 décembre, la Chambre approuva le traité par 393 voix contre 36 et 141 abstentions.

« Négociateur habile, administrateur réfléchi, homme d'affaires supérieur »... « Lumineux, loyal, convaincant »... « Le dédain de séduire, l'indifférence à l'applaudissement, l'appel à la raison »... « Un discours d'homme d'État »... Une fois de plus, une rafale de compliments s'abattait sur Caillaux. Il supportait très stoïquement ce genre d'intempéries, et jusqu'au portrait dithyrambique que lui consacrait la *Neue Freie Presse* de Vienne : *« Il possède les plus rares, les plus attachantes qualités. L'esprit lucide, le coup d'œil prompt, la parole sincère. Net en affaires, fidèle à ses amis. Il est ambitieux, il a la jolie crânerie de le montrer. Il se lève à sept heures, il est à son bureau à neuf heures. Il n'aime que travailler... Et si jeune encore... »* Un vrai pavé de l'ours.

Le 30 décembre, – du jamais vu – la Chambre vota le budget pour 1912, à la majorité impressionnante de 429 voix contre 79. La session extraordinaire était close.

Cette année aura finalement été une année faste, songeait Caillaux tandis que sautaient les bouchons de champagne du réveillon. Côté vie publique : la présidence du Conseil, le traité. Côté vie privée : divorcé de Berthe Gueydan en mars, il avait trouvé un moment pour se remarier le 27 octobre avec Henriette Raynouard, épouse divorcée de Léo Claretie et sa maîtresse depuis quatre ans. Henriette lui avait fait admettre qu'elle lui avait tout sacrifié, ses plus belles années, son couple, sa réputation. En galant homme, il s'était exécuté, comme il avait déjà fait avec la précédente. Était-il heureux ? Ma foi, autant qu'on peut l'être en ménage, et en politique. Parfois ses amis souriaient de son incorrigible optimisme.

La commission des Affaires étrangères du Sénat, après une première séance assez confuse, avait souhaité l'entendre de nouveau après les fêtes. L'audition était fixée au 9 janvier 1912. *Une pure formalité.*

Dans la pénombre du sérail, l'étrangleur préparait son lacet.

5

CAILLAUX TOMBE POUR LA PREMIÈRE FOIS

9 janvier 1912

Était-ce une simple commission sénatoriale, était-ce déjà un tribunal spécial devant lequel était déféré le chef du gouvernement ? Méline, Bourgeois, Sarrien, Dupuy, Ribot, Monis et Clemenceau, pas moins de sept anciens présidents du Conseil y siégeaient. Plus un ancien ministre des Affaires étrangères, Stephen Pichon. Et Poincaré qui avait été nommé rapporteur. Que de grimaces hypocrites pour un seul visage ouvert et avenant, celui du bon Monis. Tous ces vieux augures qui évitaient de se regarder pour ne pas éclater de rire étaient visiblement décidés à asticoter Caillaux, à le tourmenter, à le tourner et le retourner sur le gril. L'un d'entre eux avait prévu d'aller plus loin.

Lors de sa première séance, le 28 décembre, la commission avait prétendu passer au crible la politique marocaine de la France depuis le début du siècle, et même avant.

Le congrès de Berlin, le voyage à Tanger, la conférence d'Algésiras, tout y était passé. À quand remontait exactement et à qui devait-on l'idée d'offrir des compensations à l'Allemagne ? N'était-ce pas Rouvier, dès 1905, qui avait fait des ouvertures dans ce sens ? De là, tout naturellement, mais non moins insidieusement, on en était venu à des faits plus récents et à des insinuations à peine voilées. Au moment de la marche sur Fès, Caillaux n'était-il pas l'homme fort du faible gouvernement Monis ? Lors d'une rencontre entre M. de Kiderlen-Waechter et Jules Cambon à Kissingen, le 21 juin 1911, le ministre allemand avait dit en substance à notre ambassadeur : « Vous êtes allés à Fès. Soit. Nous sommes prêts à renoncer au Maroc. Mais à condition que vous teniez vos engagements. » Était-il exact qu'une « haute personnalité française », comme l'avaient affirmé certains journaux d'outre-Rhin, fût allée au-devant des demandes allemandes ? Dans ces conditions, le prétendu « coup d'Agadir » n'était-il pas arrangé ? Ne s'inscrivait-il pas dans la continuité d'un processus déjà entamé ? Les termes du marchandage final n'étaient-ils pas fixés d'avance ?

Monis, tout en concédant qu'il ne pouvait pas tout contrôler de son lit de douleur et que certains détails avaient donc pu lui échapper, affirma qu'il n'avait entendu parler de rien de tel. Caillaux rit beaucoup de cet ingénieux roman. Comment aurais-je pu me substituer à mon collègue des Affaires étrangères ? Cruppi confirma les dires de Caillaux, et Cambon corroborait Cruppi. Surveillé de près par Caillaux, M. de Selves opinait du bonnet. Que l'on ajoutât foi ou non aux dénégations du président du Conseil et de ses amis politiques, il avait bien fallu s'en contenter.

Clemenceau s'était ostensiblement cantonné dans un silence dédaigneux. Mais c'était lui qui avait insisté pour que la commission se réunît dès le début de la session de janvier, sitôt passées les fêtes. Il savait parfaitement qu'il était trop tard pour revenir sur le fait accompli, mais s'il avait fait son deuil du traité, il faisait son affaire de celui qui l'avait négocié. Clemenceau haïssait Caillaux. On dira que Clemenceau n'aimait personne, excepté Monet, et on aura raison. Mais Clemenceau détestait Caillaux plus que tout autre adversaire. D'abord parce que celui-ci incarnait le rapprochement avec l'Allemagne sa hantise. Mais aussi parce qu'il voyait dans son ancien ministre qui avait osé le braver le seul rival, depuis Jules Ferry, qui fût à sa taille, parce qu'il flairait et redoutait en lui son double, comme lui autoritaire et lunatique, comme lui indiscipliné et pourtant césarien, son semblable, mais certainement pas son frère.

En ce début d'année 1912, tout Paris et toute la France ne parlaient que de la sanglante équipée des bandits en auto qui s'étaient attaqués, rue Ordener, à un garçon de recettes de la Société générale. Mais le Tout-Paris de la politique et des affaires, la petite sphère de ceux qui savent, bruissait d'étranges et persistantes rumeurs. Le nom de Clemenceau revenait dans toutes les conversations, toutes les prévisions, tous les échos. On évoquait une combinaison Clemenceau-Delcassé-de Selves-Lebrun qui remettrait en question la cession du Congo. L'intéressé souriait dans sa grosse moustache : « Je ne suis pas candidat au gouvernement », répondait-il aux interrogations, « mais ce gouvernement est du bois dont on fait les allumettes. » Que mijotait-il donc, de quelle arme secrète disposait-il pour être si sûr de lui ? De l'avis général, Caillaux allait être culbuté.

Le président du Conseil ne faisait que rire des bruits qui lui revenaient aux oreilles. Il les balayait comme d'une chiquenaude un grain de poussière au revers de son pardessus. Il ne s'en souciait pas plus que des imprécations de Jaurès qui, bien qu'il eût approuvé le traité, blâmait « l'étourderie et l'audace sans franchise d'une diplomatie occulte, incohérente, impulsive, infatuée ». Qu'avait-il à redouter de cette comparution ? Les choses étaient simples : en 1905, le Kaiser avait garanti l'indépendance du Maroc, en 1911, il reconnaissait notre protectorat. Qui avait reculé, la France ou l'Allemagne ? Le vote massif de la Chambre était une réponse éloquente à cette question. Solide sur le fond, Caillaux se sentait assuré de la solidité de la ligne de défense du gouvernement. Les maris trompés sont les derniers informés de leur infortune.

Dès le début de la matinée du 9 janvier, M. de Selves, cuisiné par les commissaires, donna d'étranges signes de faiblesse. Rappelant qu'au début de la crise il avait préconisé une démonstration de force, il se laissa aller à déclarer : « Si l'on m'avait davantage écouté, je crois que les intérêts de la France auraient été mieux défendus. » Foudroyé du regard par Caillaux, le ministre rentrait déjà dans sa coquille lorsque Clemenceau prit la parole :

— Nous siégeons à huis clos, rappela-t-il, mais je ne m'attarderai pas à reconstituer l'édifice complexe et le parcours tortueux des négociations menées de bout en bout par M. Caillaux au risque de créer des complications internationales. Mais je pose la question : sommes-nous encore dans une démocratie parlementaire ? Le chef du gouvernement est-il en droit d'ignorer toutes les règles et de bafouer toutes les institutions en menant dans le secret une politique personnelle ? Des témoignages dont je dispose, il résulte que le président du Conseil ici présent a manqué à ses devoirs.

— Chef du gouvernement, riposta Caillaux, mon devoir était de seconder par tous les moyens dont je disposais l'action de notre diplomatie. Mais tout s'est passé dans des conditions d'une parfaite régularité. L'ensemble du gouvernement et notamment le ministre des Affaires étrangères ont été constamment associés à la marche et au progrès de négociations particulièrement délicates.

— Vous seriez prêt à le jurer ?

— Bien entendu.

— Les yeux dans les yeux ?

— En mon âme et conscience, les yeux dans les yeux, je donne ma parole d'honneur que durant ces mois difficiles il n'y a eu aucune espèce de pourparlers secrets, financiers ou politiques, menés en parallèle avec les négociations engagées par des voies officielles.

— Vraiment ? Eh bien, ce n'est pas l'opinion de M. de Selves.

Tous les regards se tournèrent vers le ministre qui, la sueur au front, se tortillait sur sa chaise.

— Je suis partagé, balbutia-t-il enfin, entre le désir de dire la vérité et le devoir de silence que m'impose la solidarité ministérielle.

— Ah non, mon vieux ! s'exclama Clemenceau. C'est trop facile. Ce n'est pas ce que vous me disiez quand vous veniez pleurer dans mon giron trois fois par semaine pour vous plaindre de n'être au courant de rien.

Il y eut des exclamations. De Selves baissait la tête.

— Je crois, dit enfin Caillaux à Clemenceau d'une voix blanche, qu'il serait bon que nous ayons enfin une petite explication à trois.

— J'allais vous le proposer.

Les trois hommes quittèrent la salle de la commission pour s'isoler dans un petit bureau. « Vous auriez dû venir me trouver, monsieur Clemenceau », dit Caillaux. « Et qu'en serait-il sorti ? Quel bateau m'auriez-vous monté ? » « Et vous, monsieur de Selves, vous auriez pu avoir la loyauté de me prévenir. » « Je n'ai pas osé, je souffrais tellement ! » « Vous m'avez démenti publiquement, c'est intolérable ! »

Cinq minutes plus tard, M. de Selves réapparaissait, très pâle et la tête basse. Puis Caillaux, fort rouge. Puis Clemenceau, exultant. La séance ne fut pas reprise.

Dans l'après-midi, le ministre, au mépris de la voie protocolaire normale, adressait directement au président de la République une lettre de démission. « Je ne peux assumer, écrivait-il, une politique extérieure à laquelle font défaut l'unité de vues et l'unité d'action solidaire… J'avais le double devoir de ne pas trahir la vérité et de ne pas manquer à la correction. »

Le ministère, touché, n'était pas encore coulé : Delcassé, après s'être fait prier, accepta de troquer la Marine pour les Affaires étrangères, ce qui ne laissa pas d'étonner. Comment le promoteur de l'Entente cordiale, si clairement dirigée contre l'Allemagne, pourrait-il se faire le serviteur d'une politique extérieure si éloignée de ses idées ? Obnubilés l'un par le désir de retrouver son cher Quai d'Orsay, l'autre par la volonté de sauver à tout prix son gouvernement, ni Caillaux ni Delcassé ne semblaient conscients de l'étrangeté de ce replâtrage. Ne restait plus qu'à attribuer le portefeuille de la Marine. Mais Poincaré, pressenti, refusa et le fit savoir. Baudin se récusa et on le sut. Millerand se déroba à son tour. Échaudé par ces trois camouflets, Caillaux fit appel à un marin. Mais l'amiral Germinet déclina l'honneur qui lui était fait. Sur ces entrefaites, Delcassé rencontra le président Fallières et revint sur son accord. Cela ressemblait fort à une cabale. Bien que soutenu par l'ensemble de ses ministres, Caillaux renonça et Poincaré constitua dans les meilleurs délais un gouvernement où ne figurait aucun représentant du groupe parlementaire le plus nombreux, le groupe radical. Le président du Conseil s'attribuait les Affaires étrangères. La présence de Briand, Delcassé, Bourgeois (miraculeusement rétabli), Millerand, fit qu'on parla de « grand ministère ». C'était en tout cas un coup de barre à droite, le retour à une politique de « vigilance » et de « lucidité » vis-à-vis de l'Allemagne, donc la reprise de la course aux armements, le gouvernement du contrecoup d'Agadir. *L'Humanité* ne s'y trompait pas, qui salua *« le retour du modérantisme, le néo-mélinisme triomphant sur le fumier du radicalisme en décomposition »*. Le 16 janvier, la Chambre vota la confiance à la nouvelle équipe par 440 voix contre 6. Au son du clairon patriotique de Poincaré, tous les « républicains » avaient rallié « l'union sacrée ».

Le 10 février 1912, Poincaré présenta au Sénat et défendit sans chaleur le traité franco-allemand que lui léguait son prédécesseur. Le Sénat, après un baroud d'honneur de Clemenceau, ratifia, par 212 voix contre 42, dans l'indifférence générale.

6

« JE REVIENDRAI »

« Le génie de Caillaux est aristocratique. Bien né, il tranche de l'homme supérieur. Un petit marquis du Grand Siècle, talons claquant, la taille fine, le regard jeune, et vif, et vainqueur. Il sait les finances et l'anglais. Il a appris, il sait tout. Atypique. Des mots tranchants, d'une voix pointue. Les alouettes toutes rôties. Un fond d'arrogance. Admiré des diplomates, adoré des boudoirs... » Ainsi le peignait dans *L'Humanité* le député socialiste Marcel Sembat, sans complaisance, mais sans véritable méchanceté. Et Dieu sait pourtant que Caillaux prêtait le flanc à la charge, voire à la caricature.

Cette façon qu'il avait de se mirer dans toutes les glaces, de mettre de la distance entre ses interlocuteurs et lui-même en vissant dans son orbite un éternel et insolent monocle qui oscillait au bout de son large cordon de soie noire, si fièrement cambré, pour compenser sa taille médiocre, qu'il semblait toiser de haut l'univers entier et que son vis-à-vis, fût-il un géant, se sentait diminuer d'instant en instant. Cette élégance de gravure de mode. Ses gilets brodés. Ses cannes à pommeau d'argent. Ses souliers à guêtres. Ses jaquettes ajustées, ses redingotes à la taille pincée, ses fracs sur mesure, son huit-reflets étincelant, coquettement incliné sur l'œil, comme autant d'insultes aux tristes melons, aux costumes froissés, aux chaussettes en tire-bouchon de la piétaille parlementaire. L'œillet à la boutonnière, le poing sur la hanche, la moustache conquérante, la posture avantageuse. Ce contentement de soi affiché. Sa fatuité d'homme à femmes. Son train de vie de millionnaire.

Nombre de ses collègues à la Chambre étaient plus fortunés que lui. Ainsi feu Maurice Berteaux. L'illustre préfet Lépine était simultanément administrateur de Suez. Un personnage en vue comme Briand, né dans l'indigence, avait discrètement fait sa pelote. Cinquante députés siégeaient dans des conseils d'administration. La banque, les chemins de fer, le charbon, la métallurgie, les phosphates, les intérêts coloniaux avaient leurs représentants, officieux ou déclarés, sur les bancs des Assemblées. La différence est qu'il ne se cachait de rien. « Eh oui, confiait-il dans ses interviews, je suis riche. Je dispose de quarante mille francs de rente. Ce que je possède, je le tiens de mes parents et d'une sage gestion de mon patrimoine. Ce que je suis, je le dois à l'éducation que m'a donnée mon père et à mon travail. Je suis un bourgeois et j'en suis fier. »

Lui-même parfaitement intègre – « mon indépendance financière, disait-il, est le meilleur gage de ma probité » – mais totalement indifférent au qu'en-dira-t-on, il n'était pas regardant sur ses fréquentations, que ce fût par un goût naturel pour les aventuriers, pour son information ou pour répondre aux obscures nécessités de la politique. Comme un essaim de mouches autour d'un pot de miel, des boursicoteurs, des journalistes interlopes, des affairistes aux mains douteuses bourdonnaient sans cesse autour de lui qui s'en accommodait trop aisément, se vantant de les contrôler et refusant d'admettre qu'il pouvait être utilisé ou manipulé en retour. Sans être de ses intimes, tant s'en faut, la plus contestable de ces relations était sans conteste le vibrionnant Rochette, le Bernard Madoff de son temps, l'homme qui, assuré de la caution d'anciens ministres véreux, fondait des banques fantomatiques à l'intitulé ronflant et s'envolait avec la caisse, l'illusionniste qui drainait l'épargne des gogos vers des projets aussi mirifiques que ténébreux, l'escroc cynique qui puisait des millions dans la poche des pauvres et remboursait les souscripteurs floués de l'emprunt paraguayen à 6 % avec l'argent des futures victimes du krach des Tramways de Mexico.

Il se souciait comme d'une guigne de ce que pouvaient penser ses collègues venus par le train régulier lorsque, l'été venu, le conseil des ministres se tenait à Rambouillet et que son chauffeur personnel, en casquette et gants blancs, lui ouvrait dans la cour du château la portière de sa Delaunay-Belleville dernier modèle à carrosserie personnalisée. Il ne se gênait pas davantage pour les convoquer en conseil de cabinet dans son hôtel particulier de la rue Alphonse-de-Neuville, derrière le parc Monceau, car, en bon provincial, comme Poincaré, Berteaux, ou Clemenceau, il résidait dans les « beaux quartiers », ou supposés tels.

On eût dit, dans son mépris des conventions et des hommes, qu'il cultivait à plaisir l'art de se faire des ennemis et d'ajouter aux haines politiques qu'il déchaînait des ressentiments particuliers. Il ne jouait pas le jeu. Il n'était pas bon camarade et même pas camarade du tout. Il parlait sans précaution et sans respect de ses collègues et de ses rivaux. Il corrigeait publiquement les lapsus, les bourdes ou les fautes de français des plus honorables parlementaires. Il savait être odieux et ne s'en privait pas. Innombrables étaient ceux qu'il avait criblés des traits blessants de son esprit caustique.

Comme les grands arbres la foudre, il attirait donc l'hostilité. Le tout, en société, en politique, et plus encore en démocratie, n'est pas d'être un homme supérieur. Encore faut-il avoir assez d'empire sur soi pour ne pas le montrer. Car les plus médiocres ne sont pas les moins susceptibles et la conscience trop aiguë qu'il avait de ses très réels mérites en rendait l'étalage insupportable à ceux qui en étaient dépourvus.

Et voilà qu'il gisait dans l'arène. Le vide s'était fait autour de lui. Il n'éveillait pas une compassion qu'il ne sollicitait pas non plus et il voyait bien qu'au-delà de la sanction de ses imprudences politiques ceux qu'il avait humiliés, blessés ou qu'agaçait simplement sa réussite, ceux qui ont la phobie de tout ce qui dépasse, exhalaient une joie mauvaise au spectacle de sa déconfiture. Beaucoup le donnaient pour un homme fini.

Pourtant, fidèle en amitié, il avait également des fidèles qu'avaient rassemblés autour de lui son intelligence, sa puissance de travail, sa probité, sa lucidité, des épisodes partagés et des idées en commun. Ils étaient quelques-uns qui vinrent au départ du Train bleu saluer le couple Caillaux. Direction la Méditerranée, l'Égypte, le Liban. Il y avait là le petit Paul-Boncour, Ajam, André Hesse, l'ami Ceccaldi, Malvy...

— Qu'allez-vous faire, président ? demanda celui-ci alors que les coups de sifflet des employés du P.L.M. et les crachements assourdissants de la locomotive emplissaient le vaste hall de la gare de Lyon de bruit et de vapeur.

— Voyager. Me reposer. Réfléchir.

— Serez-vous longtemps absent ?

— Je ne sais pas encore. Mais dites-le bien à nos amis, et surtout aux autres : je reviendrai.

7

CONFIDENCES SUR LE PAPIER

NOTE DE L'AUTEUR

Bien que l'authenticité de ces écrits ne fasse l'objet d'aucune contestation, certains spécialistes assurent que Joseph Caillaux, averti à l'automne 1917 de l'imminence de son arrestation, préalable à sa comparution pour trahison devant la Haute Cour, prit soin de brûler l'essentiel de ses papiers personnels, y compris les notes que l'on va lire ici.

Février 1912 – mai 1913

J'ai été un homme seul. Malheur aux hommes seuls. Notre vie politique s'organise désormais autour des partis, notre vie parlementaire est dominée par les groupes qui sont l'émanation et l'expression des partis. Il est clair qu'il n'y a plus de gouvernement qui dure s'il ne peut compter sur le soutien sans faille, la discipline et les votes des partis.

Gambetta aura sans doute été le dernier qui sans être lui-même à la tête d'un parti organisé a constitué un gouvernement sur son seul nom et le « grand ministère » n'a pas tenu trois mois. Quels services rendus à la France, quel prestige ou quelle catastrophe faudra-t-il pour qu'un homme puisse se permettre d'ignorer ou de subjuguer les partis, pour qu'il soit porté et se maintienne au pouvoir par la seule volonté du peuple ?

*

Le Bloc des gauches est tombé en poussière, la Délégation des gauches est tombée dans l'oubli, le Parti radical est tombé en quenouille.

Lorsque le Parti républicain radical et radical-socialiste s'est fondé en 1901, tout incitait à prévoir qu'il serait désormais l'axe de tous les gouvernements. Il l'a été en effet sous Waldeck et sous Combes. Les radicaux ont gagné les élections de 1902, et Combes a pu réaliser la séparation de l'Église et de l'État. Combes a tenu parce que le Bloc a tenu, et il aurait gouverné jusqu'à la fin de la législature s'il ne s'était pris les pieds dans cette lamentable affaire des fiches.

Les radicaux ont de nouveau remporté les élections en 1906, mais le Bloc s'est fracturé. Résultat : nous avons eu Clemenceau, radical d'étiquette et bonapartiste de tempérament, puis Briand, qui pactiserait avec le diable si la voix du diable lui assurait une majorité

Les radicaux ont encore gagné les élections en 1910 et de nouveau ils se sont laissé imposer Briand. Ils se sont brièvement ressaisis pour soutenir Monis et mon gouvernement puis ils ont rallié Poincaré, Briand et maintenant Barthou. Nous sommes dans un pays qui vote pour la gauche et se laisse gouverner par la droite. En l'espace de deux ans, le parti radical a perdu la présidence de la République au bénéfice de Poincaré, la présidence de la Chambre au profit de Deschanel et la présidence du Conseil. Jamais mon gouvernement ne serait tombé si les radicaux avaient fait bloc derrière moi. J'étais un chef sans troupe et les radicaux une troupe sans chef.

*

Le Parti radical est devenu l'homme malade de la politique française, une foule impuissante et sans direction. Ce parti qui devait être une charnière n'est qu'un ludion ballotté entre sa nature, sa tradition, son électorat, qui le situent clairement à gauche et la tentation des prébendes juteuses, des postes et des compromis qui le fait pencher et tomber à droite. C'est le parti de la confusion, du scepticisme, des petits arrangements entre amis, avec pour seul et mince ciment l'anticléricalisme. C'est un fourre-tout qui attire les opportunistes, les arrivistes, que paralysent les rivalités de personnes, que minent les débauchages. Si le radicalisme n'est plus qu'une cohue, la République ne sera plus qu'une pétaudière.

Que manque-t-il au Parti radical ? Oh, peu de chose : un programme, une discipline, un chef.

*

J'ai cru que les faits parleraient plus fort que les passions, que les actes et les résultats feraient taire les cabales. Je me suis trompé.

Dussé-je ne plus jouer aucun rôle dans l'avenir, j'emporterai dans la tombe la fierté d'avoir évité la guerre avec l'Allemagne et donné le Maroc à la France. On me reproche d'avoir mené des négociations secrètes avec l'Allemagne, et qui a l'impudence de me faire ce reproche ? Les Hanotaux, les Delcassé, et maintenant Poincaré, bref tous ceux qui se sont toujours refusé à divulguer les clauses secrètes de l'alliance franco-russe, tous ceux qui s'efforcent de cacher aux Français que nous serons précipités dans la guerre le jour où le tsar, c'est-à-dire cette brute d'Isvolsky, l'aura décidé, même si la France n'y a aucun intérêt, même si aucune menace ne pèse sur la Russie.

*

Clemenceau et moi, nous n'avons pu éviter l'élection de Poincaré. Non seulement notre alliance est apparue pour ce qu'elle était, un pacte de circonstance, improvisé au dernier moment, mais nous avons fait campagne chacun de son côté, sans aucunement nous concerter. Clemenceau répétait mécaniquement sa formule : « Il faut voter pour le plus con », qui ridiculisait et a desservi ce pauvre Pams. J'expliquais pour ma part que Poincaré, c'était les trois ans, et donc la guerre. Or, cette perspective n'avait rien pour déplaire à Clemenceau. Je ne considère pas, moi, que le président de la République a trop de pouvoir. Je souhaiterais plutôt qu'il en ait davantage, et c'est la meilleure raison de ne pas confier cette place à n'importe qui. Il était à prévoir que nous serions battus. Deux généraux pour une seule armée, on devrait savoir depuis Sempronius et la Trébie que c'est la défaite assurée.

*

Un peu d'arithmétique. Sur 600 députés, il y a 111 radicaux, 157 radicaux-socialistes et 75 socialistes. Si les radicaux étaient disciplinés comme le sont les socialistes, aucun gouvernement ne pourrait être constitué sans eux ni tenir contre l'opposition des radicaux et des socialistes. Si les radicaux et les socialistes avaient fait bloc, mon gouvernement aurait pu durer toute la législature.

Les socialistes ne sont que soixante-quinze mais ils font du bruit comme cinq cents et votent comme un seul homme. Les radicaux sont près de deux cent soixante-dix et ils ne pèsent pas plus que s'ils étaient soixante-quinze.

*

Le congrès de Nîmes, l'an passé, a consacré la rupture entre radicaux et socialistes. C'est une erreur fondamentale. Bien des points, et même essentiels, me séparent des socialistes, mais nous sommes du même côté de la barrière. Il n'est pas question que les radicaux acceptent la totalité du programme socialiste, ni que les socialistes renoncent à leurs idées, mais nous pourrions nous entendre sur un programme commun de gouvernement. Nous l'avons fait entre 1899 et 1906, et cela ne nous avait pas si mal réussi.

*

Voyons les choses en face. On peut arriver au gouvernement ou à l'Élysée par la droite, donc avec l'appui, plus ou moins discret, de la réaction. C'est le choix qu'avaient fait en leur temps Méline, Félix Faure, Casimir-Perier, Dupuy. C'est le choix que font aujourd'hui Poincaré, Briand, Clemenceau, Barthou. Le terrain est occupé et le chemin obstrué de ce côté-là. De l'autre, il n'y a personne. C'est par là qu'il faut prendre. Quand je vois d'où vient Briand et d'où je viens, je mesure le chemin parcouru par l'un et par l'autre. Il y a déjà un certain temps que nous nous sommes croisés.

*

Ce pays a changé. La droite qui ne cesse de répéter que seule elle l'incarne y est de plus en plus minoritaire. Elle le sait bien, et c'est pourquoi le prétendu parti de l'ordre ne mise que sur la rue, la violence, le complot, la guerre. Nous autres, nous comptons plutôt sur les élections.

Les générations qui arrivent aujourd'hui à maturité ont été majoritairement formées par l'école laïque. Elles sont porteuses des idées qui leur ont été inculquées par les instituteurs. Les libertés essentielles, les droits politiques, la pérennité de la République sont assurés. Il faut aller plus loin. L'époque le veut. La République ne peut pas se contenter d'être démocratique. La République est incompatible avec l'iniquité fiscale et l'injustice sociale.

D'élection en élection, le socialisme monte comme une marée, inexorablement. On n'arrête pas la mer avec des châteaux de sable. Il y a trente ans, les radicaux se présentaient comme les héritiers de la Révolution et leur programme épouvantait les bonnes gens. Ce programme n'a pas changé, et les radicaux sont devenus le grand parti de gouvernement. La gauche d'hier est le centre d'aujourd'hui. Il y a vingt ans, le socialisme était un éparpillement de groupuscules révolutionnaires. La S.F.I.O. a aujourd'hui pignon sur rue. Déjà, elle administre de grandes villes. Demain, elle sera associée au gouvernement. Aux législatives de 1912, la social-démocratie allemande a obtenu 35 % des suffrages. Or, la société allemande est en avance sur la nôtre. Elle nous indique le chemin que nous prendrons. Plutôt que de déplorer ou de contrarier l'esprit du siècle, il faut accompagner dans leur mouvement l'évolution des idées et les changements de la société.

*

De Clemenceau ou de moi, l'un des deux est de trop.

*

Poincaré me tuerait volontiers s'il disposait d'un permis de chasse en bonne et due forme. Si Barthou me tuait, ce serait la nuit, au coin d'un bois et d'un coup de fusil dans le dos. Briand aimerait bien me voir mort, mais il est trop paresseux pour passer à l'action. Si Clemenceau avait la possibilité de me tuer… il me tuerait.

8

« LA FRANCE NE SOUHAITE PAS LA GUERRE, MAIS ELLE NE LA CRAINT PAS »

Printemps – été 1913

Au printemps 1913, l'Europe, probablement lasse d'être heureuse – depuis près d'un demi-siècle, aucun des nombreux litiges qui avaient surgi entre les grandes puissances du Vieux Continent n'avait dégénéré en un conflit armé, du jamais vu de mémoire de civil comme de militaire –, fut prise de démangeaisons guerrières, un prurit on ne peut plus contagieux. En France, le phénomène revêtit la forme d'un projet de loi qui faisait passer la durée du service militaire de deux à trois ans. Poincaré, qui avait pris ses fonctions de président de la République le 18 février, était l'inspirateur de ce texte. Briand, alors président du Conseil pour la quatrième fois, ne tenait pas plus que ça à prendre la responsabilité de cette réforme éminemment conflictuelle. Pas si bête… Mis en minorité au Sénat, comme il l'escomptait, sur la représentation proportionnelle, il se fit donc un devoir de démissionner alors que rien ne l'y obligeait et un plaisir, en cédant la place, de passer le dossier brûlant à Louis Barthou qui n'y avait pas vu plus loin que le but et le bout de son ambition : la présidence du Conseil.

Tout était petit chez Barthou. Les yeux. La taille. La barbiche, soigneusement taillée. Le caractère. Tout. Clemenceau, qui ne reculait jamais devant un bon mot, pourvu qu'il fût méchant, l'avait rebaptisé « le foutre de guère »...

Poincaré appréciait la ductilité de Briand, son talent oratoire et son exceptionnelle habileté à faire prendre les lanternes pour des Messies, mais il voyait dans le petit homme, non sans raison, un autre lui-même, bâti sur le même modèle, mais en taille réduite, en plus étriqué. Ces deux hommes graves étaient des hommes creux. Comme lui Barthou était conformiste. Comme lui petit-bourgeois, jusqu'au bout du parapluie qu'il avait avalé. Comme lui ambitieux d'honneurs mondains, académiques, politiques. Comme lui bien-disant, érudit, éloquent, d'une éloquence froide, rhétorique, pompeuse, nourrie de citations, de références livresques, d'imitation. Au moins celui-là ne lui faisait pas d'ombre. C'est pourquoi Poincaré, bien qu'il n'aimât personne, aimait bien Barthou. Et puisque son entrée à l'Élysée, cette prison dorée, ce miroir aux vaniteux, interdisait au chef de l'État toute intervention ouverte et publique dans le jeu politique, il se satisfaisait d'avoir mis en place cet autre lui-même avec pour mission d'achever ce qu'il avait commencé, d'amplifier la mobilisation patriotique des énergies, des âmes et des conscrits, de combattre « le mortel maléfice d'un pacifisme déjà prêché par les sophistes de Byzance », de donner à la France les moyens et de lui rendre le désir de la revanche, et pour ce faire de préparer « notre admirable armée » à faire une belle guerre. Car les deux hommes communiaient dans la même obsession de recouvrer coûte que coûte les chères provinces perdues, et partageaient, désespérément pompiers dans le domaine des goûts et des idées, la même vision, héroïque et mensongère comme une peinture officielle dans la salle des fêtes d'une mairie, de la guerre qu'ils n'avaient connue et ne feraient ni l'un ni l'autre.

Ils se partagèrent donc la tâche. Tandis que le président, en quête de reconnaissance et de popularité, multipliait les voyages officiels à travers la France éternelle, riche de sa diversité unique au monde et forte de son unité millénaire, éblouissant les foules ébaubies par sa facilité de parole que nourrissaient une mémoire exceptionnelle et une connaissance encyclopédique de la petite histoire et de la géographie locales, tandis qu'il vantait les petites patries, exaltait les identités régionales et exhortait ses auditeurs médusés à se montrer dignes de leurs ancêtres, le petit Barthou se dressait de toute sa hauteur à la tribune du Palais-Bourbon pour conjurer les députés de ne pas laisser le pays désarmé à l'heure du péril et de faire du salut de la patrie la loi de tous. La loi de trois ans.

Cette loi, c'était la dernière preuve de confiance et d'amour que le gouvernement du tsar avait exigée de Marianne, en échange de quoi il lui garantissait l'appui de ses hordes en cas de guerre. La Russie n'avait pas seulement besoin de l'or français pour financer son développement. L'autocrate voulait s'assurer que la République le suivrait jusque dans ses entreprises les plus aventurées et qu'elle était bien décidée à ne pas lésiner non plus sur le sang français. Ligne rouge des Balkans contre ligne bleue des Vosges. Tels étaient l'objet et l'enjeu du voyage que Poincaré avait fait l'année précédente à Saint-Pétersbourg quand il était encore le chef du gouvernement français – il se demandait d'ailleurs de plus en plus s'il avait bien fait de lâcher cette proie savoureuse pour l'ombre mensongère et flatteuse des lambris élyséens, s'il n'avait pas été aussi jobard qu'un vieux marcheur qui aurait renoncé à entretenir une fraîche petite cousette de seize ans pour se mettre en ménage avec une demi-mondaine sur le retour. Dans l'euphorie des réceptions officielles et des revues spectaculaires de Tsarskoïe Selo, il ne s'était pas contenté de confirmer les liens qui nous attachaient à notre grande alliée. Il y avait conclu les accords secrets qui achevaient de nous ligoter. Il incombait maintenant à Barthou de tenir l'engagement d'honneur pris au nom de la France et d'en faire avaliser par le Parlement français la contrepartie émergée, ces trois ans que l'on ne présentait que comme une riposte justifiée aux nouvelles menaces venues d'outre-Rhin.

Le 25 mars 1913, Barthou se présenta devant la Chambre. Dès les premiers mots de sa déclaration de politique générale, une déclaration exceptionnellement brève, chacun put comprendre qu'il ne faisait que lire docilement la « feuille de route », comme on dirait aujourd'hui, que lui avait tracée un président de la République résolument interventionniste.

« Aucune préoccupation », affirmait d'entrée le nouveau président du Conseil, *« ne domine à nos yeux la nécessité d'assurer la défense nationale par des mesures indispensables et urgentes. L'accroissement déjà acquis des forces militaires des autres peuples avait imposé au précédent cabinet le devoir de vous soumettre un projet de loi portant à trois ans la durée du service, égal pour tous. Ce devoir et ce projet, nous les ferons nôtres... »*

Ainsi se vérifiait la prophétie émise par Caillaux deux mois plus tôt, lors de l'élection du président par le Congrès réuni à Versailles : « Avec Poincaré, c'est la guerre qui entre à l'Élysée... » Les députés ne prêtèrent ensuite que peu d'attention à la promesse rituelle de « défense laïque » proférée par Barthou. Nul n'ignorait qu'il s'agissait là d'une sorte de mantra sans lequel aucun gouvernement ne pouvait se prétendre républicain. Il n'échappait à personne que ces mots usés n'étaient là que pour la forme. On ne fit même pas à Barthou l'honneur de lui demander quel était le secret de la formule magique qui lui permettrait de concilier le scrutin d'arrondissement et la représentation des minorités, pas plus qu'on ne s'intéressa à son adhésion de principe à l'impôt sur le revenu, « pourvu que celui-ci ne vînt pas heurter les habitudes des Français », c'est-à-dire qu'il ne comportât ni déclaration ni vérification. Toutes ces questions débattues, battues et rebattues, qui amusaient, passionnaient ou exaspéraient la galerie et occupaient le devant de la scène depuis le début de la décennie avaient soudain perdu de leur acuité et pâli devant la grande, la seule question qui allait étendre son ombre sur les esprits et sur les cœurs, sur la France et sur l'Europe, pendant les deux cent cinquante-cinq jours du gouvernement Barthou : « Guerre ou paix ? »

Barthou fut investi, sans gloire, par 225 voix contre 162. Tous les socialistes avaient voté contre lui. Les radicaux s'étaient répartis entre vote hostile et abstention. La bataille des trois ans ne faisait que commencer.

Les *« troisannistes »* – c'est le néologisme qui fut forgé pour désigner les partisans de la loi – ne manquaient certes pas d'arguments. La crise franco-allemande de 1911, heureusement dénouée par Caillaux, avait ouvert les yeux des responsables civils et militaires sur l'exceptionnel état d'impréparation de notre armée. Bien que le monde entier fût censé nous envier notre incomparable corps d'officiers et nos prodigieux sous-officiers à nuls autres pareils, les dernières grandes manœuvres, en 1912, avaient confirmé et mis en lumière, en présence des observateurs professionnels délégués par tous les pays intéressés, outre les lacunes de notre armement et les insuffisances de notre entraînement, la médiocrité, pour ne pas dire plus, de notre encadrement, du haut en bas de l'échelle de commandement. Notre ceinture de forteresses, notre artillerie lourde, notre marine, tout était à moderniser, à renforcer, à revoir. Dans tous les compartiments du jeu, nous étions inférieurs à l'ennemi naturel et héréditaire que, depuis 1871, notre État-major et la plupart de nos hommes politiques présentaient ouvertement et nommément comme l'adversaire unique et fatal, en toute hypothèse, de la guerre à venir.

S'il était un secteur où cette infériorité était parlante, voire criante, c'était bien celui des effectifs. Or, c'était aussi, plaidaient les *troisannistes*, celui où il était possible de modifier dans les plus brefs délais, par le seul effet d'un décret, le rapport des forces. Sous le régime des deux ans, nous n'avions que 500 000 hommes sous les drapeaux quand l'Allemagne en alignait 800 000, disponibles dès le premier jour du conflit. Avec les trois ans, nous passions à 750 000 hommes, autant dire que nous faisions jeu égal sur le papier et qu'en réalité nous reprenions l'avantage, étant donné la valeur intrinsèque de notre vaillant petit pioupiou, cette fameuse *furia francese* universellement reconnue, comparée à la lourdeur congénitale et proverbiale du troupier teuton.

Mais quelle menace nouvelle rendait-elle urgents et indispensables ces préparatifs guerriers ? Cette question ! Peut-on rester passif et l'arme au pied quand on est mis en joue par un bandit de grand chemin ? Des deux côtés de la frontière, on se renvoyait la balle – à blanc, pour l'instant. Il était indéniable qu'à trois reprises, en mars 1911, en juin 1912, et encore en février 1913, le Reichstag avait voté un accroissement du budget de la guerre et des effectifs de l'armée. Berlin, de son côté, assurait y avoir été amené chaque fois par des cliquetis de sabre, des bruits de bottes et des mesures en provenance de Paris, Londres ou Pétersbourg. Au petit jeu du « Qui a commencé ? », vieux comme le monde, la guerre et les cours de récréation, il n'est pas toujours facile d'y voir clair.

N'importe, murmuraient les cyniques. Prenons les choses de plus haut, projetons-nous dans l'avenir. En l'absence de tout apport extérieur, la population de la France stagne désespérément quand celle de l'Allemagne s'accroît chaque année de 600 000 individus. De taille encore sensiblement équivalente en 1870, les deux peuples étaient à présent séparés par un écart de vingt-cinq millions d'âmes. Quarante millions en deçà, soixante-cinq millions au-delà des Vosges, et les démographes qui, déjà, ne se trompaient jamais, tablaient pour 1948 sur cent neuf millions d'Allemands et trois cent quarante-quatre millions de Russes. À la même date, les Français seraient quarante et un millions et seulement vingt millions en l'an 2000. Chaque jour qui passait accentuait le décalage et compromettait nos chances. S'il fallait une bonne fois en venir aux mains, il n'y avait pas un instant à perdre.

Fort de son expérience personnelle et toujours brûlante du désastre de 1870, Clemenceau marmonnait et rognonnait dans sa grosse moustache. Il s'agissait bien de défense républicaine quand l'heure était à la défense nationale. Le vieil homme avait une conception charnelle, terrienne, vendéenne, paysanne de la question. Défendre sa France, son Paris, sa province, son village, son champ, son ruisseau, son chemin, sa maison, était le devoir naturel de tout Français. Et contre qui d'autre que le Prussien abhorré ?

Les gens raisonnables raillaient au demeurant les candides apôtres d'on ne sait quelle paix générale. Pour désarmer, disaient-ils, il aurait fallu être deux. Et de conjuguer à tous les temps, à tous les modes des syllogismes frappés au coin d'une sagesse imparable : « S'il nous faut combattre, nous ne voulons pas être vaincus... Il vaut mieux attaquer qu'être attaqués... La France ne souhaite pas la guerre, mais elle ne la craint pas. » Poincaré avait donné l'exemple, qui n'avait fait que reprendre et délayer dans son message inaugural l'antique adage *Si vis pacem para bellum* : « Préparons la guerre pour assurer et consolider la paix. »

Assurer, et non rassurer. « La guerre n'est pas encore certaine », concluaient à l'envi éditorialistes et analystes patentés. De quoi, n'est-ce pas, rendre gai comme un canal par un jour de gel et de brume.

Les partisans du statu quo – aurait-il fallu dire les *deux-annistes* ? – faisaient valoir l'inutilité d'une prolongation du temps passé, du temps perdu, sous les drapeaux (pour ce qu'on apprenait dans les casernes, deux ans, disaient certains, c'était encore trop), l'absurdité d'une compétition perdue d'avance avec notre proche voisin, le coût démentiel d'une course aux armements qui allait absorber plus d'un quart du budget national, mais surtout le caractère pire que négatif, mortifère, d'une politique qui précipitait et risquait de rendre fatal le danger même qu'elle prétendait conjurer, cette guerre dont ne voulaient ni les peuples européens ni leurs dirigeants les plus sages, au premier rang desquels figurait un Guillaume II qui, en dépit de ses allures de matamore, de ses gesticulations de Tranche-montagne et de ses discours de Rodomont, n'avait cessé, depuis un quart de siècle qu'il régnait, de mériter son beau surnom d'empereur de la paix.

Le nationalisme, disaient-ils, n'était rien d'autre qu'une déviation, une perversion du patriotisme ; la revanche, c'était un bain de sang certain pour un résultat incertain. L'Europe n'avait-elle pas mieux à faire que de déverser son or à flots dans un moderne tonneau des Danaïdes ? Ne ferait-elle pas un meilleur usage de son argent en consacrant toutes ses forces au progrès économique et social, en développant son industrie, en mettant en valeur ses colonies plutôt qu'en accumulant canons et mitrailleuses ? La guerre n'était l'avenir ni de l'homme ni du continent...

En fait, les raisons des uns et des autres étaient d'égale valeur mais ne relevaient pas de la même logique. Elles étaient donc totalement inconciliables. Si l'on admettait la fatalité de la guerre, et plus encore si on la souhaitait, un effort militaire était plus que nécessaire, indispensable. Si l'on ne s'inscrivait pas dans la perspective, *a fortiori* si l'on refusait l'hypothèse de la guerre, les trois ans n'étaient pas seulement coûteux, mais absurdes et dangereux.

L'un des handicaps des pacifiques, de doctrine, de raison ou de cœur, tenait à ce qu'ils avaient mauvaise conscience et mauvaise presse. Ils craignaient de passer pour et peut-être même d'être réellement de mauvais Français. C'est en effet l'image que le plus grand nombre avait d'eux, et leur voix timide était couverte par les roulements de la grosse caisse dont usaient sans modération les batteurs d'estrade qui faisaient l'opinion.

Car dans son combat pour la guerre, le gouvernement ne bénéficiait pas du seul appui des traîneurs de sabre et des marchands de canons. Il pouvait compter sur le soutien de la quasi-totalité de la presse, aussi bien des grands titres populaires, des journaux à un sou, que des feuilles les plus respectables et les moins soupçonnables, tous stimulés et motivés par le flot continu de subsides que déversait dans leurs caisses l'ambassade de Russie. Tous s'employaient, à force d'éditoriaux ronflants ou alarmistes, de tribunes signées des noms les plus illustres de la littérature et de l'Académie, en montant systématiquement les plus dérisoires incidents de frontière, en exploitant les pires élucubrations des porte-parole du pangermanisme, à battre le rappel de l'immense et diffuse armée des « patriotes ».

Il s'agissait de porter à la température critique les foules sentimentales, toujours prêtes à s'enflammer. Un mascaret de discours lyrico-patriotiques déferla sur le pays. Poincaré, bien sûr, prêchant d'exemple, donnait dans le genre scout : *« Toujours prêts, toujours calmes, toujours forts. »* Henry Chéron, qui étrennait ses galons de ministre dans le gouvernement Barthou, s'adressait, élégiaque *« à vous jeunes gens, dont le regard clair, le front haut et les muscles agiles... »*, etc.

Le nommé Ratier, sous-fifre dans le même orchestre, y allait de son couplet : *« Ce n'est plus l'épée au fourreau, c'est l'épée aiguisée et nue, prête à frapper. »* Et justement, les académiciens les plus distingués n'étaient pas les derniers à dégainer leur arme de parade. Gabriel Hanotaux, l'ancien et très convenable ministre des Affaires étrangères, était pris d'une fureur belliqueuse : *« Le Français est soldat dans l'âme. Les grandes manœuvres sont un jeu. La guerre coloniale nous prépare à l'autre, la vraie. Des Vosges au Congo il n'y a qu'un pas. »* Et réciproquement. *« Les idées pacifistes dont on nous bernait ne sont plus de mode »*, se réjouissait Henri Lavedan. *« La guerre, c'est la magnification d'une race, le moment fort de l'histoire, l'homme porté au-dessus de lui-même. »* On exhumait solennellement un texte étonnant de Ruskin, ce grand défenseur de la paix dont les yeux, comme il arrive, s'étaient apparemment dessillés à la veille de sa mort. *« Toutes les grandes nations »*, écrivait alors le lecteur érudit de ces livres de pierre que sont les cathédrales gothiques, *« ont été nourries par la guerre et affaiblies par la paix, enseignées par la guerre et abusées par la paix ; nées dans la guerre, elles ont expiré dans la paix. »*

Le même courant emportait toutes les classes de la société, tous les secteurs de l'opinion. Le baron Flaminius Raiberti, député lambda, s'écriait : *« Nous ne ménagerons ni notre argent ni notre sang. Nous irons jusqu'à quatre ans, cinq ans s'il le faut. »* Ancien ministre de la Guerre, ancien chef de l'État-major, le général Zurlinden dénonçait la responsabilité de ceux qui, en 1900, entendez au moment de l'affaire Dreyfus, avaient brisé le lien de confiance qui existait entre le peuple et son armée, et célébrait son rétablissement. *« J'aime mieux la paix que la guerre »*, déclarait la vénérable duchesse d'Uzès, jadis égérie financière du boulangisme, *« mais j'aime mieux la guerre que la honte. »* Il n'était pas jusqu'à Jules Guesde, le plus révolutionnaire des barbus, qui, préfigurant son ralliement futur à l'union sacrée, ne se révoltât à l'idée qu'on pût mettre en doute son attachement jacobin aux trois couleurs : *« Nous sommes tous des patriotes ! »*

En même temps que Maurice Barrès publiait *La Colline inspirée*, la fameuse enquête d'Agathon vint spectaculairement confirmer le statut de maître à penser fier de marcher droit auquel aspirait le grand romancier de l'extrême droite de la Lorraine. Effectué par deux jeunes écrivains nationalistes auprès d'élèves des classes préparatoires des grands lycées parisiens et des meilleures jésuitières de Versailles, ce sondage à la va-vite, ancêtre de toutes les enquêtes d'opinion truquées à venir, faisait sonner bien haut le clairon d'un supposé réveil patriotique de la nouvelle génération et prétendait refléter l'image d'une jeunesse française régénérée, qui sentait obscurément qu'elle allait vivre de grandes choses et envisageait la guerre sans effroi. Accueilli comme une photographie exacte de la société par tous les milieux où l'on souhaitait qu'il en traduisît la réalité, ce « document » ne contribua pas pour peu à déclencher l'accès de fièvre patriotique, confinant au délire, dont les symptômes se déclarèrent un peu partout en France.

Des professeurs suspects ou coupables se virent interdire de cours. Des classes entières pétitionnaient pour les trois ans et s'engageaient dans l'armée ou du moins s'engageaient à s'engager. Au Quartier latin, des rixes violentes opposèrent les étudiants de gauche et leurs camarades nationalistes qui recouraient volontiers, pour souligner le bien-fondé de leur position, à d'élégantes cannes plombées. Des milliers de manifestants convergeaient sur la place de la Concorde pour y fleurir la statue de Strasbourg et y conspuer les métèques. Le 8 mai, Jaurès, venu tenir meeting à Nice, fut empêché de prendre la parole par une foule de patriotes indignés. Hué, bousculé, menacé de mort, le leader socialiste ne cacha pas qu'il redoutait qu'on en vînt à l'assassiner. Les Méridionaux, comme chacun sait, sont portés à l'exagération.

Ministre de la Guerre, Millerand, qui avait de plus en plus de mal à se rappeler qu'il avait été socialiste, avait rétabli dès 1912 les retraites militaires. Comme au bon vieux temps, le soir venu, les régiments, drapeau et musique en tête, battaient le pavé des villes, à la lumière des flambeaux, au son des clairons, des tambours et de la grosse caisse qui faisaient vibrer les vitres et les cœurs. Des multitudes de gosses ravis et quelques messieurs bien mis emboîtaient le pas jusqu'à la porte de la caserne à nos gentils pioupious que saluaient au passage les bonnes d'enfants et les clients des bistrots, sortis sur le pas de la porte, verre en main. Malheur à qui ne se fût pas découvert au passage de l'emblème national.

La mode était cette année-là aux étoles de renard, aux robes qui découvraient la cheville et à la patrie. On voulait des cuirassés, des dirigeables, des avions volant plus vite, des canons tirant plus loin, des sous-marins plongeant plus profond que ceux de l'ennemi. On voulait des forteresses, des coupoles, des casemates, capables de défier tous les bombardements et une artillerie assez puissante pour détruire les forteresses, perforer les coupoles, ruiner les casemates de l'ennemi. On voulait surtout s'entourer de ces merveilleuses murailles mobiles et vivantes que sont des millions de jeunes hommes revêtus d'uniformes et abondamment pourvus des armes les plus meurtrières.

C'était un entraînement irrésistible.

Certes, premiers intéressés, les libérables de la classe 1910 n'apprécièrent pas vraiment d'apprendre qu'avant même l'éventuelle entrée en vigueur des trois ans, ils étaient maintenus sous les drapeaux au-delà de la durée légale. À Mâcon, à Rodez, à Troyes, jusque dans les garnisons de l'Est, à Belfort, à Toul, à Verdun, dans la zone de commandement du très bien noté général Foch, de véritables mutineries éclatèrent aux accents de l'*Internationale*. Les conseils de guerre et les conseils de discipline prononcèrent ce qu'il fallait de condamnations, de dégradations, d'envois en compagnie disciplinaire, qui vinrent à bout de cette agitation désordonnée.

En vain, solennels et unanimes, les socialistes réunis en congrès à Brest déclarèrent-ils la guerre à la guerre. En vain la revue *L'École émancipée* qui regroupait les instituteurs révolutionnaires (le syndicalisme étant illégal) signifia-t-elle que le temps était révolu où les hussards noirs conjuguaient le culte de la République et l'amour sacré de la patrie. En vain plus de cent parlementaires français et vingt-sept parlementaires allemands se réunirent-ils à Berne pour affirmer leur volonté de réconciliation, parler désarmement simultané et autonomie de l'Alsace. En vain, par un beau dimanche de mai, lors du légendaire meeting du Pré-Saint-Gervais, juché sur une charrette, Jaurès qu'enveloppaient les plis du drapeau rouge et douze autres orateurs socialistes annoncèrent-ils et dénoncèrent-ils devant des dizaines de milliers de militants venus en famille à ce pique-nique géant le grand massacre à venir. Rien n'entamait la détermination du gouvernement.

La C.G.T., sous le couvert d'une œuvre d'assistance, « Le Sou du soldat », appelait à la désertion, au sabotage, à l'insurrection. À partir de quelle limite la lutte contre les trois ans faisait-elle le jeu de l'étranger ? Des attentats opportuns contre des ponts et des voies ferrées – provocations policières ou non – légitimèrent la très ferme réaction du pouvoir. Les bureaux de la grande centrale révolutionnaire furent perquisitionnés à travers toute la France, tracts, journaux, correspondances, fichiers d'adhésion furent saisis, des dirigeants connus et de simples militants, Jouhaux, Monate, Salengro, furent appréhendés. Heureusement, Pierre Laval, le jeune et ardent avocat de l'extrême gauche, était là pour les défendre.

Caillaux, présidant le banquet annuel des élus radicaux, avait exprimé ses réserves sur un ton modéré. Il était prêt, disait-il, à accepter les sacrifices demandés, à condition qu'ils fussent en effet nécessaires… ce dont il se permettait de douter. Il n'en fallait pas davantage pour que *Le Figaro* de Gaston Calmette stigmatisât comme il convenait *« la misérable équipe combiste prête à sacrifier la France à ses intérêts, c'est-à-dire à ses ambitions, et à reconstituer le Bloc aux dépens de la défense nationale... Voici revenus ces hommes néfastes qui, au temps de Tanger et d'Algésiras, avaient laissé la France désarmée... On veut se servir des trois ans pour reconquérir le pouvoir et imposer une gauche jacobine et tracassière avec pour alliés les socialistes unifiés par M. Jaurès... M. Caillaux, que les radicaux ont distrait pour un temps de la finance internationale en lui donnant la présidence de la délégation des gauches, est le chef de la conspiration. »*

La loi des trois ans vint en discussion devant la Chambre le 19 juillet 1913. Quinze jours plus tôt, le Reichstag avait voté un impôt de guerre d'un milliard sur les grandes fortunes. Jaurès, peut-être un tantinet provocateur, présenta son propre plan, longuement médité, disait-il, de réduction du service militaire : dix-huit mois dès 1914, un an en 1916, six mois en 1918. Des périodes assureraient l'entraînement des réservistes, bras séculier et républicain de la nation en armes. Ce serait la fin de l'armée de métier, de l'armée de caserne, l'armée nouvelle sortie... tout armée, comme Athéna du cerveau de Zeus, de l'imagination fertile du tribun-philosophe. L'éminent orateur termina sous les huées et les quolibets de ses collègues.

Caillaux lui succéda à la tribune. Rentrant d'Égypte après un long voyage, il avait été frappé du déport vers la droite de la majorité ministérielle. Le gouvernement Barthou se situait dans l'axe de la pensée présidentielle, donc loin de la vérité parlementaire qui s'était dégagée des élections de 1910. D'ailleurs, pour la première fois depuis vingt ans, un portefeuille avait été attribué à un député « progressiste » – ce qualificatif trompeur étant l'un des déguisements sémantiques sous lesquels se dissimulait à l'époque une droite qui n'osait plus dire son nom.

L'ancien ministre des Finances, qui n'était pas intervenu depuis plusieurs mois, avait été mandaté par cent quarante députés radicaux pour expliquer leur vote négatif. C'était sa rentrée politique.

« À travers hésitations et contradictions, dit-il, *on aperçoit la volonté des partis de réaction qui poussent le gouvernement à renier l'idée de la nation armée que la démocratie avait réalisée dans la loi de 1905... Toutes les disponibilités budgétaires vont être absorbées par la loi de trois ans... Acceptant la collaboration des droites, le gouvernement a écarté celle des gauches pour l'élaboration d'un projet transactionnel qui conservait pour base la loi de deux ans... Pour la première fois depuis le début de la République, le*

parti républicain est divisé sur une question de défense nationale... »

Des applaudissements s'élevèrent sur les seuls bancs socialistes.

L'attaque était timide. Caillaux évitait de s'en prendre bille en tête aux trois ans, de peur d'être montré du doigt par les patriotes. Était-ce parce qu'il était coûteux et parce qu'il était mauvais qu'il fallait rejeter le projet gouvernemental, ou seulement parce qu'il était soutenu par une majorité dépassant les habituels clivages partisans ?

Barthou vit et ne manqua pas d'exploiter la faille :

« *J'ai le droit d'être surpris*, répliqua-t-il, *que M. Caillaux ait transformé en une question politique une question de défense nationale. M. Caillaux a dit que l'initiative de la loi était due à l'influence des partis de réaction. Pendant que M. Caillaux prononçait ces paroles, je constatais que M. Caillaux trouvait un point d'appui dans les partis de la révolution. Et je me souvenais d'une époque où M. Caillaux, aux prises avec des difficultés dont il ne méconnaissait pas la portée, éprouvait le besoin de faire appel à la Chambre tout entière. Je mets, moi, mon honneur à dire que dans un débat qui intéresse l'honneur et la sécurité de la France, je n'ai voulu connaître que des Français.* » Tonnerre d'applaudissements.

« Alors, s'exclama Jaurès en désignant les travées où siégeaient ses camarades, la France finit là ? » Mais ses mots furent perdus sous les ovations qui allaient au président du Conseil. Caillaux s'abstint de répliquer. Il voyait bien que les jeux étaient faits. Déjà, on passait au vote et la loi était adoptée par 358 voix contre 204 (140 radicaux et tout le groupe socialiste). Pas un suffrage de droite n'avait manqué au gouvernement. Dans la foulée, le Sénat, entraîné par Clemenceau, ratifia le 7 août. Barthou avait gagné la première manche. Sa loi était passée comme une lettre à la poste. Le président du Conseil se retrouvait dans l'état d'esprit du commerçant qui a mis à jour son courrier avant de fermer la boutique. Le Parlement et le gouvernement pouvaient partir en vacances la conscience tranquille.

Cependant, Poincaré, qui avait suivi de très près ces débats mais se devait de prendre ses distances avec les vaines agitations politiciennes, se rendait en voyage officiel au Havre, exaltait le site et l'activité du grand port normand et s'adressait aux forces vives de la nation, en l'espèce aux régatiers dont il suivait les évolutions du haut des falaises de Sainte-Adresse, dans ce style inimitable qui était à l'éloquence ce que les toiles de Carolus-Duran sont à la peinture : *« Pendant que d'autres de nos compatriotes s'élancent dans des vols superbes à la conquête du ciel, ceux-ci affrontent avec la même bravoure la colère des flots... Dans les remous de l'air ou sous la poussière des embruns, c'est toujours le génie de la France qui passe, le front calme, le regard clair et le sourire aux lèvres. »*

Ainsi parlait le président de la République et le vent qui soufflait ce jour-là en tempête emportait au loin ses paroles ailées.

9

LES HABITS NEUFS DU PRÉSIDENT CAILLAUX

Octobre – décembre 1913

Ce matin-là, Poincaré paraissait préoccupé. « Tu te rappelles », dit-il à Barthou quand ils se retrouvèrent seuls après le conseil des ministres, « le mot fameux de Louis XVIII sur son lointain cousin le duc d'Orléans : *Je ne le vois pas bouger et pourtant il chemine*. Eh bien, ce mot m'est revenu à l'esprit en lisant tout à l'heure l'éditorial du *Temps*. Vois… »

Le grand journal du soir, aussi bien informé que généralement et volontairement ennuyeux, épiloguait sur la présence probable, voire certaine, de Caillaux au congrès radical de Pau. À cette occasion, il révélait qu'un certain nombre d'élus avaient même l'intention de proposer sa candidature au Comité exécutif, l'instance de direction du mouvement. « Il nous avait habitués à moins de discrétion », commenta sombrement le président, « à croire qu'on nous l'a changé. J'avoue que je ne l'avais pas vu revenir. »

Dans les jours qui suivirent, des informations convergentes laissèrent prévoir que le congrès ne se résumerait pas aux habituelles parlotes, voire aux belles paroles, aux envolées lyriques dont le radicalisme s'était fait une spécialité qui semblait mitonnée dans les mêmes vieux pots que le traditionnel cassoulet. Prématurément amolli par un usage sans modération de l'apéritif et du compromis, par la chaleur des banquets et le confort du pouvoir, le parti radical, vieux seulement de douze ans, semblait vouloir suivre une cure de pureté et de rajeunissement.

Le 4 octobre, le Comité exécutif fit savoir par voie de communiqué qu'il excluait désormais de la majorité républicaine l'Alliance démocratique, ce vivier de ministres, de ministrables et de ministériels où sous la présidence d'Adolphe Carnot cohabitaient notamment Barthou, Briand et autres partisans de la politique de réconciliation, autrement dit d'une entente allant aussi loin que possible vers la droite.

Le 10 octobre, Caillaux donna une interview retentissante à *La Dépêche*. « *Il faut*, déclarait-il, *organiser la démocratie, mettre toute la force du plus grand parti de la République au service de la France. Il faut faire enfin passer l'impôt sur le revenu. Il faut mettre fin aux surenchères en matière de défense...* » Être radical, c'était accepter le programme radical. Il fallait en finir avec les équivoques de la double appartenance. Et en gage de sa bonne foi, il annonça sa propre démission de l'Alliance démocratique. « *Je n'ai plus rien à faire dans une formation qui ne répudie pas formellement toute alliance avec la droite.* » Le comité directeur de l'Alliance pleurnicha une réaction molle : « *La rue de Valois se ferme à des républicains avérés, à nous dont le programme avait été jugé assez réformateur par un des hommes politiques dont le parti radical veut faire son chef.* »

Le 16 octobre, le président Combes ouvrit le Congrès par un discours très ferme sur le thème « pas d'ennemis à gauche » que le député Debierre compléta par un non moins net « pas d'amis à droite ». Le 17, Malvy stigmatisa les dérives cléricales et militaristes du cabinet et les traîtres à l'idéal. Dans la foulée, le Congrès somma les ministres radicaux de choisir entre leur maroquin et le parti. Puis l'éloquent et barbu Camille Pelletan prôna, follement acclamé, le retour aux sources d'un parti dont les origines se confondaient avec celles de la République. Le même jour il fut réélu au Comité exécutif où Caillaux et le jeune et brillant maire de Lyon, Édouard Herriot, faisaient leur entrée.

Le 18, tandis que les ministres radicaux, sans doute durs d'oreille, disaient leur indéfectible attachement au parti *et* à leur portefeuille, le Congrès abjura solennellement toute indulgence pour la droite, affirma d'un même élan son appartenance à la gauche – ce n'était pas la première, ce ne serait pas la dernière fois – et renouvela son adhésion au programme adopté à Nancy en 1910, à savoir la défense de la laïcité, un impôt égalitaire sur le revenu, l'attachement à la petite propriété privée – un élément de clivage avec les socialistes – mais aussi la nationalisation des chemins de fer et des grands monopoles industriels.

Caillaux, enfin, fut élu par acclamation président du Comité exécutif du parti radical et radical-socialiste, numéro un du seul grand parti de gouvernement, dit-il, *« pur de toute alliance réactionnaire. Nous sommes des radicaux de gouvernement, nous sommes sociaux, réformateurs, démocrates, laïques et patriotes. Nous sommes favorables à un impôt sur le revenu qui remplit les caisses de l'État, mais qui épargne les petits. Nous ne demandons pas à être associés au pouvoir, nous avons vocation à l'exercer. C'en est fini des complaisances pour les endormeurs qui ne sont d'aucun parti parce qu'ils veulent les séduire et les subjuguer tous. »*

C'était le retour, triomphal, sur le devant de la scène politique, de celui qu'on en avait cru banni. Tandis que *Le Matin* du 19 octobre saluait l'arrivée à la tête des radicaux d'un chef *« jeune, actif, prêt à payer courageusement de sa personne »* et rappelait malignement que Poincaré, trois ans plus tôt, lui avait reconnu, *« avec une intelligence souple et fertile, la stature d'un homme d'État »*, *Le Figaro*, inquiet et grincheux, avertissait : *« les radicaux purs ne pourraient gouverner qu'avec leurs complices unifiés, antimilitaristes et saboteurs. »*

De fait, les socialistes, qui avaient rompu toutes relations avec les radicaux, revenaient à de meilleurs sentiments. Un nouveau chapitre s'ouvrait dans la saga des amours orageuses entre les deux grands partis de gauche. Certes, la méfiance subsistait. On voyait bien tout ce que le parti radical gagnait à avoir un chef. On voyait bien tout ce que Caillaux gagnait à avoir mis la main sur le parti radical. Mais le parti radical et son chef savaient-ils vraiment où ils voulaient aller et s'ils avaient envie d'y aller ensemble ? *L'Humanité* soufflait le chaud et le froid : *« S'il est vrai que Caillaux s'apprête à donner le coup de grâce à ce gouvernement fourbe, les socialistes l'aideront. Mais il n'y aura pas d'alliance avec un grand financier, il n'y aura pas d'alliance avec un parti bourgeois. »*

Pourtant, Thalamas, député ultra-laïc de Versailles, non inscrit, mais très proche des socialistes, décrivait, sous le charme, *« un de ces hommes que l'on croit connaître, mais que l'on ignore. Vous le verrez à l'œuvre. Je crois qu'il réserve à tout le monde des surprises. »* Quant au tribun de la plèbe, au farouche et impulsif Gustave Hervé, il faisait amende honorable : *« Caillaux*, reconnaissait-il, *est le seul homme capable de nous débarrasser de la rallonge militaire... Il ne mérite pas le surnom de* Caillaux de sang *dont je l'avais gratifié un peu vite... Les brutalités de son premier ministère, il les a rachetées en partie le jour où il régla le conflit franco-allemand en vrai homme d'affaires carré qui sait ce qu'il veut, en partie le jour où il lut la déclaration des cent quarante radicaux qui refusèrent de voter les trois ans... Il nous faut dès demain un ministère radical qui gouverne avec la gauche... »*

En dépit des réticences et des déclarations de principe des socialistes, on connaissait assez la méthode et le pragmatisme de Jaurès pour savoir qu'il était toujours prêt à composer et à différer ce qui faisait problème pour privilégier ce qui rassemblait. L'hypothèse d'un rassemblement de toute la gauche, sous la direction de Caillaux, qu'on aurait tenue pour farfelue avant le congrès de Pau, prenait de la consistance.

Poincaré, démoralisé, confiait à ses proches : « Tout ce que nous avons construit est menacé. Soutenu par les radicaux, il est l'arbitre, avec l'appui des socialistes, il deviendrait le maître du jeu. J'ai peur que nous ayons un peu vite vendu la peau de l'ours. »

À la mi-novembre, dans les couloirs du Palais-Bourbon, Caillaux, très entouré, dressait avec satisfaction un premier bilan : plus de trois cents élus s'étaient déjà inscrits aux groupes parlementaires radicaux de la Chambre et du Sénat et constituaient de très loin la première force politique. Comme Aristide Briand se frayait discrètement un chemin dans la petite foule, Caillaux lui tendit la main : « Vous me serrez la main ? » railla le chef des *endormeurs.* « Elle est petite, mais elle sait rendre les coups. » Voilà qui sonnait comme une déclaration de guerre. « Comme vous voudrez », balbutia Caillaux, déconcerté.

10

CE N'EST RIEN, C'EST UN GOUVERNEMENT QUI TOMBE !

2 décembre 1913

Était-ce le changement de saison ? Ou peut-être une conséquence indirecte des guerres balkaniques ? Ou tout simplement l'approche des élections législatives ? En tout cas c'était incroyable comme le fond de l'air avait fraîchi depuis le début de la session parlementaire d'automne.

La guerre était-elle *vraiment* la grande fête païenne généreusement offerte à la jeunesse telle que la lui avaient contée des académiciens lyriques et des aèdes de camp ? Les quelque 300 000 morts et 700 000 blessés qu'avaient fauchés en quelques mois les deux guerres balkaniques qui avaient opposé dans un premier temps Serbes, Grecs et Bulgares à l'empire ottoman, dans un deuxième temps Serbes, Grecs, Roumains… et Turcs aux Bulgares n'avaient pas été sans ouvrir quelques yeux et éveiller quelques craintes. Il faut dire que jamais la presse européenne n'avait aussi complètement et aussi franchement « couvert » les horreurs de la guerre. Grâce à la place consacrée par les journaux aux péripéties sanglantes et aux retournements spectaculaires de ces deux campagnes, au statut d'observateurs neutres des grands reporters envoyés sur ce théâtre d'opérations à la fois proche et exotique, aux moyens nouveaux qu'offraient les progrès de la photo et ceux du tout jeune cinéma, le grand public n'avait rien ignoré de l'ampleur des pertes humaines, tant du fait des épidémies qu'au combat, de la sauvagerie de belligérants qui n'avaient rien à envier les uns aux autres, ni de l'étendue des ravages et des destructions qu'avaient causés les armements perfectionnés obligeamment et indistinctement fournis par les grands pays industriels à toutes les parties prenantes. Cela donnait à réfléchir.

À cinq mois du renouvellement de la Chambre, c'est peu dire que la fièvre patriotique retombait. Nombre d'élus qui en juillet, circonvenus, entraînés, subjugués, avaient voté les trois ans, avaient pu constater que leur paquet-cadeau n'était pas si bien accueilli que cela dans leur circonscription. Les paysans se plaignaient d'avoir manqué de bras au moment des moissons. Ils craignaient à présent de voir leurs propres enfants moissonnés sur les champs de bataille à venir.

Le temps était révolu des effets de torse, des poses avantageuses. Dans le tumulte des débats, tel journal avait pu imprimer qu'*« à l'exception de M. Jaurès et de ses rares disciples, tout le monde accepte joyeusement les charges nouvelles »*, dans la chaleur des banquets, tel orateur avait pu se faire acclamer en s'exclamant : *« Les impôts les plus lourds, si c'est pour l'armée, seront payés d'un cœur léger. »* Mais on ne pouvait indéfiniment se payer de mots. L'addition était énorme. Qui allait payer ? Et quand ? Le gouvernement avait mangé son pain blanc. Il allait bien devoir présenter la note, la *douloureuse*.

Barthou éludait tant qu'il pouvait. Mais les socialistes, mais les Jeunes-Turcs du parti radical multipliaient les escarmouches et ne cessaient de planter des banderilles dans le dos du gouvernement. On s'était mis sur le dos un fardeau écrasant. Il était question d'une rallonge de 240 millions pour l'exercice 1913, on pouvait évaluer le budget militaire de 1914 à un milliard six cents millions – 30 % du budget général. Il fallait sans plus attendre tirer les conséquences de ses votes et adapter les recettes de l'État à ces charges nouvelles. L'expédient éculé d'une hausse des impôts indirects, si lourde qu'elle fût pour les plus défavorisés, n'y suffirait pas. L'emprunt dont il était fortement question n'était qu'un onéreux faux-fuyant. Pourquoi ne pas imiter les Allemands, pourquoi ne pas frapper d'une taxe exceptionnelle les revenus supérieurs à 10 000 francs ? Pourquoi ne pas élever la taxe sur les successions jusqu'à 64 % sur les plus gros héritages, dès lors que les riches étaient prêts à se sacrifier sur l'autel de la patrie ? De fait, la droite et les socialistes votèrent en ce sens.

En d'autres temps, le gouvernement eût fait peu de cas des propositions, des agitations et des interpellations de ces Malvy, de ces Augagneur, de ces Painlevé, de ces Paul-Boncour et autres Ceccaldi qui voletaient incessamment autour de lui comme des mouches importunes qu'on chasse d'un geste de la main. Mais la donne politique avait changé. Derrière Malvy, derrière Augagneur, derrière Paul-Boncour, on devinait Caillaux, on tombait sur Caillaux, on butait sur Caillaux qui ne se cachait pas plus d'être leur inspirateur qu'ils ne se cachaient de prendre leurs ordres, on dirait aujourd'hui leurs éléments de langage, auprès de lui. En portant Caillaux à sa tête lors du congrès de Pau, à la mi-octobre, le parti radical avait choisi pour chef un homme qui n'en était même pas adhérent trois mois plus tôt. Traditionnellement rétifs à l'organisation et à l'action collectives, mais conscients enfin de ce que cet aimable désordre leur avait coûté, les radicaux avaient inscrit à leur programme, se mettant ainsi au diapason des socialistes, la discipline de groupe et l'impôt sur le revenu. À l'ouverture de la session cent cinquante députés s'étaient inscrits au groupe radical et radical-socialiste « unifié », présidé par Caillaux, tandis que la « gauche radicale » et la « gauche démocratique », levant le masque, rejoignaient les « progressistes ». C'était une clarification.

À ses jeunes interpellateurs radicaux qui exigeaient que l'impôt sur le revenu fût mis à l'ordre du jour de la Chambre, Dumont, le ministre des Finances de Barthou, radical de gouvernement, « rouge à l'extérieur, blanc au-dedans, et toujours près de l'assiette au beurre », prêchait la patience : « Mieux vaut faire bien que faire vite. Le Sénat n'est pas prêt. Nous ne sommes pas mûrs. »

C'est alors que Caillaux intervint. Au lieu, dit-il, de pourvoir au coup par coup aux dépenses nouvelles, il fallait donner à l'État la possibilité d'y faire face grâce à des ressources assurées et pérennes, donc s'engager franchement sur la voie d'une réforme fiscale de grande envergure, taxer la richesse acquise, instituer sur les revenus du capital et du travail un impôt global et progressif qui, épargnant les plus pauvres, culminerait à un taux de 2,5, voire 4 % pour les plus fortunés. Et il somma Barthou d'inscrire dans la loi de finances 1913 l'engagement de mettre en place cet impôt dès 1914.

C'était assez pour faire perdre son sang-froid à Alfred Capus. À en croire l'auteur léger des *Maris de Léontine* et autres comédies boulevardières, futur académicien et directeur du *Figaro* après la mort de Calmette, l'ancien ministre des Finances n'était rien de moins qu'un *« révolutionnaire cauteleux. Le financier politicien – disons Caillaux – a l'amour de la démocratie et du peuple. Dès qu'un homme a gagné dans la spéculation et les affaires une fortune immense, il ne se tourne plus vers l'aristocratie mais vers le peuple. Jaurès et Caillaux ont en commun la haine de la bourgeoisie. »*

Dieu merci, ce n'était pas le cas de Barthou. Le président du Conseil se disait prêt à admettre une certaine progressivité de l'impôt, mais pas au point d'en faire un prélèvement confiscatoire. Il faudrait prévoir une limite indépassable, une sorte, disons, de bouclier fiscal. Mais il se refusait à diviser prématurément les Français. Occuperait-il encore ses fonctions en 1914 ? « Je ne peux pas stipuler pour les gouvernements à venir. » Au reste, l'impôt sur le revenu n'était pas la panacée. Il rapporterait tout au plus une centaine de millions, bien en deçà des besoins estimés. « Évidemment », rétorqua Caillaux, « si l'on s'en tient à la version tronquée, ratatinée, fallacieuse que vous en proposez ! Vous avez voulu les trois ans, et vous ne savez pas comment les payer ! »

Enfin, poussé dans ses derniers retranchements, Barthou consentit à inscrire la réforme fiscale à l'agenda de la session de janvier. C'était toujours quelques semaines de gagnées.

Mais c'était aussi une reculade. De débat en débat, de scrutin en scrutin, Barthou sentait sa majorité s'effriter et se dérober sous lui. D'une centaine de voix, elle était passée à cinquante, puis à trente. Le 1er décembre, elle tomba à vingt et une, ministres inclus. Il était comme un homme qui sent fondre le glaçon qu'il tient serré dans sa main.

Il fallait bien pourtant les financer, ces fameux trois ans. Le 2 décembre, Barthou divulgua son plan. Il proposait à la Chambre de voter un emprunt d'un milliard trois cents millions, rémunéré à 3 %.

Un grand silence se fit dans l'hémicycle bondé des jours de crise lorsque Caillaux monta à la tribune pour combattre le projet du gouvernement avec l'autorité ancienne que lui conférait une compétence universellement reconnue et l'autorité nouvelle que lui donnait l'ascendant qu'il avait pris sur les radicaux. Cette fois, il eut l'habileté de ne pas remettre en question les trois ans eux-mêmes. Ce qui était fait était fait, la bataille avait été menée et perdue, il n'y avait pas à y revenir – pour l'instant. Il eût été maladroit de demander à la Chambre expirante de se déjuger in extremis. Une autre législature détricoterait ce que celle-ci avait tricoté. Ce n'était pas le sujet du jour.

Sans effets d'éloquence, avec la sécheresse et la netteté d'un professeur qui, en même temps qu'il donne le corrigé d'un exercice difficile, signale et fustige les erreurs de méthode et de fond qu'il a relevées dans certaines copies, Caillaux fit la leçon au président du Conseil. Une leçon de finances. Un cours magistral d'histoire et de droit de la fiscalité.

L'emprunt n'était qu'une facilité de caisse, coûteuse à long terme. Demander à l'épargne, tant de fois sollicitée, plutôt qu'à l'impôt équitablement réparti, de financer une politique ruineuse, c'était une fois de plus creuser un trou pour ajourner une réforme, sans souci d'augmenter encore le poids écrasant de la dette publique. Rémunérer les coupons de l'emprunt alourdissait encore ce fardeau et naturellement, comme d'habitude, à l'avantage des plus gros souscripteurs. Il préconisa leur taxation. Pourquoi l'État ne prélèverait-il pas au passage sa part du Pactole que représentait la rente ? Cette déperdition de recettes, fâcheuse d'un point de vue matériel, n'avait aucune justification, ni morale ni légale. Les revenus du capital avaient vocation à être taxés comme ceux du travail, du commerce, de la terre. L'immunité fiscale accordée aux rentiers n'était pas un droit constitutionnel mais une tradition avec laquelle il était temps de rompre…

Déconcerté, Barthou reconnut sa propre inexpérience en la matière et salua la compétence professionnelle de son adversaire. Il plaida la tradition républicaine, donc sacrée, de l'immunité, que Caillaux contesta, textes à l'appui, au nom du droit souverain de l'État et du devoir qu'avait le législateur de faire prévaloir l'intérêt général sur les intérêts particuliers. Mais lorsque Caillaux, emporté par son élan, lâcha un méprisant : « Vous n'y connaissez rien ! », Barthou riposta par une attaque *ad hominem* : « Je ne suis pas un homme d'affaires, moi ! », et il s'étonna qu'un personnage qui était d'autre part président du Crédit foncier égyptien et du Crédit foncier argentin défendît une politique si évidemment incompatible avec les intérêts et la philosophie de ses mandataires financiers. Il rappela que Caillaux n'avait pas toujours été partisan de l'impôt sur le revenu. « Ma réflexion a évolué », le coupa sèchement Caillaux. Accusé de défendre les « ventres dorés », Barthou se fit enfin l'avocat pathétique du petit porteur, si méritant, si français, également menacé par la démagogie révolutionnaire et le radicalisme d'affaires. En vain. Le gouvernement tomba par vingt-cinq voix d'écart. Tous les « démagogues révolutionnaires » et même quelques élus de droite s'étaient joints aux radicaux pour une fois unanimes.

Pour quitter l'hémicycle, Barthou dut passer devant les travées radicales où s'attardait Caillaux, entouré de sa garde rapprochée, autour de laquelle se bousculaient d'obscurs députés du Sud-Ouest venus rendre l'hommage du vassal à son seigneur. Triomphant, le vainqueur du jour ne put se retenir de tirer par la manche le chef du gouvernement battu : « Allons, » lui dit-il à l'oreille, « ne fais pas cette tête... Rappelle-toi notre professeur de latin en 3e : *Hodie mihi, cras tibi* ![1] » Barthou grimaça sans répondre et se dégagea. Grisé par la victoire, Caillaux ignora le regard de haine froide que lui dardait son ancien condisciple, de derrière ses binocles.

1. « Aujourd'hui c'est moi, demain ce sera ton tour ! »

11

LA FAUSSE BARBE À PAPA

Comme d'un paysage qui s'éloigne de nous à la vitesse de notre propre déplacement, le temps qui passe et modifie sans cesse notre perspective de l'histoire en nimbe d'une brume bleutée les monts et les vallées, brouille les lignes, adoucit les reliefs. La patine du temps estompe les couleurs, affaiblit les contrastes, simplifie les événements, efface les antagonismes, édulcore les caractères, banalise les hommes.

Dans l'imaginaire collectif, cette forme particulière de la mémoire que composent l'oubli, l'ignorance et l'approximation, tout se passe comme si, entre 1900 et 1914, la démocratie parlementaire avait été caractérisée par la douceur de vivre, comme si elle pouvait se résumer elle aussi à une Belle Époque, comme si cette période de la IIIe République avait été un chemin jonché de pétales de roses, sans tension, sans enjeux, sans drames et sans épines, une longue et paisible promenade à travers les allées sablées d'un jardin à la française, parcourues à petits pas par des vieillards bienveillants, des Géronte débonnaires et bedonnants. Et naturellement barbus.

L'*homo politicus* type de cette période nous apparaît aujourd'hui sous les traits convenus et bonhommes du bon papa Fallières. Tantôt, affublé de sa tenue de fonction, à savoir son frac présidentiel, le ventre, avantageux, barré du grand cordon de la Légion d'honneur, le port majestueux, l'air noble mais le visage amène, une main passée dans l'ouverture de son gilet, l'autre à plat sur quelques volumes reliés qui symbolisent le droit, ou la Constitution, il garde la pose pour les peintres, les photographes et la postérité. Tantôt, toujours dans le même costume, confortablement installé sur la banquette arrière droite de son landau découvert qu'escorte un piquet de cavaliers cuirassés et casqués d'un métal éblouissant, il agite d'un geste mécanique et un peu las son gibus pour saluer la foule enthousiaste qui brandit des petits drapeaux tricolores.

Et si l'on arrachait ces barbes fallacieuses qui vieillissent les visages qu'elles dissimulent ? Oublions le folklore. Ne nous laissons pas prendre au piège du tutoiement en usage chez les hommes de la tribu, à la comédie de la cordialité superficielle que se témoignaient déjà les professionnels de la politique. L'image est classique mais trompeuse de ces orateurs enflammés qui s'invectivent dans l'hémicycle pour mieux fraterniser à la buvette. Ce n'est pas parce qu'on se tape familièrement sur le ventre que l'instant d'après on ne se poignardera pas dans le dos. Les élus du peuple posent volontiers aux gens de bonne compagnie, membres d'une sorte de club d'accès restreint, mais les séances de la Chambre, les jours d'orage, prennent des allures de rixe, avec injures, menaces, cris d'animaux et empoignades. Les débats parlementaires sont d'un niveau plus élevé que ceux que nous connaissons, si l'on prend pour critères la correction de la langue et la qualité de l'argumentation, mais ils sont plus rudes, plus tumultueux et sans conteste plus meurtriers, pour les individus, comme pour les ministères. Même poli, le verbe se fait volontiers assassin.

Pour autant, on ne se trompera pas de siècle. Si le duel – le plus souvent arrêté dès la première estafilade – est encore considéré comme une continuation du débat politique par d'autres moyens, le poison, la dague, le guet-apens, l'échafaud ne figurent ni au menu ni dans l'attirail du système. Pas de duc de Guise abattu au sortir du cabinet de Félix Faure, pas de Britannicus défaillant après avoir bu une coupe de champagne à la table de Jules Grévy, pas de Bajazet étranglé par les muets du Sénat, pas de Danton déféré au tribunal révolutionnaire et expédié *ad patres* par ses propres collègues.

Quand les crocs de boucher auxquels on promet de pendre l'adversaire sont définitivement métaphoriques, quand le sang qui est supposé éclabousser les murs n'est jamais répandu qu'en paroles, quand le couteau avec lequel on prête serment de poignarder César est à lame rentrante et que les morts se relèvent au baisser du rideau pour saluer le public, il est clair que l'on n'est ni chez les Borgia ni à la cour des Valois ni même à la Convention. Autres temps, autres mœurs. Pourtant, c'est toujours sa vie que l'on joue sur ce théâtre où la mise à mort est censée n'être qu'un simulacre. Les passions sont les mêmes depuis l'âge des cavernes et c'est l'éternel et misérable appétit du pouvoir – *potestatis sacra fames* – qui préside aux intrigues de couloirs, aux pactes secrets, aux renversements d'alliances, aux crocs-en-jambe, aux coups de Jarnac et aux petits meurtres entre amis.

Nicolas Sarkozy, paraît-il, évoquant son prédécesseur, disait un jour : « Beaucoup de gens se figurent que Chirac est très gentil et très con. C'est tout le contraire : il est très intelligent et très méchant. » De même croit-on communément que le personnel dirigeant de la IIIe République était constitué d'hommes plutôt âgés et plutôt inoffensifs. Eh bien non, les principaux acteurs de la scène politique française, dans les années qui précédèrent la première guerre mondiale, étaient jeunes, ou au moins dans la force de l'âge. Jeunes, féroces et affamés.

Poincaré est député pour la première fois à vingt-sept ans, ministre à trente-trois, président du Conseil à cinquante-deux ans, en 1912, et président de la République l'année suivante. Barthou, député à vingt-sept ans lui aussi, est ministre de l'Intérieur à trente-quatre ans et président du Conseil à cinquante et un ans, en 1913. Briand, ministre à quarante-quatre ans, devient chef du gouvernement, pour la première fois, à quarante-sept ans. Tardivement (tout étant relatif) entré en politique, Caillaux est élu à la Chambre dès sa première candidature, en 1898, à trente-cinq ans, ministre des Finances à trente-six ans et président du Conseil en 1911, à quarante-huit ans.

Tous nés au début des années 1860, avec un écart d'un à trois ans, ces quatre hommes, à leurs débuts, avaient été amis, et même proches. À telle enseigne qu'encore en 1911 Poincaré avait été le témoin du marié aux secondes noces de Caillaux. Ce dernier et Barthou avaient été condisciples au lycée puis à l'École libre des Sciences politiques. Barthou, Briand et Caillaux avaient tous trois été ministres dans le gouvernement Clemenceau de 1906 à 1909. Tous les quatre étaient alors considérés comme des républicains modérés, des hommes de gouvernement promis aux plus hautes destinées.

Par la suite, leurs voies n'avaient cessé de diverger. Poincaré et Barthou combattaient plus ou moins ouvertement l'impôt sur le revenu, ce « germe effroyable de la révolution sociale » qui, à en croire l'éminent doctrinaire de l'économie libérale qu'était Anatole Leroy-Beaulieu, finirait par absorber la totalité de la richesse nationale. Caillaux, pour sa part, au fil des années, s'était totalement identifié à cette révolution fiscale. En 1909, Briand, dans un discours retentissant, s'était prononcé avec éclat pour la représentation proportionnelle qui ferait passer un souffle vivifiant sur « les mares stagnantes » de l'arrondissement. Caillaux, quant à lui, comme la quasi-totalité des radicaux, était favorable au maintien d'un mode de scrutin qui, censé faire prévaloir le libre choix de personnalités indépendantes sur la désignation des candidats par les appareils de partis, assurait en fait l'enracinement et la perpétuation de petits potentats locaux. Les trois ans, enfin, étaient la plus récente et la plus grosse des pommes de discorde qui avaient surgi entre ces anciens jeunes gens devenus tous les quatre des personnages de premier plan.

Ces désaccords ne portaient pas sur des sujets secondaires. Ils impliquaient en fait des choix politiques et sociaux opposés.

Entre républicains raisonnables et droite parlementaire s'était peu à peu constituée une sorte de nébuleuse informelle aux contours variables mais cohérente sur l'essentiel. Ces gens estimaient que la société était parvenue sinon à la perfection, du moins à un point d'équilibre satisfaisant et fragile auquel il était inutile et surtout dangereux de toucher. Il n'y avait aucune urgence sociale. Il en découlait que la tâche des politiques consistait à administrer le pays en bons pères de famille, dans un esprit d'apaisement et de stabilité, ce qui permettrait de consacrer le meilleur de l'énergie nationale à l'affirmation de la grandeur et de la puissance françaises, quitte à prendre le risque d'une confrontation, voire d'une conflagration européenne. À l'aune de ce prisme, il n'y avait pas lieu de maintenir des frontières étanches entre vieux républicains, républicains de gouvernement, républicains ralliés, progressistes et même réactionnaires. D'ailleurs, y avait-il encore des frontières idéologiques entre bons Français ? Quelle sottise de perpétuer des clivages artificiels entre droite et gauche quand des majorités transversales avaient vocation à se rencontrer, à se constituer, à se cimenter autour de l'intérêt général, de l'ordre public, de la paix sociale, de la défense nationale, qui étaient les beaux mots dont d'habiles rhéteurs habillaient une politique économique et financière agréable à la haute banque, à la grande industrie et aux petits rentiers, une politique sociale qui caressait le bourgeois dans le sens du poil, une politique agricole qui rassurait le paysan, une politique étrangère qui comblait la Russie et convenait à la Grande-Bretagne, une politique militaire et coloniale qui occupait l'armée et mettait du baume au cœur des patriotes !

Il semblait à d'autres que l'édifice républicain ne serait pas achevé tant qu'il ne serait pas pourvu d'une aile sociale. Il revenait selon eux aux républicains avancés, en clair aux seuls partis de gauche, radicaux et socialistes, d'entraîner la France sur des chemins nouveaux vers d'autres horizons. La grande œuvre de justice sociale et fiscale dont ils traçaient les plans ne pouvait s'accomplir que dans la paix qui seule permettrait de dégager les marges financières sans lesquelles il n'était pas de progrès possible. La raison autant que l'humanité excluaient la course aux armements et l'hypothèse de la guerre.

Poincaré et l'opportuniste Barthou, attaché à la personne du président comme le lierre au tronc et à son projet comme le canot au navire, étaient les tenants de la première ligne. Le cynique Briand, passé presque du jour au lendemain des utopies du socialisme révolutionnaire à la prise en compte des réalités, les avait rejoints. Depuis qu'en 1910, renégat honni par la gauche, il avait maté par les réquisitions et les révocations la grande grève des cheminots, il était l'idole de la droite qui l'appréciait d'autant plus qu'il venait de plus loin, tel un braconnier devenu garde-chasse, un forçat promu chef de la police.

En prenant la tête du camp adverse, Caillaux était au contraire devenu la bête noire de tous les honnêtes gens qui ne pardonnaient pas à ce grand bourgeois, fils d'un ministre de Mac-Mahon, d'avoir à ce point dérivé vers la gauche qu'il en était à envisager de faire entrer les socialistes dans le jeu républicain, voire au gouvernement.

Adversaires, donc. Mais, si aigu que fût le désaccord, si large et profond le fossé qu'il creusait, fallait-il couper les ponts, et jusqu'aux passerelles ? Faut-il, parce qu'on est adversaires, devenir ennemis ? Lorsque d'Artagnan et Porthos demeurent fidèles au roi, tandis qu'Athos et Aramis rallient les rangs de la Fronde, l'amitié entre les quatre hommes reste plus forte que leur dissentiment. Il est vrai qu'il s'agit des trois mousquetaires. « Un pour tous, tous pour un », ce n'est pas tout à fait la même devise que « Chacun pour soi et que le meilleur gagne » !

Les pères fondateurs de la République, les Gambetta, Ferry, Grévy ou même, aujourd'hui à peu près oubliés les Freycinet, les Floquet, en dépit des différends politiques, au-delà des querelles de personnes, restaient liés par les indéfectibles solidarités forgées dans la lutte contre l'Empire. Ils avaient vécu et traversé ensemble les horreurs de la guerre étrangère et de la guerre civile. Un Waldeck-Rousseau, un Combes avaient connu l'époque où la nature, *a fortiori* la pérennité du régime étaient loin d'être assurées. Ils avaient défendu la République naissante et fragile contre les velléités autoritaires de Mac-Mahon, les assauts des monarchistes, l'éphémère et menaçant déferlement du boulangisme, les agitations nationalistes. Ils avaient traversé les tumultes du Panama et les tempêtes de l'affaire Dreyfus, ils avaient mis la magistrature au pas, l'armée au garde-à-vous, l'Église à la raison. Ils avaient dû lutter pour exposer et imposer leurs vues. Leur parcours avait été jalonné de combats, et de victoires, pour des idées.

La troisième génération, celle qui émergea au tournant du siècle, trouva le régime installé dans ses meubles et dans les esprits. Les grandes batailles institutionnelles appartenaient au passé. C'est entre républicains que se passaient les choses sérieuses. Poincaré, Barthou, Delcassé, Klotz, Steeg, Georges Leygues, mais aussi bien Millerand, Briand, Viviani et tous ceux qui, lâchant le drapeau rouge, ne se servirent plus de leur couteau que pour se tailler d'épaisses tranches de pouvoir, n'eurent à se donner la peine que de faire leur trou dans le fromage de l'État. Les convictions s'affaiblirent, les ambitions s'affirmèrent. Les beaux discours habillèrent tant bien que mal les gros appétits, les grandes envolées couvrirent les claquements de mâchoires.

Un jour qu'il déjeunait en compagnie des membres de la toute nouvelle académie des frères Goncourt, Poincaré, dans un moment d'abandon, confessa son grand vide spirituel et moral. À quoi croyait-il ? Toutes réflexions faites, à rien. « Je n'ai jamais rien fait, je n'ai jamais osé, je ne fais rien, parce que je ne sais pas au nom de quoi il faut agir. »

Or, une faible teneur en idéologie n'a jamais diminué l'intensité des luttes pour le pouvoir. Peut-être même est-ce l'inverse. L'horizon d'un homme se bornât-il à un bout de ruban, un mandat électif, un perchoir ou un fauteuil, il ne mettra pas moins d'acharnement à réaliser son rêve que s'il avait pour but de changer le monde. Les combats les plus âpres sont les combats singuliers.

12

IIIe RÉPUBLIQUE, MODE D'EMPLOI

Le Palais-Bourbon. Ses couloirs, ses coulisses, son salon des Quatre-Colonnes. Sa légendaire buvette. Et ses représentations de gala, dans l'hémicycle bondé, sous la lumière gris sale de la fausse verrière, quand les tribunes sont pleines à craquer d'ambassadeurs, de journalistes, de théâtreuses, de mondains et de demi-mondaines, de curieux et de péquenots accourus de toutes les circonscriptions électorales pour ne pas rater le spectacle gratuit que s'offre et que propose au public la démocratie parlementaire aux jours de grands débats, d'investiture et surtout de mise à mort.

La Chambre supporte impatiemment les dompteurs. Elle les guette à la faute, toujours prête à donner le coup de patte, le coup de griffe, le coup de dent fatal. Elle est sans pitié pour les soliveaux, elle dégonfle les baudruches, elle piétine les faibles, elle achève les blessés. Elle ne demande qu'à être séduite, mais elle n'accepte pas d'être violentée, que ce soit par un tribun ou un consul. Elle exige le respect, même quand elle ne le mérite pas. De crise en crise, elle ne met rien au-dessus de la stabilité. Elle s'emporte contre un gouvernement inerte, elle s'inquiète d'un gouvernement agissant. Elle a dans ses gènes la hantise du pouvoir personnel. Il faut des circonstances extraordinaires pour qu'elle se soumette provisoirement à une personnalité d'exception. C'est le régime d'assemblée dans toute sa splendeur. C'est à la Chambre que naissent et que meurent les ministères. C'est là que tout se décide. C'est là que tout se passe. Ou est censé se passer.

Pas de répit pour l'exécutif. En commission ou en séance, les ministres – ils l'ont bien cherché – sont tournés et retournés sur le gril, jusqu'à cuisson complète. Le président du Conseil, constamment sur la brèche – il l'a bien voulu – affronte, subit, retourne le feu roulant des amendements, des sous-amendements, des disjonctions, des interpellations, des ordres du jour de défiance, dans l'incessant brouhaha des interruptions, des lazzi, des injures, des chahuts, des claquements de pupitres, des ovations et des huées. La parole coule à flots. Les têtes s'échauffent, les nerfs craquent, l'atmosphère méphitique est peu à peu envahie et empuantie par un brouillard bleuté. L'homme fort du moment exécute son périlleux numéro de funambule sur la corde raide, face à six cents bêtes imprévisibles, sournoises, changeantes, rebelles et parfois furieuses, toutes disposées à soutenir le gouvernement et au besoin à le renverser. C'est un métier de fou, où l'on n'échappe à l'embuscade que pour tomber dans le guet-apens.

Car à trois pas du Palais-Bourbon, tapis dans l'épaisseur de la moquette, les chats-fourrés du palais du Luxembourg attendent en se léchant les babines les textes litigieux et les ministres imprudents qui passent à leur portée. Brave Sénat, bon vieux conservatoire de vieux singes dont le visage même n'est plus qu'une grimace, cénacle feutré de vieux boucs émissaires qui tiennent la Chambre basse par la barbichette, aucune initiative un peu hardie, aucune réforme un peu radicale, aucune avancée sociale ne trouvent grâce à leurs yeux. Dix fois, vingt fois, la Chambre soumet au Sénat le projet d'impôt sur le revenu ou la modification du mode de scrutin. Dix fois, vingt fois, la Haute Assemblée amende, édulcore, émascule, défigure et finalement repousse le texte voté par les députés. À ce point, faut-il parler de Chambre de réflexion ou de mécanisme d'obstruction ?

Il n'est aucun mal dont on ne puisse faire son profit. À l'usage, une judicieuse routine s'établit. La Chambre sait qu'elle peut se payer le luxe d'adopter des mesures réellement progressistes, voire révolutionnaires, pas seulement l'impôt sur le revenu ou la représentation proportionnelle, mais aussi bien le droit de vote accordé aux femmes ou l'abolition de la peine de mort. Elle est assurée que les pères conscrits y mettront leur veto. Le Sénat fournit le plus commode et le plus imparable des alibis aux députés qui craindraient de se voir reprocher leur immobilisme.

Cependant, à l'usure, la Chambre a toujours le dernier mot. Après négociations, conciliabules, compromis, navettes, il y faut dix ans, il y faut vingt ans, il y faut trente ans, on avance cahin-caha, on avance à la vitesse de l'escargot, on avance si péniblement qu'on a parfois l'impression de faire du sur-place ou même de reculer, mais on avance. En quarante ans, le programme républicain des Gambetta et des Jules Ferry s'accomplit : la liberté de la presse, l'instruction laïque, gratuite, obligatoire, la séparation des Églises et de l'État, la construction d'un immense empire colonial deviennent autant de réalités. On s'aventure, prudemment, au-delà de l'horizon fixé par les grands anciens, avec la légalisation des syndicats, la journée de dix heures, les premières retraites ouvrières. L'impôt sur le revenu lui-même, si obstinément défendu par Caillaux, sera enfin voté, alors que son promoteur est écarté des affaires, sous l'aiguillon de la guerre imminente.

L'incohérence, le désordre, la discontinuité sont plus apparents que réels. Ne pas confondre la IIIe République en son âge d'or avec la IIIe agonisante des années trente, et moins encore avec la IVe, congénitalement sujette à la danse de Saint-Guy. Entre 1900 et 1914, les gouvernements se suivent, mais les gouvernants demeurent. C'est la continuité dans le changement, la stabilité dans l'instabilité.

Sur la période considérée, quinze ministères se sont succédé, ce qui donnerait un peu moins d'un an par gouvernement. Mais si l'on tient compte que Briand a quatre fois formé et dirigé un gouvernement, on tombe à douze présidents du Conseil. Si l'on considère que Clemenceau était le véritable chef du gouvernement Sarrien, que Monis puis Doumergue n'ont été que les prête-noms de Caillaux, que Poincaré a été le marionnettiste, Barthou et Viviani ses marionnettes, on ne trouve plus que six Premiers ministres *effectifs* en quatorze ans, soit Waldeck-Rousseau pendant trois ans, Combes trois ans, Clemenceau plus de trois ans (dont six mois de présidence nominale pour Sarrien), Poincaré deux ans (dont Barthou neuf mois et Viviani trois mois), Briand vingt et un mois, et Caillaux dix-huit mois (dont Monis trois mois et Doumergue sept mois), ce qui aboutit à relativiser sérieusement la supposée instabilité du régime.

Autre remarque, qui va dans le même sens : les gouvernements de l'époque sont des gouvernements resserrés. Le nombre des ministres est strictement limité à douze, auxquels s'ajoute un maximum de quatre sous-secrétaires d'État. Le vivier où l'on puise les *ministrables* est lui-même fort restreint : une quarantaine de noms tout au plus. Il s'ensuit que les ministres sont ce que les spécialistes du roman appellent des personnages reparaissants, ou récurrents, si l'on préfère. Pour nous limiter à quelques exemples, Delcassé passe sept ans au Quai d'Orsay, Caillaux détient pendant sept ans le portefeuille des Finances. Aristide Briand, il est vrai recordman du genre, sera dix fois président du Conseil et vingt-deux fois ministre. On voit ainsi qu'à travers quinze ministères, c'est en grande partie le même ministère qui se perpétue.

Au sommet de la hiérarchie politique, la sélection est encore plus restreinte. Entre 1905 et 1914, ils ne sont en réalité que quatre à avoir gouverné, en nom propre ou sous le nom de leurs hommes de paille, quatre seulement qui ont accédé au rang envié de *prime donne,* avec toutes les exigences, toutes les coquetteries, toutes les jalousies liées au statut des grandes cantatrices, chauves ou pas : Clemenceau, Briand, Caillaux, Poincaré.

Quatre crocodiles pour un seul marigot.

13

TROIS HOMMES ET UN COMPLOT

3 décembre 1913

Après que Barthou fut venu à l'Élysée, conformément au protocole, lui remettre la démission du gouvernement, Poincaré le retint à dîner dans les appartements privés, « à la fortune du pot ». De fait, si la chère y était abondante et solide, la table des Poincaré était sans apprêt. Le chef de l'État avait des goûts simples. Par égard pour Henriette Poincaré, la jeune et charmante épouse italienne du président, les deux hommes évitèrent d'abord la politique. On parla littérature, donc Académie : Poincaré en était, Barthou aspirait à en être. Cédant enfin aux instantes prières de la maîtresse de maison, il évoqua la fatale séance de la veille. Poincaré apprécia à sa juste valeur et lui fit répéter sa perfide réplique : « Je ne suis pas un homme d'affaires, moi ! » Barthou se rengorgeait : « Il en est resté sans voix… comme moi, en somme. » Cependant, avoua-t-il :

— Avec une Chambre majoritairement prévenue, et face au meilleur financier de France, ou supposé tel, je n'étais pas de taille. Le résultat était couru d'avance. Mais ce à quoi je ne m'attendais pas, c'est qu'en dehors des deux ministres, tous les radicaux voteraient contre le cabinet, comme un seul homme. Les radicaux, tu te rends compte !

— Parbleu, ils s'y voient déjà ! Les grenouilles se sont donné un roi...

— Monsieur Barthou, intervint l'hôtesse, vous n'avez rien mangé. Vous reprendrez bien un peu de ce gigot ?

— Ah, madame, quand les nourritures divines nous sont proposées des mains mêmes et par la voix de la belle Hébé, quel mortel serait assez barbare pour lui opposer un refus ?

— Ce qui m'inquiète le plus, reprit Poincaré, c'est la connivence qui s'est établie ces dernières semaines entre radicaux et socialistes.

— Ce qu'il nous faudrait, dit Mme Poincaré, c'est une bonne guerre et la disparition de Jaurès ! J'en ai encore rêvé cette nuit.

— Quel dommage que les rêves soient faits de cette impalpable étoffe que défait le jour. Et quel dommage, madame, que vous ne jouissiez pas du droit de vote que vous exerceriez mieux que bien des hommes qui n'en sont pas dignes.

Un valet apparut, poussant un chariot où étaient les liqueurs et les cigares. Mme Poincaré le pria de servir ces messieurs au fumoir. « Je vous laisse en tête à tête, ajouta-t-elle. Je suppose que vous avez à vous dire des choses bien sérieuses. Je vais en profiter pour mettre à jour ma correspondance. » Barthou lui baisa cérémonieusement la main, en républicain qui sait vivre.

— J'ai demandé à Briand de passer, lui dit Poincaré quand ils furent seuls. Il va nous rejoindre d'un moment à l'autre. En attendant, comment vois-tu la situation ?

— Comme toi, j'imagine. Tu permets ? Barthou se versa un cognac. Tu ne prends rien, je crois ? Franchement, je ne vois pas comment tu pourrais éviter Caillaux.

— Ah ça, jamais ! Je sais bien que là où je suis les couleuvres sont au menu plus souvent qu'à leur tour, mais celle-là est trop grosse, je ne pourrai pas l'avaler.

— Et qu'est-ce que tu peux y faire ? C'est lui qui a fait tomber le ministère, c'est lui que tu dois appeler.

— Mais tu sais bien que la Constitution ne dit rien de tel. Est-ce que ce ne serait pas justement l'occasion de rompre avec la pratique que se sont laissé imposer mes prédécesseurs ? Je n'ai jamais fait mystère de mon intention d'user de la marge d'appréciation personnelle que les textes reconnaissent au président de la République.

— Et Clemenceau ne te raterait pas au tournant. Tu veux finir comme Mac-Mahon ? Ou comme Casimir-Perier ? Même en admettant que tu réussisses à écarter Caillaux, tu n'échapperas pas à un radical. Or, aucun radical n'osera s'engager sans l'aval de Caillaux.

— En tout cas je n'accepterai pas qu'on vienne, Caillaux ou un autre, défaire tout ce que vous avez fait, tout ce que nous avons fait ensemble depuis le début du septennat. Je ne transigerai pas sur les trois ans. S'il le faut, je m'adresserai au pays…

— Nous n'en sommes pas là. Nous sommes tranquilles jusqu'à la fin de la législature. La Chambre actuelle ne peut pas, décemment, et ne voudra pas se déjuger. Du reste, aucun gouvernement ne reprendra la bataille des trois ans à quatre mois des élections. En revanche, nous avons tout à redouter de la Chambre à venir. Si nous perdons en avril, *volens nolens* il nous faudra passer sous les fourches caudines de M. Caillaux…

— C'est aussi votre avis, mon cher président ? s'enquit Poincaré.

Briand venait de pénétrer dans la pièce, glissant sur le tapis d'une démarche oblique et silencieuse comme celle des chats. Avant de répondre, il prit le temps de se servir et de humer voluptueusement un verre de cognac. La conversation se poursuivit dans les volutes bleutées des cigarettes qu'il allumait à la file. Barthou tétait un gros cigare. Poincaré plissait douloureusement les yeux. Il ne fumait ni ne buvait.

— Les choses sont parfaitement claires, proféra enfin Briand. La mise en minorité de notre ami ici présent est bien plus qu'une simple péripétie. Nous sommes en train d'assister à la reconstitution du Bloc des gauches, mais un Bloc beaucoup plus dangereux qu'il y a dix ans. (L'ancien révolutionnaire, renégat et repenti, jugeait *dangereuse* l'union des gauches. Ses interlocuteurs ne cillèrent pas.) D'abord parce que, même si la composante radicale y reste la plus importante, la composante socialiste de cette coalition y sera proportionnellement plus considérable et donc plus influente que sous Waldeck-Rousseau et Combes. Waldeck était fondamentalement un modéré, même s'il n'était pas modérément républicain. Quant au prétendu extrémisme de Combes, il était exclusivement limité à son anticléricalisme. Sur tout le reste, vous le savez aussi bien que moi, il n'y a pas plus raisonnable que M. Combes. Tandis que l'homme fort du nouveau Bloc ne reculera devant aucun excès, aucune outrance. Ne nous y trompons pas : dans un tandem Caillaux-Jaurès, l'élément le plus moteur ne serait pas forcément celui que l'on croit. Caillaux est parfaitement imprévisible. Si par malheur il avait les coudées franches, il n'est pas seulement homme à nous installer en deux temps trois mouvements comme disent les automobilistes un système fiscal niveleur de la richesse, mais il est parfaitement capable, avec la complicité et pour la plus grande joie de Jaurès, de désorganiser nos armées et de chambouler tout notre système d'alliances. Rappelez-vous Agadir !

» Je suis élu d'une circonscription mi-ouvrière mi-rurale, vous le savez. Eh bien, lorsque j'ai pris le pouls de mes électeurs cet automne, j'ai constaté, et nombre de mes collègues sont dans le même cas, que la loi des trois ans, avec ce qu'elle implique de sacrifices en tous genres, passe mal et que l'alliance franco-russe, où beaucoup voient un gouffre financier et un risque militaire plutôt qu'une assurance contre la guerre, n'est plus aussi populaire que par le passé ni auprès de nos ouvriers ni auprès de nos paysans. Elle inquiète parfois jusqu'aux classes possédantes, jusqu'aux rentiers qui se demandent s'ils ont si bien fait d'investir dans les fonds russes. Croyez-moi, les élections d'avril sont perdues si nous ne faisons rien. En revanche, si nous agissons, nous pouvons encore l'emporter. La fatalité, en politique, ça n'existe pas. Il n'y a pas de fatalité, il n'y a que des fatalistes.

— Mais qui parle de ne rien faire ? protesta Barthou. Déjà nous avons exclu Caillaux du groupe de l'Alliance démocratique !

— Je dirais plutôt, cher ami, qu'il a claqué la porte au nez de votre amicale de parlementaires et qu'en troquant la vice-présidence du groupe pour la direction du parti radical, il n'a pas fait une si mauvaise affaire !

— En tout cas, reprit Barthou, je n'ai pas l'intention d'attendre sans rien faire que les eunuques du sérail viennent m'étrangler pendant mon sommeil. Dès que la crise aura été résolue, j'entrerai en campagne.

— Nous entrerons en campagne, c'est entendu, et tu peux être assuré que j'y tiendrai ma place à tes côtés. Mais ne nous berçons pas d'illusions. Ce ne sont pas quelques formules, même heureuses, quelques phrases, même applaudies, quelques réunions publiques, même réussies, qui inverseront le cours de l'opinion. Le plus souvent, l'influence d'un orateur a pour limite la portée de sa voix, et encore dans la mesure où il est compris par ceux qui l'entendent. Un jour, bientôt sans doute, un homme politique, comme aux plus beaux temps de la cité grecque, pourra grâce à une invention nouvelle s'adresser simultanément au peuple tout entier. Ce sera le début d'une ère nouvelle pour la démocratie...

— Ou pour la démagogie, intervint Poincaré, qui jalousait secrètement l'incomparable talent oratoire de Briand.

— Peu importe, nous n'en sommes pas encore là. Mais je m'égarais, revenons à notre sujet. Ce que je voulais dire, c'est que si nous voulons barrer la route au Bloc, nous avons intérêt à ne pas rester les deux pieds dans le même sabot. Il faut trouver quelque chose de fort, quelque chose de nouveau...

— Je regrette, dit Poincaré, que ma position m'oblige à rester au-dessus de la mêlée. Une solennelle mise en garde contre l'alliance entre Caillaux et Jaurès, entre le porte-parole de la France des petits propriétaires, des petits commerçants, des petits artisans et le thuriféraire de la Révolution, adressée au pays par le chef de l'État en personne, ne manquerait pas d'être d'un grand effet. Mais j'ai les mains liées. Je me demande souvent si je n'ai pas eu tort d'abandonner les luttes politiques pour entrer dans ce palais où je suis enterré vivant.

Il fallait y penser avant, faillit dire Briand, qui préféra garder sa réflexion pour lui.

— Vous conservez la possibilité, qui est loin d'être négligeable, monsieur le président, de faire connaître votre pensée profonde par votre attitude, par vos interventions en Conseil des ministres, par le tour que vous imprimez à notre politique étrangère, par les discours que vous prononcez lors de vos voyages officiels en France et à l'étranger. Vous exercez une magistrature d'influence et, si vous êtes tenu à une discrétion qui vous pèse parfois, vous êtes le dernier à ignorer à quel point vos avis, vos choix, vos silences mêmes sont suivis avec attention et scrutés à la loupe aussi bien à l'intérieur que par les puissances étrangères, amies ou ennemies, et pèsent finalement dans la balance. Mais vous n'avez pas à intervenir publiquement dans l'arène, sous peine de compromettre votre *auctoritas* et par là même votre *majestas*, qui doivent absolument être conservées comme un suprême recours.

— Soit, convint Poincaré, flatté, mais où voulez-vous en venir ?

— Voilà. J'ai réfléchi à la question. Il reviendra naturellement aux adversaires du nouveau Bloc, à Barthou, à moi-même, à nos amis, de mener campagne contre la politique de Caillaux, contre son programme, contre les idées qu'il défend, contre les projets qu'il affiche, contre les alliances qu'il envisage, contre les intentions qu'on lui prête. Et nous le ferons. Mais ce n'est pas là-dessus que Caillaux est le plus vulnérable, et d'autant moins qu'après tout, à l'heure où nous parlons, l'idée du Bloc pourrait bien être majoritaire dans le pays. Mettre en garde les gens contre ce qu'ils souhaitent, c'est donner un coup d'épée dans l'eau. Le défaut de l'armure de Caillaux, c'est Caillaux lui-même. Son caractère. Ses manières. Sa vanité. Sa prétention. Son arrogance. Ses palinodies. Ses rapports avec l'argent. Ses fréquentations douteuses. Ses affaires louches. Ses menées souterraines. Ses négociations secrètes. Il y a là une autre campagne à mener.

Et cette campagne-là, qui visera la personne plus que les idées, il faut qu'elle apparaisse morale plus encore que politique, il faut qu'il en sorte diminué, déshonoré, déchiqueté, en miettes, qu'il apparaisse comme définitivement indigne des hautes fonctions auxquelles il aspire. Dieu merci, ce ne sont pas les munitions qui manquent…

— Tout cela est bel et bon, mon cher président, dit Poincaré, songeur, mais je vois à votre stratégie dont j'approuve d'ailleurs intégralement et le fond et le but une objection majeure. Ce genre de combat n'est ni de notre niveau ni dans nos traditions ni, je le crains, dans notre intérêt. Nous nous sommes toujours abstenus, dans toute la mesure du possible, des attaques *ad hominem.* C'est un domaine que nous avons laissé aux hommes de la réaction, aux Ligues, aux polémistes de bas étage, aux feuilles de chantage ou à des excités, à des Syveton, des Delahaye, des Déroulède, des Drumont et autres ennemis du régime. Recourir à de telles armes, entre républicains, se retournerait contre ceux qui les emploieraient. On nous accuserait de fouiller dans les poubelles pour en sortir des ordures, et on nous en jetterait d'autres à la tête. À salir l'adversaire, on risque de se faire éclabousser. Nous y perdrions tout crédit, pour un profit des plus hypothétiques.

— Cela ne m'a pas tout à fait échappé, reprit calmement Briand. Il est impératif que nous n'apparaissions en aucun cas, ni en première ligne ni comme les instigateurs de cette affaire même si nous nous réservons le droit d'en être les premiers bénéficiaires. Notre offensive doit revêtir la forme d'une campagne de presse conduite en parallèle avec notre campagne électorale, sans qu'il y ait aucune interférence visible entre les deux. Il nous faut donc trouver quelqu'un qui accepte de tirer pour nous les marrons du feu et d'endosser pleinement la responsabilité de ses actes. Notre rôle doit se borner à lui fournir, chacun dans la mesure de ses moyens, les informations qui alimenteront sa campagne et à le garantir contre d'éventuelles représailles.

» Maintenant, la question qui se pose est : qui ? Autrement dit, quel journal ? Vous aurez remarqué que j'ai dit « Quel journal ? » et non pas « Quels journaux ? » C'est qu'il est exclu, si nous voulons rester dans l'ombre, de nous en remettre à la discrétion et à la loyauté de plusieurs directeurs de presse, *a fortiori* de plusieurs rédactions. Il nous faut un seul interlocuteur, et dont nous soyons totalement sûrs. Pour mémoire, je raye évidemment de ma liste les journaux amis de Jaurès ou Caillaux, *L'Humanité*, *Le Rappel*, *Le Radical*, etc. J'exclus également les diverses gazettes réactionnaires, *La Libre Parole*, *L'Action française*, *L'Autorité*, *Le Soleil*, *L'Ordre*, *L'Intransigeant*, bref tous les journaux que leur couleur politique trop marquée frapperait de suspicion dès le départ. On peut d'ailleurs espérer qu'ils relaient d'eux-mêmes toute campagne contre Caillaux, d'où qu'elle vienne. Je repousse d'avance la facilité que représenterait une feuille de chantage dont le titre discréditerait d'avance les informations, fussent-elles véridiques. Bien entendu, si nous pouvions mettre dans notre jeu la grande presse à un sou, je ne demanderais pas mieux, mais il n'y a rien à attendre ni du *Matin* ni du *Petit Journal* ni du *Petit Parisien*. Leurs lecteurs se répartissent sur tout l'éventail politique, ce qui leur interdit de prendre parti dans un sens ou dans l'autre, sauf à y perdre la moitié de leur clientèle. Du reste, si nous tenons à ce que le secret soit gardé, j'écarterai *intuitu personae* Dupuy ou Hébrard aussi bien que Bunau-Varilla, Bailby ou Arthur Meyer : ce sont d'incorrigibles bavards mondains. Ce qu'il nous faut, c'est un journal bien lu et bien vu, un journal sérieux, un journal de référence dont le tirage et la réputation soient également respectables, un journal habituellement considéré comme neutre, ou au moins non inféodé à un parti, de telle sorte que le simple fait de le voir descendre dans l'arène fasse sensation, et un journal dont le directeur soit à la fois acquis à nos idées et d'une discrétion à toute épreuve.

— Je vois que tu penses au *Figaro*, dit Barthou.

— C'est toi qui l'as nommé. Calmette et toi, vous êtes amis, je crois ?

— Intimes.

— Crois-tu qu'il marcherait ?

— Je me fais fort de le convaincre.

— Mais, dit Poincaré, n'avait-il pas de bonnes relations avec Caillaux ?

— Du temps de Waldeck, oui. Il a même soutenu le Bloc. Mais il y a des années que la lutte contre l'inquisition fiscale est un cheval de bataille du *Figaro*. Je peux vous dire qu'ils sont brouillés à mort, et pas seulement à cause de l'impôt sur le revenu.

— C'est vrai que depuis quelques mois il ne perd pas une occasion de l'asticoter ou de l'égratigner. On croirait presque qu'il a une querelle personnelle avec lui.

— Mais il a une querelle personnelle avec lui. La belle Mme Ballot…

— La femme de Fouquier ?

— Elle-même. Eh bien, le Vulcain galant, comme dit Jaurès, la lui a soufflée pas plus tard que l'hiver dernier et Calmette en a été considérablement *amertumé*.

— Ah bah !

— Comme je vous le dis.

— Mais comment fait-il donc pour les avoir toutes ?

— Vu les circonstances, dit Briand à Poincaré, je doute qu'il nous livre son secret.

— Il y a quand même un *hic*, fit observer Barthou. Outre les dissentiments politiques, son ressentiment personnel est tel que Calmette serait prêt, j'en suis sûr, à engager la lutte *gratis pro Deo*. Mais l'adversaire est loin d'être négligeable. Il a le bras long. Il ne faut pas sous-estimer le risque que prendrait Calmette si nous le faisons entrer dans nos vues. Je serais évidemment plus à l'aise si je pouvais lui garantir, comment dirai-je, un dédommagement, une assurance contre d'éventuels aléas. Ce serait la moindre des choses. Et le problème est que, depuis la nuit dernière, je ne dispose plus des fonds spéciaux…

— C'est ennuyeux, opina Briand. Toute haine mérite salaire.

Un silence s'installa… Chacun de ces trois hommes avait une bonne raison de haïr Caillaux. Poincaré ne pouvait oublier que celui-ci avait tout fait, étrangement allié à

Clemenceau, pour lui barrer la route de l'Élysée. Briand n'avait pas pardonné au député de Mamers de lui avoir jeté dans les pattes, au début de 1911, Malvy, son porte-coton, dont l'interpellation avait entraîné la chute de son gouvernement. Quant à Barthou, n'en parlons pas : la plaie saignait encore.

Poincaré reprit la parole, en baissant la voix comme s'il craignait d'être entendu :

— Quoi qu'il arrive, il est clair qu'aucun de nous ne doit apparaître... Ce que je vais vous dire doit demeurer strictement entre nous... Comme vous le savez, j'ai eu un long entretien tête à tête avec M. Sazonov lors de sa dernière visite à Paris. Nous avons fait un tour d'horizon complet et Sazonov ne m'a pas caché que non seulement au Pont-aux-Chantres[1] mais plus haut, beaucoup plus haut, on attacherait le plus grand prix à ce que M. Caillaux et les siens soient mis dans l'impossibilité de nuire à l'alliance. Concrètement, nos amis sont disposés, si cela est nécessaire, à nous faire bénéficier en toute confidentialité des moyens en argent et en hommes dont dispose l'ambassade.

— Voilà qui change tout, dit Briand.

— Je vais trouver de ce pas Calmette, dit Barthou. À cette heure, il sera au journal. J'en fais mon affaire.

— Bien. Supposons que tu obtiennes son accord de principe. De quelles munitions disposons-nous ?

— D'abord, dit Briand, il y a les documents verts...

— C'est délicat, vous savez pourquoi, remarqua Poincaré.

— Il y a le rapport Fabre, dit Barthou.

— Ce serpent de mer ? s'étonna Poincaré. Il y a bientôt deux ans que toute la ville en parle et que personne n'en a vu la couleur. (Briand et Barthou échangèrent un rapide regard d'intelligence qui échappa au président.)

— Je peux certifier, dit Briand, que ce texte existe, et qu'il vaut la peine d'être connu.

— Il court bien des bruits sur la vie privée de Caillaux, dit Poincaré avec hésitation.

1. Siège, à Saint-Pétersbourg, du ministère des Affaires étrangères sous le régime tsariste.

Irréprochable sous ce rapport, il jugeait avec une réprobation puritaine où se mêlait une pointe d'envie dissimulée les nombreuses frasques attribuées au député de Mamers.

Les paupières de Barthou clignotèrent derrière ses lorgnons.

— Je ne suis pas certain, répliqua Briand tout sourire, que nous ayons intérêt à nous aventurer sur ce terrain-là. D'une part, je ne jurerais pas que des révélations sur les exploits amoureux de Caillaux lui fassent forcément tort dans l'esprit d'électeurs qui ne sont pas tous sans péché. D'autre part, si nous passions outre, il pourrait y avoir des effets de boomerang qui seraient désagréables pour tout le monde.

— Je connais un peu la première Mme Caillaux, dit Barthou.

— Tu veux dire Mme Gueydan ?

— Oui. Nous habitons la même avenue, à trois immeubles l'un de l'autre. Je sais qu'il y a deux ans, avant que le divorce fût prononcé, elle a cherché à vendre certaines lettres autographes dont la publication ferait le plus grand tort à leur signataire. Peut-être arriverai-je à la convaincre…

— Je te fais confiance, s'exclama Briand en se frottant les mains. Pour le reste, je m'en remets au réseau d'informateurs de Calmette et aux fins limiers d'Isvolsky.

— Louis, tu me tiens au courant pour Calmette, conclut Poincaré. Dès qu'il aura accepté, je préviens Isvolsky. En tout cas, *motus* sur tout cela. (Il enveloppa ses complices d'un bon regard.) Dieu sait que dans tout ce que nous ferons n'entre aucune considération d'ordre personnel. Il ne s'agit pas ici de politique, mais du salut de la patrie. C'est pour le pays que nous travaillons, et c'est ce qui nous autorise à user de moyens qui sortent de l'ordinaire. Souvenons-nous des grands ancêtres et montrons-nous dignes de leur exemple. Je ne veux rien savoir de la suite que Calmette donnera à notre, notre… entreprise de salubrité, mais j'approuve d'avance tout ce qui sera fait pour barrer la route à cet homme néfaste… Maintenant, il va falloir que je m'occupe de cette fichue crise. La France n'attend pas. Messieurs…

14

ISVOLSKY ENTRE EN SCÈNE

6 décembre 1913

Isvolsky s'assit en soupirant à son grand bureau Boulle au plateau laqué rouge et noir incrusté de feuilles de bronze, non sans s'être douloureusement cogné le genou, comme chaque fois, contre le pied galbé du meuble auquel une voluptueuse sirène, également de bronze, appliquée sur le bois, donnait un relief agressif. Il prit dans le casier placé devant lui une feuille de papier à l'en-tête de l'ambassade et se saisit avec un nouveau soupir du porte-plume paisiblement couché sur l'écritoire. Toutefois, avant de le tremper dans l'encrier d'ébène et d'argent, il s'accorda encore un moment de répit, le temps de se contempler à son aise dans la grande glace murale dont le cadre doré, artistement travaillé, était sommé de l'aigle bicéphale. Ce n'était pas qu'il fût paresseux, non, non, ou qu'écrire lui posât le moindre problème mais simplement qu'il avait parfois quelques difficultés à faire passer sa pensée dans les mots. Voilà...

Le bruit lui était revenu aux oreilles que le prince Galitzine se gaussait publiquement de sa physionomie de moujik. Un dessin satirique, qu'il avait réussi à se procurer, avait également circulé dans les salons de Pétersbourg, Il y était représenté avec un petit nez rond planté au beau milieu d'un visage tout rond, tel une petite pomme de terre accolée par la nature, comme il arrive, à une bonne grosse patate. Il ne se reconnaissait absolument pas dans cette caricature malveillante. Il inclina sa tête sur la gauche : sous cet angle particulièrement avantageux où il aimait se regarder, et avec son collier de barbe soigneusement taillé, il pouvait se prévaloir d'une ressemblance flatteuse avec son auguste souverain en personne. Il adressa à son double, qui le lui rendit, un sourire complice. Ah, s'il n'avait pas été le parfait gentleman qu'il se piquait d'être, il aurait pu, comme d'autres, moins délicats, citer les noms de certaines personnes, et non des moindres, qui ne lui avaient pas été cruelles. Mais il y a des armes dont un galant homme sait ne pas user…

Bon, il n'était pas là pour rêver. Il soupira une troisième fois, trempa le porte-plume dans l'encre, et commença d'écrire :

Urgent. Très secret. Pour M. Sazonov.
Paris, 23 novembre/6 décembre 1913

Excellence,

À ce point, il ne put retenir un geste d'agacement et une grosse tache d'encre vint maculer la feuille de papier vélin qu'il froissa avec humeur et jeta à la corbeille. Toutes les raisons de sa colère lui remontèrent à la gorge. En fait, il y avait cinq ans qu'il ne décolérait pas.

Cinq ans depuis qu'il avait cru jouer et gagner un coup de maître, cinq ans depuis que ce qui devait être le couronnement de sa carrière diplomatique s'était transformé en un magistral pas de clerc. Et par la faute de qui ? De ce faux-jeton, de cette ordure, de cette pourriture, de ce chien galeux, de ce juif immonde, de ce d'Aerenthal.

C'était en septembre 1908. L'Autriche-Hongrie, exploitant sans vergogne l'abaissement de l'empire ottoman, avait décidé de transformer le mandat qui lui avait été confié en 1878 sur la Bosnie-Herzégovine en annexion pure et simple, sans susciter aucune réaction d'Istanbul. Tous les yeux s'étaient alors tournés vers la Russie, protectrice naturelle des Slaves, tous les yeux s'étaient tournés vers le Pont-aux-Chantres, donc vers lui, Isvolsky, tout-puissant ministre des Affaires étrangères du tsar. Comment Pétersbourg allait-il réagir ?

Or, l'empire russe, encore affaibli par son humiliante défaite de 1905 face au Japon et surtout par les troubles révolutionnaires qui avaient suivi, était hors d'état d'engager une action militaire contre l'Autriche, d'autant que Berlin aurait dans cette hypothèse fait cause commune avec Vienne et qu'à l'inverse Paris avait fait savoir que le changement de statut de Sarajevo ne lui paraissait pas constitutif d'un *casus foederis*. La Russie n'avait pas un atout dans sa manche. Mais rien ne lui interdisait de bluffer. Et c'est là qu'Isvolsky avait tenté un fantastique coup de poker.

À la demande de son collègue autrichien, Isvolsky avait eu une rencontre secrète avec celui-ci, en son château de Buchlau, le 15 septembre 1908, et le d'Aerenthal avait platement capitulé devant les exigences de son visiteur. En échange de l'acceptation par la Russie du fait accompli dans les Balkans (Isvolsky se réservait naturellement de revenir sur la question lorsque son pays aurait reconstitué ses forces), l'Autriche s'engageait à soutenir et à faire triompher lors d'une conférence internationale à venir le droit au libre passage des navires russes, bâtiments militaires ou bateaux de commerce, à travers les détroits des Dardanelles et du Bosphore. C'était le rêve séculaire des tsars enfin réalisé, le désenclavement de l'empire des Romanov, le libre accès aux mers chaudes.

La première partie de l'accord de Buchlau – accord verbal entre gens de parole – avait été scrupuleusement respectée. Lorsqu'en octobre 1908 l'Autriche avait décrété l'annexion de la Bosnie, la Russie avait dit « amen » à la surprise générale, à la grande colère des panslavistes, à la grande déception de la Serbie et des peuples slaves encore soumis au joug ottoman ou déjà indépendants. Et toutes les grandes puissances, qui n'avaient aucune raison d'être plus tsaristes que le tsar, lui avaient emboîté le pas.

Isvolsky, cependant, savourait d'avance les fruits de sa ruse. « Attendez un peu et vous allez voir ce que vous allez voir », répétait-il, en plissant ses petits yeux malins. On attendit donc, et l'on ne vit rien. Isvolsky eut beau présenter et représenter la note à Vienne, le marché dont il se prévalait n'avait laissé aucune trace dans les archives de la Hofburg. D'Aerenthal, premier intéressé, ne se rappelait pas avoir conclu un accord quelconque avec son estimé collègue. Isvolsky avait été tout bonnement roulé dans la farine par plus malin que lui. Trompé, discrédité, ridiculisé.

La sanction était tombée au début de 1910 : Sazonov remplaçait Isvolsky au ministère, Isvolsky était nommé à l'ambassade de Paris. C'était la disgrâce. Une disgrâce certes relative, honorable, et même dorée, un poste magnifique, à bien des égards fort plaisant. Mais une carrière brisée et la perspective définitivement fermée, malgré les relations et les appuis qu'il conservait à la Cour, d'accéder un jour à la direction du gouvernement qui lui était infailliblement promise si… Et tout cela par la faute de ce sale juif ! Même s'il continuait, de Paris, à tirer quelques ficelles et voyait avec satisfaction la politique extérieure de son pays s'orienter dans le sens qu'il souhaitait, il ne pouvait se faire à l'idée que lui, Alexandre Petrovitch Isvolsky, était contraint à donner de l'Excellence à ce bélître de Sazonov (il répéta à plusieurs reprises, à voix haute, ce mot de « bélître » qui, en vérité, lui plaisait infiniment, il s'en gargarisa comme d'un sirop qui apaisait son amertume), oui, ce bélître qui avait été son subordonné, obligé de multiplier les courbettes devant l'inexistant Premier ministre qu'était le comte Kokovtsev, ectoplasmique successeur des Plehve, Witte et Stolypine, forcé de demander à ces deux usurpateurs des autorisations dont il se serait passé naguère, qu'en d'autres circonstances il aurait données lui-même…

Avant sa bévue historique, on n'ira pas jusqu'à dire qu'Isvolsky aimait particulièrement les juifs. On peut même avancer qu'il ne les aimait pas du tout. Mais, Russe et patriote, son antisémitisme se situait dans la bonne moyenne nationale. Depuis l'incident de 1909, il était devenu un antisémite obsessionnel et forcené.

Peu après sa nomination à Paris, Isvolsky avait eu l'occasion de voir *Ruy Blas* à la Comédie-Française. Il s'était pleinement reconnu dans le personnage de don Salluste, ce tout-puissant Premier ministre humilié par une reine allemande, pour lequel il avait éprouvé une sympathie immédiate. Deux vers chantaient obstinément dans sa mémoire :

Ah vous m'avez pour femme offert votre suivante
Moi, je vous ai donné mon laquais pour amant !

Comme don Salluste, donc, il tissait patiemment sa toile dans l'ombre. Il tirerait une éclatante vengeance de ces Habsbourg dégénérés, il contribuerait à la ruine de cet empire disparate et fragile, fait de pièces et de morceaux, et grandissant inexplicablement de défaite en défaite, la victoire des armes russes restaurerait le trône ébranlé du tsar autocrate et assurerait le regroupement de tous les Slaves autour de la mère Russie, il aurait sa revanche, il y travaillait sans relâche, il aurait sa guerre. L'œuvre d'iniquité du fourbe d'Aerenthal serait anéantie et justice un jour lui serait rendue, à lui, Isvolsky, le chrétien innocente victime de la perfidie des enfants d'Israël. Dieu merci, il voyait les tensions monter de toutes parts et grandir chaque jour dans les deux camps, ami comme ennemi, le nombre de ceux qui soufflaient sur les braises d'où bientôt sortirait le grand incendie salvateur. Cette pensée le rasséréna. Il tira du casier une nouvelle feuille de papier à en-tête et se mit au travail :

Urgent. Très secret. Pour M. Sazonov.
Paris, 23 novembre/6 décembre 1913

Excellence, cher Serguei Dimitrievich,

Cicéron[1] *m'a fait l'honneur de m'accorder ce jour même un entretien particulier. Je précise que cette rencontre, qui*

1. Voici les clés de ce code ingénu. Cicéron, c'est bien sûr Poincaré. Hortensius = Barthou. Démosthène = Briand. Catilina = Caillaux. Gracchus = Jaurès. *Le Barbier* = *Le Figaro*. Basile = Calmette. Ratmir = Raymond Recouly. Vidocq = Lenoir. Judas = Louis Klotz.

s'est déroulée en toute discrétion dans ses appartements privés, a eu lieu à sa demande. Il tenait, m'a-t-il dit, dans les circonstances difficiles qu'il traverse, à s'épancher en toute confiance auprès du représentant à Paris de Sa Majesté Impériale. Les propos qu'il m'a tout d'abord tenus étant du reste en tous points conformes à la conversation qu'il avait eue avec Votre Excellence la semaine passée, je ne m'y attarde pas davantage. Cependant, trois points nouveaux sont apparus.

Tout d'abord, le gouvernement Hortensius est tombé.

Cicéron a mis dans la confidence du grand projet Hortensius et Démosthène, il a recueilli leur assentiment complet et leur soutien total.

À la réflexion, ils se sont accordés sur le choix du Barbier et de son directeur Basile pour mener la campagne convenue avec vous contre le scélérat Catilina.

Cicéron ne voit pas sans une très profonde inquiétude approcher les élections législatives d'avril prochain. Pour autant qu'il resterait maître de la situation, il réitère l'assurance formelle que la France se conformera sans restriction aucune aux obligations que lui confèrent les traités qui lient nos deux pays, y compris dans leurs clauses les plus secrètes. En revanche, il ne répond de rien si Catilina l'emporte, et c'est pourquoi il estime que nous sommes aussi intéressés que lui-même à la défaite de Catilina et de son parti.

En effet, Catilina n'a pas hésité à déclarer en plusieurs occasions qu'il ne voit vraiment pas pourquoi l'argent français continuerait de financer le progrès et la prospérité de la Russie, et moins encore pourquoi la France lierait son sort à nos visées et à nos entreprises dans les Balkans. Il lui est même arrivé de dire qu'aucune alliance n'est éternelle. Catilina ne fait plus mystère de son intention de s'allier avec Gracchus et de le faire entrer au gouvernement. Dans un premier temps, la nouvelle majorité s'attaquerait à la loi de trois ans, et il est clair que la France, si elle revient aux deux ans, serait dans l'impossibilité de respecter les engagements qu'elle a pris avec nous. Dans un deuxième temps, c'en serait fait du grand édifice dont l'auguste père de Sa Majesté

Impériale a jeté les bases et que Sa Majesté le tsar régnant a consolidé et couronné, si j'ose dire.

Cicéron insiste donc sur la nécessité de déclencher « le grand projet » dans un très bref délai mais déplore que la nouvelle situation le prive absolument du nerf de la guerre. C'est pourquoi il se voit dans l'obligation de nous demander une contribution active, à charge de revanche, persuadé au demeurant qu'en l'aidant nous nous aidons nous-mêmes.

Je n'ignore pas, compte tenu que nous n'avons actuellement aucun emprunt ni en cours ni en vue, qu'il a été décidé en principe de réduire au strict minimum les libéralités que nous avons dans le passé si souvent consenties à la presse française, libéralités dont certains chez nous mettent en doute l'utilité, bien à tort selon moi. Je n'ignore pas davantage, et j'approuve au contraire la décision qui a été prise de ne pas nous immiscer dans des affaires qui relèvent de la politique intérieure française. En l'occurrence il ne s'agit pas ici d'arroser indistinctement un grand nombre de publications dans le seul but de créer un climat de sympathie et de confiance, mais de mener une action unique avec un seul journal et un objectif précis. Je pense que Votre Excellence sera d'accord avec moi que dans cette affaire nos intérêts les plus vitaux et les plus sacrés sont en cause.

À l'époque de l'année où nous sommes, la dotation spéciale de l'ambassade est évidemment épuisée. Or, les exigences de Basile sont élevées et justifiées par l'importance du service rendu et par les risques personnels et politiques qu'il encourt. Quant à nous, il va nous falloir activer nos agents habituels dans la presse, la police et le milieu politique, notamment Ratmir, Vidocq et Judas. Nous serons peut-être même amenés à recourir à nos propres services. Hortensius, qui est d'autre part très proche de Basile, ce qui évitera toute friction entre eux, est d'accord pour suivre de près toutes les opérations et sera le meilleur juge de l'intérêt et du prix des informations qui nous seront fournies.

D'ores et déjà, j'ai prié notre conseiller Arthur Raffalovitch de me remettre une première évaluation du coût de la campagne envisagée. D'après ce devis dont je vous ferai parvenir d'autre part le détail, il y aurait lieu de prévoir très approximativement une dépense de l'ordre de...

La plume de l'ambassadeur resta en suspens. Isvolsky pressa au hasard le bouton d'une des sonnettes qui encombraient son bureau. Un tout jeune homme blond apparut immédiatement, vêtu d'un uniforme blanc surchargé de boutons, de brandebourgs, de fourragères, de galons et de médailles, étincelant des épaulettes aux éperons, et se figea dans un garde-à-vous impeccable, appris pendant les deux ans qu'il avait passés dans l'école de cadets prussienne où il avait un peu étudié la guerre et le duel, beaucoup la bière et les filles, et par-dessus tout les marques extérieures du respect.

— Lieutenant-comte Demidov, proféra le jeune automate, à vos ordres, Excellence. Il s'exprimait naturellement en français, seule langue qu'il fût de bon ton de parler ou d'écrire à l'intérieur des bâtiments de la rue de Grenelle.

— Ah, lieutenant, ravi de vous connaître. Qu'est-ce que vous faites ici, au fait ?

— Vous m'avez appelé, Excellence.

— Non, je veux dire, que faites-vous à l'ambassade ?

— Je suis le nouvel attaché militaire adjoint, Excellence.

— Parfait, parfait, nous aurons donc l'occasion de nous revoir. Ce n'est pas vous que je voulais déranger, mais je m'y perds avec ces satanées sonnettes. Quant au téléphone, je pendrais volontiers ce Graham Bell avec les fils de son appareil. Mais puisque vous êtes là, mon bon, seriez-vous assez aimable pour mettre la main sur ce… sur M. le conseiller Raffalovitch et me le ramener par les oreilles ?

Il avait failli dire « ce youpin », comme il ne se privait pas de le faire devant ses familiers, mais il ne connaissait pas assez le jeune officier pour se laisser aller dès ce premier contact.

Économiste de formation, simple attaché, puis conseiller financier, puis conseiller spécial, puis conseiller secret, Arthur Guermanovich Raffalovitch était l'âme et la mémoire de l'ambassade où il était entré trente ans plus tôt, en même temps que le plus français et même le plus parisien des juifs russes. Commissaire de la Russie à l'Exposition universelle, hôte fêté des réceptions mondaines et recevant en retour avec faste dans son hôtel particulier de l'avenue Hoche, ayant ses entrées dans tous les salons et tous les ministères, habitué des champs de courses, membre de plusieurs clubs sportifs et de diverses sociétés savantes, il avait été élevé l'année précédente au rang de grand officier de la Légion d'honneur. De tous ses mérites, le moins public mais celui qui avait pesé le plus lourd dans la remise de cette haute distinction était le rôle, qu'il remplissait depuis plus de quinze ans, de distributeur des subsides russes aux journaux et parfois aux hommes politiques. Un poste qu'il devait à sa rare probité et à sa parfaite connaissance des milieux intéressés. Il avait pu y prendre la mesure de « l'abominable vénalité de la presse française ».

— Asseyez-vous, Arthur Guermanovich, dit l'ambassadeur qui, au prix d'un gros effort sur lui-même, parvint à sourire aimablement à son interlocuteur. Vous avez pu faire notre petite étude ?

— Voici, Excellence. Les deux postes les plus importants sont évidemment constitués par les honoraires de Calmette et la rémunération de nos informateurs encore à venir. Pour Calmette, il s'est longtemps contenté d'une mensualité de 3 000 francs. Mais nous ne sommes plus dans la même démarche. J'ai donc prévu une fourchette allant de 50 000 à 100 000 francs au maximum. Pour Lenoir, Recouly et Klotz, un forfait de 25 000 francs chacun, comme d'habitude, me paraît convenable. Pour les informateurs et les frais imprévus, on pourrait prévoir, sans garantie, 125 000 francs. Bref, nous pourrions nous en tirer pour 300 000 francs au total. Voulez-vous que nous revoyions cela dans le détail ?

— Du tout, du tout, cher Arthur Guermanovich. Vous savez bien que je vous fais toute confiance. Vous permettez que je termine mon petit pensum pour Sazonov ? J'en ai pour une minute. Je disais donc « de l'ordre de… »

… de l'ordre de 500 000 francs. Il y aurait lieu de provisionner d'urgence cette somme sur le compte habituel à la Banque de Paris et des Pays-Bas.

Dès réception de votre réponse, dont je ne doute pas qu'elle sera positive, je prierai le conseiller Raffalovitch de se mettre en rapport avec Basile et de fixer avec celui-ci les modalités et le calendrier de notre « grand projet ». Il faut qu'au plus tard en mars Catilina soit un homme fini.

À très bientôt de vos nouvelles, donc, cher Serguei Dimitrievich. Je prie Votre Excellence d'accepter l'assurance de ma haute considération et de mon parfait dévouement.

Alexandre Petrovich, comte Isvolsky.

« Je suis confus, très cher, mais j'ai un rendez-vous urgent. Nous reparlerons à loisir de toute cette affaire. En attendant, auriez-vous l'obligeance de porter cette lettre au Chiffre ? Après cryptage et transmission, vous classerez le document original. Merci mille fois, mon tout bon. »

Resté seul, Isvolsky prit sa canne et son chapeau et sortit de son bureau par une porte dérobée. C'était l'heure où il allait voir les dames, une habitude à laquelle il n'aurait manqué sous aucun prétexte.

15

FAIBLESSE D'UN HOMME FORT

Décembre 1913 – janvier 1914

Barthou, à l'instar d'Henri de Guise, était-il plus grand mort que vivant ? Oui, si l'on en croyait *Le Figaro* du 3 décembre, qui affirmait audacieusement : *« Le gouvernement est tombé, mais il est grandi... »* Cet hommage rendu, le quotidien conservateur s'inquiétait. Était-il concevable que notre beau pays tombât *« des mains énergiques de M. Barthou aux mains énervées de M. Caillaux »* ?

C'était on ne peut plus concevable. La tradition républicaine, fondée sur la logique, établie par l'usage, était sans ambiguïté. Une coalition de toute la gauche, emmenée par Caillaux, s'était dégagée contre le gouvernement. Il incombait au président de la République de faire appel au tombeur du ministère, ne serait-ce que pour vérifier si celui-ci disposait effectivement d'une majorité de rechange.

Encore eût-il fallu que le chef de l'État acceptât la règle du jeu. Or, Poincaré, on le sait, n'avait jamais fait mystère de son interprétation personnelle du fonctionnement des institutions. La magistrature suprême, pour lui, devait être une magistrature d'influence. Le président, conformément à la lettre de la Constitution, mais contrairement à la pratique, devait donc disposer d'une certaine marge de manœuvre dans la désignation du chef du gouvernement.

De fait, dans la foulée de son élection, il avait pu imposer à la Chambre intimidée Briand, puis Barthou. N'eût-il tenu qu'à lui, il aurait volontiers rappelé le premier ou conservé le deuxième. Ou tiré de son chapeau Millerand, qui en mourait d'envie. Mais c'eût été agiter le chiffon rouge au nez d'une assemblée qui venait de se ressaisir en désavouant un gouvernement de sa façon.

Il ne s'en contorsionna pas moins dans l'espoir d'éviter l'inévitable. Deschanel fut approché. Mais Deschanel, qui ne devait son élection récente à la présidence de la Chambre qu'à l'appoint de la droite, s'accrochait bec et ongles à son beau perchoir. Alors, Jean Dupuy ? Le très influent et très riche directeur-propriétaire du *Petit Parisien*, qui avait plus d'amis que d'idées, se laissa tenter. Il se flattait de débaucher individuellement quelques radicaux judicieusement choisis pour donner un semblant de couleur rose à une équipe aussi résolument et vaguement « républicaine » que la précédente. Vingt-quatre heures plus tard, il déclarait forfait. Incroyable, mais vrai ! Du jamais vu depuis dix ans. Aucun élu radical n'avait accepté de vendre son âme en échange d'un quelconque maroquin.

Le directeur du *Gil Blas*, Du Mesnil, intercepta Caillaux au moment où celui-ci sortait des bureaux du parti radical, rue de Valois, élégant, joyeux, rajeuni, entouré de Malvy, Hesse, Paul-Boncour, Ceccaldi, toute une petite cour. L'homme du jour prit nonchalamment la pose, appuyé sur sa canne à pommeau d'argent. « Alors, président, c'est votre tour ? Quelles sont vos exigences ? Votre programme ? » « Premièrement d'aller dîner chez Larue avec ces messieurs, puis de rentrer chez moi. Et demain j'ai prévu d'aller à la chasse. » « Quoi, vous seriez absent de Paris en ce moment ? » « Mon cher, si l'on me cherche, on saura où me trouver. Si on m'appelle, je viendrai, mais pour causer sérieusement. Le prochain ministère ne peut qu'être à gauche, nettement à gauche. Je refuserais évidemment d'entrer dans une combinaison dont les radicaux ne seraient pas le centre. Je ferais la guerre à tout gouvernement qui ne s'engagerait pas en faveur de l'impôt sur le revenu. » « Et les trois ans ? » « Les trois ans ? Nous verrons. Je ne ferai rien qui aille contre le sentiment du pays. »

Le téléphone, ce soir-là non plus, ne sonna pas chez Caillaux. Poincaré reportait ses derniers espoirs sur Alexandre Ribot. Président du Conseil pour la dernière fois en 1895, le très avisé, très incolore et très respecté député de la Somme n'était-il pas l'homme idoine pour assurer une manière d'intérim pendant les cinq mois qui restaient à courir avant le renouvellement de la Chambre ? C'était faire bon marché de la tache indélébile qui souillait la redingote du vieux monsieur : il avait voté contre la séparation des Églises et de l'État. Prudent, Ribot tint à recueillir l'avis de Caillaux, et renonça.

La rage au cœur, Poincaré se résigna. Barthou s'était rendu à pied au palais pour remettre sa démission au chef de l'État. Ribot était venu en taxi. L'éblouissante limousine de Caillaux fit crisser le gravier de la cour d'honneur avant de s'immobiliser devant le perron de l'Élysée. L'entrevue fut brève, et froide. Le député de Mamers fut plus que net, tranchant. L'heure n'était pas à un ministère de concentration républicaine, cette formule à tout faire dont les deux mamelles étaient le débauchage et le replâtrage. On en sortait. Alors, un ministère d'attente, compte tenu du calendrier politique ? Il était difficile d'y échapper, mais l'équipe serait intégralement radicale.

— Soit, soupira Poincaré. Et vous tenez naturellement à prendre la direction du gouvernement ?

— Mais pas du tout, monsieur le président… Poincaré réprima un soupir de soulagement.

— … En tout cas pour l'instant. Mais il va de soi que vous ne sauriez désigner le président du Conseil en dehors des rangs du parti radical.

— Alors ?

— Alors, je vous suggère Doumergue.

— Sérieusement ?

— Je crois savoir qu'il serait disposé à accepter.

La logique du système l'avait emporté. Le chef de l'État, réduit à passer sous les fourches caudines des partis, était de nouveau cantonné dans des fonctions purement protocolaires.

Rien ne recommandait pour un premier rôle l'aimable Gaston Doumergue. Suppléant d'un juge de paix en Indochine, obscur député puis sénateur du Gard, pâle ministre des Colonies puis du Commerce, l'excellent homme n'y prétendait d'ailleurs pas. Pressenti officiellement, il tint à faire savoir qu'il n'avait accepté un poste qui revenait de droit à Caillaux qu'avec l'assentiment et sur l'insistance de celui-ci, que son acceptation avait été subordonnée à la présence de Caillaux dans le gouvernement à la place qu'il désirait, enfin qu'il avait constitué son équipe en totale collaboration avec Caillaux.

Après hésitation, Caillaux reprit les Finances, poste le plus exposé du moment, abandonnant à Doumergue les Affaires étrangères. Interpellé dès son entrée en fonctions sur la position de la France face à la nouvelle et gravissime crise des Balkans, le président du Conseil débutant confessa avec bonhomie qu'il n'avait pas eu le temps d'étudier le dossier et sollicita un délai de quinze jours qui lui permettrait de se faire une opinion. Cet aveu dénué d'artifice scandalisa quelques rigoristes, enchanta les caricaturistes et les échotiers, et désarma l'hostilité. Doumergue possédait au moins l'art d'arrondir les angles.

On le vit bien le 9 décembre lors de sa déclaration de politique générale qui allait très loin dans le sens de la conciliation, de l'œcuménisme et de l'immobilisme. Le gouvernement, déclara-t-il, s'appuierait sur une majorité nettement, exclusivement républicaine (c'était, avec une inflexion plus ou moins marquée, l'*introït* rituel de toutes les grand-messes parlementaires) mais c'est à la Chambre élue au printemps de 1914 et à la majorité qui sortirait alors des urnes qu'il appartiendrait de mener à leur terme les grandes réformes qui s'imposaient. (Traduit de la langue de bois : il ne se passerait rien d'ici juin.) Quant aux trois ans, le gouvernement appliquerait loyalement la loi puisque celle-ci avait été régulièrement votée par les deux Chambres du Parlement (soulagement au centre et à droite) pour coûteuse et fâcheuse qu'elle pût paraître. Mais il ne s'agissait dans son esprit que d'une disposition transitoire adoptée dans un contexte de tension internationale. Tout devait être fait pour que le retour à des relations apaisées entre les grandes puissances leur permît de revenir en toute sécurité au *statu quo ante* et de consacrer le meilleur de leurs efforts et de leur argent aux investissements pacifiques et féconds du progrès (satisfaction et approbation à gauche et sur les bancs socialistes).

Était-ce tout ? Pas tout à fait. La Chambre, en balayant le gouvernement Barthou, avait montré son hostilité aux modalités et au principe même de l'emprunt. L'impôt sur le revenu et sur le capital était la meilleure réponse à l'accroissement des dépenses militaires.

Nul ne pouvait s'y tromper. Doumergue prononçait le discours, mais c'est Caillaux qui avait tenu la plume. Le ministre des Finances revenait à la charge et s'apprêtait à monter en première ligne pour soutenir la réforme à laquelle il s'était identifié. Tous les regards convergeaient vers lui. On se retrouvait dans la configuration déjà connue trois ans plus tôt dans les derniers temps de Monis. Un gouvernement Doumergue, ou même Doumergue-Caillaux ? Allons donc ! On avait affaire à un gouvernement Caillaux-Doumergue, pour ne pas dire un gouvernement Caillaux tout court. Un président du Conseil pour la forme et pour la frime et, derrière le paravent, un grand vizir chauve, un imam caché qui tirait les ficelles.

Chef reconnu du parti politique le plus important, et passant pour le véritable chef du gouvernement, l'influence très réelle de Caillaux s'augmentait des pouvoirs mystérieux et tentaculaires que lui prêtaient la rumeur et la malveillance. Flatté et un peu vite persuadé qu'il suffisait qu'on le crût pour que cela fût, il ne faisait rien pour en démentir le bruit.

La droite tout entière se mobilisa comme un seul homme contre ce seul homme.

Abandonnant l'Alliance démocratique qui avait cessé de jouer son rôle de coquille protectrice, les bernard-l'ermite de la fausse gauche, Briand, Barthou, Millerand, Klotz, Pichon, en créaient un nouvel avatar auquel ils donnaient le nom de Fédération républicaine, sous le triple signe de l'union, de la concorde et des trois ans, et se lançaient avant l'heure dans un tour de France électoral.

Tandis que Poincaré, faisant toujours dans le sublime, s'adressait aux vétérans de Reichshoffen et aux orphelines lorraines de Bar-le-Duc – « mes enfants, leur disait-il, paternel, vous conservez une mère qui veille sur vous de haut et de loin : la France, que je représente, et sa sollicitude naturelle vous est acquise » –, Briand, de meeting en meeting, conspué par des contre-manifestants qui ne pardonnaient pas ses trahisons au renégat, acclamé par un public bourgeois qui raffolait de son meilleur chien de garde, dénonçait « la politique de la pince-monseigneur » – ainsi appelait-il « l'inquisition fiscale », autrement dit l'obligation de déclarer exactement ses revenus, l'une des clés du dispositif proposé par Caillaux. La presse de droite, pâmée, n'avait d'yeux et de louanges que pour l'ancien socialiste révolutionnaire dont l'éloquence ensorceleuse parait d'oripeaux éclatants la plus traditionnelle des politiques réactionnaires. *Le Figaro*, au premier rang, s'enchantait de la « sublime éloquence » aux sonorités de violoncelle, profondes et creuses, que le futur apôtre de la paix, avec sa virtuosité de grand interprète, mettait sans vergogne au service des possédants. Ses *aficionados* comptaient les coups et ponctuaient de bravos les banderilles que le matador de l'apaisement plantait d'arène en arène dans le dos du ministre millionnaire qui osait s'en prendre aux riches.

Briand se surpassa le 21 décembre à Saint-Étienne, son fief électoral : *« Caillaux*, dit-il, déchaînant les rires et les applaudissements, *ne vit lorsqu'il est au pouvoir, que dans l'atmosphère énervée des ambitions et des coteries, quitte à se réfugier lorsqu'il le perd dans la recherche égoïste des prébendes chèrement payées... Ah, ce n'est pas un* endormi, *mais un homme dont les aptitudes financières sont particulièrement distinguées... Il y a des* ploutocrates démagogues... *Dans le même moment où ils s'enrichissent avec une facilité scandaleuse, ils ont le poing tourné vers la richesse dans un geste si excessif, si menaçant, si désordonné, que nous avons bien le droit de nous demander si c'est pour l'atteindre ou pour la protéger... »*

« Ploutocrate démagogue » : la formule, meurtrière et libre de droits, fit instantanément fortune. Édouard Drumont, dans *La Libre Parole*, se faisait une joie de la reprendre : *« Le ploutocrate démagogue a plus* encaissé *en un jour à Saint-Étienne qu'en un an au Crédit foncier argentin... Qu'est-ce que cet homme politique, ministre depuis le 10 décembre, qui reçoit sans discontinuer au ministère banquiers, coulissiers, remisiers, agents de change, et qui reste président du Crédit foncier argentin et du Crédit foncier égyptien, deux fonctions largement rétribuées ! Qu'il démissionne du gouvernement ou de ses présidences ! »*

D'autant plus coupable qu'il était plus compétent, d'autant plus attaqué qu'on avait plus misé sur lui... *Le Figaro* dénonçait les palinodies *« incompréhensibles ou trop explicables »* (calomniez, calomniez...) du radical néophyte, raillait ses discours, prédisait sa chute : *« Il représente*, écrivait Calmette, *cette République que nous exécrons, celle des fiches, des maçons, des comités d'arrondissement, des bouffeurs de curés, des sectaires... Doumergue, au Quai, n'est qu'un prête-nom ; Noulens, rue Saint-Dominique, un otage... C'est Caillaux le véritable chef de ce ministère de désordre, d'abaissement et de ruine... de cet abominable complot contre la volonté nationale et les intérêts sacrés du pays ! »*

Le ton était vif, comme on le voit. Les pauvres riches, dépositaires par destination des intérêts sacrés du pays, hurlaient préventivement à la mort, comme si on les écorchait vifs. Tête pensante et chenue de l'idée libérale, fondateur et propagandiste en chef de la Ligue des contribuables, l'éminent Jules Roche sonnait le tocsin : *« Méfions-nous des projets haineux de M. Caillaux. Nous allons aux persécutions.*

M. Caillaux s'en prend à la classe aisée. Pour lui, on est riche à dix mille francs de capital. Auteur de cette horrible politique financière, ayant fondé toute sa carrière sur la surenchère, il lui est impossible de s'arrêter. Ces impôts ne donneront satisfaction qu'à l'envie et éteindront la charité. Ils tueront l'activité, ils tueront l'épargne. Les riches partiront à l'étranger... » Rien de nouveau sous le soleil.

Caillaux, ce grand bourgeois capitaliste, Doumergue, « Gastounet », ce bon papa, figure emblématique du petit propriétaire, dépeints en cavaliers de l'Apocalypse, en révolutionnaires à la feuille d'impôt entre les dents ! La démesure des réactions que suscitait une politique fiscale somme toute bien modérée a de quoi nous étonner, nous qui, plus ou moins résignés, ployons sous le faix des prélèvements obligatoires. Car enfin, de quoi s'agissait-il ? Le taux maximal d'imposition sur les revenus du travail envisagé par l'abominable Caillaux culminait à 1,5 % (la Ligue des contribuables, convenons-en cependant, n'avait pas tout à fait tort d'y voir le début d'un processus). Quant à la taxation du capital, elle était prévue à hauteur de 0,25 %. Les adversaires de Caillaux ne se trompaient pourtant pas sur la signification de ces nouveautés ni sur les intentions de leur promoteur. Le principe d'un impôt unique, général, progressif, fondé sur une connaissance exacte des revenus et du patrimoine de chacun, proportionnellement d'autant plus confiscatoire que ces revenus et ce patrimoine sont plus importants, la volonté de taxer les revenus du capital à l'égal de ceux du travail étaient il y a un siècle deux idées neuves et subversives. Elles le demeurent.

Quelles que soient les réticences légitimes que nous inspire le personnage, avait tranché Jaurès, nous devons aider Caillaux. *« On ne peut aujourd'hui outrager certains hommes sans blesser le parti qui les reconnaît pour chefs. »* Ce soutien, pour retenu qu'il fût, achevait de compromettre celui qui en était l'objet. La seule apparition sur l'écran du visage de Caillaux déchaînait des tempêtes de sifflets dans les salles de cinématographe des Grands Boulevards. On assurait même que certains spectateurs bissaient la projection des actualités pour pouvoir huer leur tête de Turc une seconde fois. Le ministre des Finances concourait avec Jaurès pour le titre de l'homme le plus haï de France.

Le 15 janvier 1914, Caillaux présenta à la commission des Finances de la Chambre, qui l'adopta, son projet d'impôt sur le revenu. Le Sénat, jouant encore une fois son rôle de Chambre d'obstruction, refusa l'incorporation du texte dans la loi de finances de 1914. Briand dénonça un faux-semblant. Si le gouvernement, dit-il, avait réellement voulu faire passer son projet, il aurait posé la question de cabinet. Caillaux rétorqua que, si les amis de Briand au Sénat l'avaient soutenu, il n'aurait pas eu à poser la question de cabinet puisque son projet aurait été adopté.

À moins de quatre mois des élections, le peu d'élan du gouvernement, normalement le dernier de la législature, n'en était pas moins brisé. À quoi bon avoir voté le fameux programme de Pau, à quoi bon avoir annoncé le renouveau radical ? La droite, à commencer par la Fédération des gauches, toute nouvelle trouvaille sémantique du groupe Briand-Barthou-Millerand, soulignait à plaisir les différences d'appréciation, de langage, de tonalité, qui se faisaient jour au sein de l'équipe Doumergue et s'évertuait à transformer en failles les moindres fissures. On opposait le patriotisme de Doumergue et du ministre de la Guerre Noulens qui appliquaient loyalement la loi de trois ans aux manœuvres du ministre des Finances qui, dans une démarche mesquine et sournoise de comptable, chipotait sur les légitimes demandes de crédits des militaires et traitait de haut, comme de vulgaires fonctionnaires civils, ces hommes admirables qui avaient fait don de leur vie à la patrie et conduiraient le jour venu l'armée française sur les sentiers de la gloire.

« Que veux-tu, disait Doumergue à Caillaux, la moitié des ministres, moi le premier, ont voté les trois ans. La moitié des députés radicaux en ont fait autant. On ne va pas rouvrir un débat qui a divisé notre camp à quelques semaines des élections, on ne peut pas demander aux *troisannistes* de se déjuger ! Et tu imagines des élus sortants instaurant l'impôt sur le revenu à la veille de se représenter devant les électeurs ! Crois-moi. Nous aurions tout à perdre à prendre en ce moment des initiatives qui ébranleraient l'unité radicale à peine reconstituée. Ma seule ambition est de tenir jusqu'au scrutin. Quand nous aurons gagné les élections, Poincaré sera bien obligé de t'appeler et, appuyé sur la nouvelle Chambre, tu auras quatre ans devant toi pour faire passer nos réformes. »

Caillaux en convenait de mauvaise grâce. À bien y regarder, la chute de Barthou était intervenue trop tard – après le vote des trois ans – ou trop tôt – les élections étaient encore à venir. Tout était reporté à juin, et la patience n'était pas son fort.

En attendant, il n'avait du gouvernement que les mauvais côtés et du pouvoir que les apparences : les corvées parlementaires, les corvées mondaines, les dîners de gala et les enterrements. Et Mme Caillaux qui avait son jour, dans les salons dorés du Louvre !

C'était bien la peine d'avoir jeté bas « le ministère de la droite, de la rente, de la guerre ». Être l'homme fort d'un gouvernement faible, quelle dérision !

16

FEU À VOLONTÉ !

4 janvier – 14 mars 1914

Si blasé qu'il fût, et pour cause, sur la vénalité des journalistes français, Arthur Raffalovitch fut estomaqué par le cynisme tranquille de Calmette. Introduit dans le cabinet particulier réservé chez Lapérouse par le directeur du *Figaro*, à peine le conseiller d'ambassade avait-il eu le temps de se débarrasser de sa pelisse et de s'asseoir que son interlocuteur prenait les devants : « Nous savons tous les deux pourquoi nous sommes ici. Ne perdons pas de temps à tourner autour du pot. D'ailleurs, j'ai horreur de parler argent. Je suis votre homme pour cinq cent mille francs. » Et comme le diplomate ne pouvait réprimer une grimace, « je prends des risques, et j'aurai des frais », se contenta de dire Calmette. « Je dispose d'ores et déjà de quelques munitions », ajouta-t-il. « Nos amis sont bien placés pour m'en fournir d'autres. Je suppose que je peux compter sur le zèle et l'intelligence des agents que, comme chacun sait, vous n'entretenez pas à Paris. Une fois la pompe amorcée, je vous fiche mon billet que je n'aurai pas à courir après les informations, ce sont les informateurs qui viendront à moi, croyez-en mon expérience. Il faudra que je sois en état de les rétribuer. »

Raffalovitch prit sur lui d'accepter la somme demandée, bien qu'elle dépassât son budget. Après tout, la Russie, grâce à la France, avait les moyens d'être généreuse. Le soir même, il notait dans ses carnets : « On apprend tous les jours à mépriser quelqu'un. » Par la suite, il estima qu'il s'était fait avoir : Calmette haïssait tant Caillaux qu'il aurait marché de toute manière. D'un autre côté, au vu des résultats, il ne pouvait pas dire qu'il n'en avait pas eu pour son argent.

« Eh bien, puisque nous voilà d'accord, dit gaiement Calmette, nous pouvons parler d'autre chose que de cuisine, enfin de ce genre de cuisine. Je vous recommande le foie gras de la maison. À moins que votre religion vous l'interdise... Que diriez-vous d'un château-yquem ? Il me semble vous avoir aperçu l'autre soir aux Ballets russes... Mais je vous laisse d'abord choisir... »

Homme du monde, homme à femmes, homme de presse, homme d'argent, Gaston Calmette était un personnage aux multiples facettes, et avec sa part d'ombre.

Intermittent et délicat chroniqueur au *Figaro*, Marcel Proust ne le connaissait que sous les traits avenants du fin lettré, à tu et à toi avec tout ce qui comptait à Paris dans la littérature, le spectacle et la politique. Mme de Chevigné, la grande Sarah Bernhardt, Anatole France appréciaient également sa conversation, son élégance, son urbanité.

Simple rédacteur, puis principal secrétaire de la rédaction – on dirait aujourd'hui rédacteur en chef technique –, il avait eu la bonne idée d'épouser la fille du président du conseil d'administration du *Figaro*, M. Prestat, ce qui n'avait pas nui à sa carrière. En 1902, un putsch interne l'avait propulsé à la direction de la maison. Le quotidien, fourvoyé dans le dreyfusisme, y avait laissé des plumes. Calmette avait donné un vigoureux coup de barre à droite, à la grande satisfaction de sa clientèle traditionnelle qui retrouvait son cher *Figaro* : railleur, combatif, mondain et surtout, surtout, nettement conservateur. Barthou et Poincaré, on l'a vu, étaient ses intimes. Soucieux de l'image et du *standing* de son journal, il en avait largement ouvert les colonnes aux écrivains, notamment à ceux qui portaient l'habit vert ou étaient susceptibles de le revêtir : Pierre Loti, Marcel Prévost, Henri Lavedan, Paul Bourget, Maurice Donnay, Abel Hermant, Robert de Flers, Alfred Capus... Sous sa conduite, *Le Figaro*, qu'il dirigeait d'une main de fer, passant en douze ans de 50 000 à 150 000 exemplaires, avait triplé ses ventes.

Sa femme, après lui avoir donné deux garçons, vivait à présent loin de lui, sur la Côte d'Azur, ce qui lui permettait de mener à Paris l'existence très libre et passablement dispendieuse d'un célibataire fortuné. Or, cette aisance ne lui venait pas seulement de ses émoluments, de ses dividendes ou de la dot de Mlle Prestat. Sans que personne en ait jamais su le fin mot, Alfred Chauchard, le richissime fondateur des Grands Magasins du Louvre, mort en 1909, avait fait trois parts de son immense fortune, l'une à l'intention de sa fidèle gouvernante, la deuxième, qui se montait à douze millions, allant à Georges Leygues, la troisième – on parlait de quatre millions – étant pour Calmette. Le testateur et les légataires avaient été également discrets sur le sujet.

*

Berthe Gueydan dominait Barthou d'une bonne tête. C'est tout juste si, en se haussant sur la pointe des pieds, il parvenait à la protéger de la méchante pluie d'hiver qui tombait dru sur l'avenue d'Antin. La fatigue faisait osciller le parapluie qu'il tenait à bout de bras ; de grosses gouttes glacées venaient mouiller son chapeau, le revers de son pardessus et trouvaient on ne sait comment le moyen de s'insinuer dans son cou ou entre le verre de ses lorgnons et ses yeux. C'était fort désagréable.

L'ancien président du Conseil n'avait pas obtenu sans mal ce rendez-vous. La rencontrant chez des amis communs, il avait d'abord proposé à Mme Gueydan de la recevoir discrètement à son propre domicile. Elle s'était récriée : « Y pensez-vous ? Et ma réputation ? » Pouvait-il alors lui rendre visite pour une entrevue sans témoins ? Mais elle craignait la médisance. « Comprenez-moi, je vis seule et tout se sait. » Quand il avait suggéré un café, elle lui avait répondu qu'elle n'allait pas dans les cafés, un salon de thé, qu'elle craignait d'y être reconnue. C'est elle, finalement, qui avait trouvé la solution : « Nous sommes voisins, n'est-ce pas ? Vous n'avez pas de chien ? Tant pis. Je promène régulièrement le mien sur l'avenue. Voulez-vous mardi prochain, à six heures juste ? Nous aurons l'air de nous être rencontrés par hasard. »

Et voilà comment, en cette fin d'après-midi de décembre, ils se tenaient tous les deux, immobiles dans le halo d'un bec de gaz, sur le macadam luisant d'un trottoir de l'avenue d'Antin. Pour avoir les mains libres, Mme Gueydan avait confié à Barthou la laisse de son caniche qui, impatient et joueur, s'embarrassait à tout moment dans les jambes du petit homme politique. Puis elle avait tiré de son sac à main plusieurs feuilles de papier noircies d'une écriture volontaire à grands jambages, que Barthou connaissait bien. « Ce sont deux lettres de mon ancien mari à... à cette femme. Je crois qu'elles vous intéresseront. » Et comme il avançait la main pour les saisir, elle avait levé haut le bras. « Ce n'est pas ce que nous avons convenu, monsieur. Je vais seulement vous les lire. »

Par coquetterie ou par prudence, Mme Gueydan n'avait pas relevé sa voilette. La lumière du réverbère était faible, et à tout moment elle butait sur les mots, qu'elle semblait heureusement connaître par cœur. « De quoi avons-nous l'air ? J'espère que personne ne me reconnaîtra », songeait Barthou lorsqu'un des rares passants se retournait étonné sur ce couple insensible au froid qui ne paraissait cimenté que par un parapluie commun.

La première lettre datait de l'automne 1909. Caillaux après y avoir juré un amour éternel à sa maîtresse et s'être émerveillé du miracle qu'avait été leur rencontre, miracle qui se renouvelait à chacun de leurs rendez-vous dans la parfaite harmonie de leurs corps enlacés et de leurs cœurs battant à l'unisson, passait à des considérations plus prosaïques. Depuis longtemps, écrivait-il, il n'y avait plus rien entre lui et celle qui portait encore son nom. Il attendait avec la même impatience que sa chère petite Riri le jour où, dans les faits puis en droit, il serait mis fin à cette union devenue purement fictive. Cependant, à la veille des élections, une séparation, un divorce étaient exclus. La malveillance ne manquerait pas d'exploiter contre lui ces péripéties domestiques et certains électeurs, par préjugé social ou par un attachement anachronique aux principes de la religion, pourraient lui refuser leur voix. Il fallait donc patienter encore. Sitôt passé le cap du scrutin, il secouerait enfin un joug qui lui pesait plus encore qu'à sa Riri qui, elle au moins, avait la chance d'avoir brisé ses chaînes…

« De fait, commenta amèrement Mme Gueydan, il ne s'était pas écoulé huit jours depuis sa réélection que M. Caillaux abandonnait définitivement le domicile conjugal. »

En dépit des protestations d'amour passionné sur lesquelles s'ouvrait la deuxième lettre et de l'évocation brûlante de voluptés partagées, passées, présentes et à venir, elle était pour l'essentiel d'un style plutôt prosaïque. Dans la perspective d'un rapprochement qui était aussi celui de deux patrimoines non négligeables, Caillaux avait tenu à y faire un point complet de sa situation financière.

Mme Gueydan, ayant achevé sa lecture, rangea les lettres dans son sac et récupéra son caniche qui se frotta amoureusement contre le bas de sa robe. La pluie avait cessé. Barthou retrouva l'usage de sa main gauche et put fermer son parapluie. Il était un peu déçu. Tel ou tel passage, notamment celui où Caillaux parlait avec une ironie dédaigneuse de ses électeurs, était utilisable, l'auteur de ces lettres n'y apparaissait pas comme un héros romantique, mais tout cela ne relevait-il pas de la vie privée ? Bon, Calmette en serait juge…

— Pardonnez mon indiscrétion, madame, dit-il, mais comment cette correspondance est-elle venue en votre possession ?

— Mais c'est tout simple, monsieur, répondit Mme Gueydan avec l'aisance et la rapidité d'une femme qui colporte depuis si longtemps une version personnelle des faits qu'elle ne la distingue plus de la vérité. Mon mari devait attacher à ces lettres une grande valeur puisqu'il avait demandé à cette... à leur destinataire de les lui renvoyer. Il les avait serrées dans un petit secrétaire dont il avait pris soin de retirer la clé. À cette époque, nous faisions déjà chambre à part, mais nous faisions encore maison commune. Notre petite bonne, qui voulait nettoyer le secrétaire, a essayé la clé d'une armoire – vous savez, ces vieux meubles ont des serrures que n'importe quelle clé peut ouvrir et c'est ainsi que j'ai découvert – oh non pas cette liaison que M. Caillaux n'avait pas su me dérober, mais cette correspondance, et je l'ai gardée.

Barthou, un peu gêné, toussota :

— Vous n'ignorez pas, madame, qu'il y a déjà quelques années le bruit s'était répandu dans Paris que vous étiez disposée à...

— À rendre publiques ces lettres ? C'est parfaitement exact. M. Caillaux s'était montré si odieux, si menaçant, si déterminé à nier tous ses torts et à m'en imputer de totalement imaginaires, aux doubles fins de me salir et de me refuser les légitimes dédommagements auxquels sa conduite me donnait droit, que j'ai effectivement envisagé d'utiliser cette correspondance, de la vendre, pour être exacte, car il m'avait laissée dans le plus complet dénuement, à la presse, qui s'en serait délectée.

— Ah, madame, je connais des personnes fort honorables qui seraient prêtes à en offrir un bon prix. J'ai même entendu parler d'une certaine lettre, mais beaucoup plus ancienne, à propos, paraît-il, de l'impôt sur le revenu.

— En effet, celle-là m'était adressée, monsieur, et elle m'est restée chère. Elle remonte au temps où M. Caillaux m'aimait. Mais je ne m'en déferai pas plus que des autres. Que voulez-vous, je suis une incorrigible sentimentale. Lorsque mon mari est venu à composition, c'est-à-dire lorsqu'il s'est résigné à faire droit à mes justes demandes et que nous sommes parvenus à un accord financier raisonnable, je me suis engagée à ne jamais me servir de ces lettres. Je les ai même brûlées sous le contrôle de nos avocats respectifs.

— Mais alors…

— Oui, ce sont de simples photographies, mais très fidèles, je vous assure…

— Et vous êtes certaine ?

— Absolument certaine. J'ai pu considérer ces lettres comme des armes, et j'étais décidée à les utiliser comme telles, pour ma défense. Aujourd'hui, mes relations avec M. Caillaux sont apaisées, il a refait sa vie, il sert fidèlement la pension qu'il me doit. Je ne voudrais pas lui nuire. Vous-même, il me semble que vous étiez amis, je me souviens de vous avoir reçu avec Mme Barthou, rue Pierre-Charron…

— Ah, madame, les voies de la politique…

— Eh bien, monsieur, moi, je ne fais pas de politique. J'ai bien voulu satisfaire votre curiosité, mais je n'irai pas au-delà… Non, non, inutile de me raccompagner, j'habite là, à deux pas… Et puis, je ne voudrais pas qu'on jase.

Les choses en étaient restées là.

*

La campagne du *Figaro* démarra avec l'année 1914, avant même la fin de la trêve des confiseurs. D'entrée, elle fut féroce. Poursuivie sans répit ni relâche sous le commandement, hautement revendiqué, et fréquemment sous la signature de Gaston Calmette lui-même, elle semble préfigurer par son ampleur et sa durée les fameux barrages d'artillerie qui préluderaient bientôt aux sanglantes et vaines offensives de la Grande Guerre. La différence est qu'il ne s'agissait pas ici de faire pleuvoir un déluge de fer et de feu sur des dizaines de milliers de soldats terrés dans leurs trous individuels, mais, en concentrant les tirs sur une cible unique, d'ensevelir sous un torrent d'encre et de boue un homme on ne peut plus exposé et visible, un homme que l'on voulait abattre.

Depuis des mois, voire des années, sur des points sensibles comme les trois ans ou l'impôt, le quotidien de la rue Drouot combattait les idées et l'action du ministre des Finances, mais cette hostilité restait de nature politique. Elle constitua le soubassement naturel et l'alibi, incessamment rappelés, d'un harcèlement caractérisé par une hargne et une haine sans mesure. Car c'est avant tout à la probité, à la moralité, à l'équilibre mental, au physique, aux ridicules, bref à la personne de Caillaux que *Le Figaro* s'en prit au rythme soutenu d'un, deux, trois et jusqu'à quatre articles par jour. Sales ragots ramassés dans le caniveau, grotesques inventions, insinuations venimeuses, révélations sensationnelles, éditoriaux vengeurs, documents confidentiels, échos ironiques, billets, caricatures et même sonnets plus ou moins réussis, tout était bon, le vrai, le faux et le possible, qui alimentait la machine à broyer. *Le Figaro* n'hésitait pas à cogner en dessous de la ceinture. Émanant d'un hebdomadaire satirique tel que *L'Assiette au beurre*, *Le Chambard*, *Le Charivari* ou d'une des innombrables feuilles de chantage qui proliféraient sur la place, un tel acharnement aurait moins étonné. Il était sans précédent et demeura sans suite dans l'histoire d'un journal qui, de l'aveu de son propre directeur, n'était pas *« un organe de lutte et d'attaque »*.

Ce pilonnage, comme il est de règle à la guerre, avait été précédé de quelques tirs de semonce, ou de réglage.

Le 4 janvier, on pouvait lire dans *Le Figaro* cet entrefilet doucement assassin, mais bien dans le style d'une publication dont le directeur se piquait d'être un parangon de la vieille galanterie française : *« Mme Caillaux – qui met infiniment de grâce et de charme dans son accueil – recevra tous les mercredis de janvier et de février... Mais sera-t-elle encore là en février ? »*

Le 5 janvier, *Le Figaro* dénonça le coût exorbitant du rachat des Chemins de fer de l'Ouest par l'État, à l'initiative de Caillaux. *« L'outrecuidante et criminelle légèreté »* du responsable de cette nationalisation se traduisait par une facture d'un milliard, que régleraient les Français.

Le 6 janvier, *Le Figaro*, rappelant l'implication personnelle et malencontreuse de Caillaux dans les négociations franco-allemandes de 1911, annonça la publication prochaine de correspondances diplomatiques – les « documents verts » – accablantes pour le ministre des Finances.

Le 7 janvier, *Le Figaro* se contenta de railler *« la suffisance courroucée »* de Caillaux et l'inexpérience de Doumergue, son homme lige.

Le 8 janvier, *Le Figaro* prêta à la mégalomanie de Caillaux le projet pharaonique de prolonger (jusqu'à la mer ?) le Grand Canal de Versailles.

Ce n'était là que hors-d'œuvre. Dans le même numéro, *Le Figaro* révéla à ses lecteurs sous le titre « Les combinaisons secrètes de M. Caillaux » la scandaleuse affaire Priou. Les héritiers d'un certain M. Priou que des affaires malheureuses en Amérique du Sud avaient conduit à la faillite réclamaient en vain depuis des décennies un dédommagement de l'État dont ils prétendaient la responsabilité engagée. Or, au début de 1912, Caillaux, alors président du Conseil, leur avait promis de faire aboutir leur dossier. Petit détail qui sonnait vrai, il leur avait dit : « Dépêchez-vous, dans quinze jours, je ne serai plus là. » Pour prix de son intervention, il exigeait 80 % des huit millions qu'il se faisait fort de leur obtenir !

Caillaux démentit le jour même « une invention grotesque ». Le 9 janvier, Calmette dut reconnaître que le nommé Priou s'appelait en réalité Prieu, ce qui faisait mauvais effet (*in petto* il ne décolérait pas contre l'amateurisme, l'incapacité ou le je-m'en-fichisme des agents russes auxquels il était redevable de ce tuyau crevé) mais assura que cette légère erreur ne changeait rien au fond. Dans les jours suivants, une partie du syndicat des héritiers et autres ayants droit de la succession Prieu se réfugia dans un silence prudent, une partie corrobora les accusations du quotidien, mais d'autres révélèrent qu'on leur avait promis un pont d'or s'ils abondaient dans le sens des accusations formulées. Le journal traita par le mépris un deuxième et un troisième démenti du ministre des Finances… et n'y revint plus. Déjà, il avait lancé un autre brûlot.

Le 12 janvier, *Le Figaro* révéla à ses lecteurs que Caillaux avait rançonné le Comptoir national d'escompte à hauteur de 400 000 francs destinés à financer la campagne électorale du parti radical. Caillaux adressa aussitôt au journal un démenti que vinrent étayer des lettres des trois principaux dirigeants de la banque. Calmette ne fit qu'en rire : la simultanéité de ces dénégations convergentes signait à l'évidence la complicité des quatre mis en cause. Au fait, l'un des trois banquiers, Ullmann, était un naturalisé de fraîche date. Et grâce à qui ? Caillaux persista, Calmette persifla. Il se targuait d'avoir atteint son but : tarir le flot du financement sur lequel comptait Caillaux. Démasqué, le ministre avait renoncé à sa scandaleuse opération.

Le 15 janvier, tandis que le parti radical adressait à son chef un message d'affectueuse sympathie, *Le Figaro* signala à ses lecteurs le cas d'un fonctionnaire des Finances, victime de Caillaux. Cet homme intègre avait mis son veto à l'entrée au conseil d'administration de la Société générale d'un administrateur du Crédit foncier argentin, le nommé Spitzer, né aux confins de l'Allemagne et de l'Autriche, et français depuis douze ans seulement. À peine revenu aux affaires, Caillaux, d'autre part président du Crédit foncier argentin, avait rétrogradé ce subordonné trop vertueux.

Le 16 janvier, *Le Figaro* révéla à ses lecteurs que Caillaux avait honteusement surévalué les actifs de la Compagnie maritime Sud-Atlantique lors de la fusion de celle-ci avec une autre société de transports. Anatole de Monzie, sous-secrétaire d'État à la Marine marchande de Barthou, adversaire de Caillaux, et son successeur Maurice Ajam, protégé de Caillaux, attestèrent qu'il n'en était rien. Caillaux déclara qu'il ne prendrait plus la peine de démentir les élucubrations du *Figaro*.

Du 17 au 20 janvier, *Le Figaro* se borna à vitupérer le projet d'impôt sur le capital défendu par Caillaux.

Le 21 janvier, *Le Figaro* publia seulement quatre articles contre Caillaux, dont un grand reportage ironique sur l'entrée triomphale et césarienne du ministre des Finances dans sa bonne ville de Mamers, avec train spécial, fonctionnaires réquisitionnés, banquet républicain et autres affûtiaux.

Le 22 janvier, *Le Figaro* révéla à ses lecteurs que Caillaux, ou bien quelqu'un des siens, avait acquis une part substantielle des mines algériennes de l'Ouenza.

Le 23 janvier, *Le Figaro* revint sur Agadir, sans publier pour autant les « documents verts ».

Le 25 janvier, *Le Figaro* nota : 1/que le sous-préfet de Mamers avait été élevé à la première classe, 2/que les éleveurs de Mamers avaient perçu des primes de 5 000, 1 000 et 1 000 francs pour compenser la mortalité du bétail, 3/que le ministère des Finances avait institué une taxe sur les fabricants de calendriers-réclames, ce qui allait entraîner la ruine immanquable de cette petite mais laborieuse, sympathique et nécessaire industrie.

Le 26 janvier, *Le Figaro* signala : 1/que Caillaux avait admis d'un coup vingt percepteurs au tableau d'avancement, 2/que, grâce au journal, la taxe sur les fabricants de calendriers-réclames, si méritants, si laborieux, etc., avait été annulée, 3/que Caillaux avait dispensé la banque Périer de payer une amende de huit millions.

Le 27 janvier, *Le Figaro* reprocha à Caillaux d'avoir admis à la cote les bons du Trésor ottoman. Caillaux démentit le lendemain mais il n'avait pas démenti la faveur faite à la banque Périer.

Le 28 janvier, *Le Figaro* accusa Caillaux d'avoir fait admettre à la cote vingt-sept titres portés par le Crédit foncier argentin. Caillaux reconnut le lendemain l'admission de quatre titres seulement. Mais il n'avait pas répondu sur la banque Périer.

Le 29 janvier, le ministère des Finances fit savoir que bien entendu la banque Périer avait été contrainte de payer son amende.

Le 30 janvier, *Le Figaro* fit valoir qu'en autorisant la Turquie à placer sur le marché français ses emprunts, Caillaux détournait sur l'étranger l'épargne nationale.

Le 31 janvier, *Le Figaro*, tout compte fait, conclut que ce n'étaient ni vingt-sept ni quatre mais seize valeurs étrangères qui avaient été admises à la cote.

Le 1er février, *Le Figaro* prêta à Caillaux l'intention sournoise de ne mettre que dix-neuf cigarettes dans les paquets de vingt mis en vente par la Régie des tabacs.

Le 2 février, « un contribuable » revint dans *Le Figaro* sur les fastes de la réception royale faite par Mamers à Caillaux : la bibliothèque municipale fermée, les bistrots ouverts, les cigares à trois sous distribués aux anonymes et les havanes offerts aux notables.

Le 3 février, *Le Figaro* releva que Caillaux alourdissait le fardeau fiscal de la Corse dans le même temps qu'il allégeait celui de la Sarthe.

Le 6 février, *Le Figaro*, faisant feu de tout bois, s'éleva contre la réforme qui enlevait aux préfets pour la confier aux recteurs la nomination des instituteurs et protesta contre l'affectation d'un contrôleur financier à chaque ministère.

Le 8 février, *Le Figaro* publia en tout et pour tout une photographie, choisie avec soin, de Caillaux dans son fief de Mamers. Faut-il dire qu'il n'y était pas à son avantage ?

Le 9 février, *Le Figaro* remit en cause les titres académiques de Caillaux : si cet imposteur, ce bluffeur avait été reçu au concours de l'inspection des finances, tout le mérite en revenait à son père. Son père de qui il tenait la manie de faire valser les préfets.

Le 12 février, *Le Figaro*, perspicace, prédit que le gouvernement ne choisirait entre l'impôt et l'emprunt qu'une fois les élections passées.

Le 13 février, Calmette, prophétique, annonça « *la vague qui va submerger M. Caillaux... Jamais projet gouvernemental* (l'impôt, toujours l'impôt) *n'a provoqué jour après jour pareil mouvement de protestation et de colère. La France entière s'est soulevée contre son projet de rénovation fiscale* ».

Le 15 février, *Le Figaro*, ayant mené l'enquête, crut pouvoir établir que les sifflets distribués à la Bourse du travail du Havre aux contre-manifestants désireux de faire leur fête à Briand et Barthou avaient été fournis gracieusement aux militants révolutionnaires par un spéculateur havrais ami de Caillaux.

Le 17 février, *Le Figaro* relevait que Caillaux s'était engagé à mettre un terme à la course aux armements après le 26 avril. Pouvait-on annoncer plus clairement que les forces négatives qui travaillaient à l'abaissement de la France comptaient revenir sur la loi des trois ans ?

Le 18 février, *Le Figaro* se fit un plaisir d'annoncer à ses lecteurs que Mme Caillaux, « grippée », renonçait à son jour de réception.

*

« Avec les compliments d'un lecteur qui aimerait... vous donner de la lecture. » Calmette tournait et retournait le bristol entre ses mains. « Ce monsieur n'a pas voulu se nommer, expliqua l'huissier. Il insiste pour que vous le receviez personnellement. Il est déjà venu hier et avant-hier. Il assure qu'il ne vous fera pas perdre votre temps. » « Et comment est-il ? Il n'a pas trop l'air d'un fou, ou d'un mendiant ? » « Oh, dit l'huissier, c'est sûrement un monsieur bien... mais qui a eu des malheurs. J'ai vu ça à ses souliers. » Calmette soupira. Sa campagne, comme il l'avait prévu, n'avait pas manqué d'attirer en grand nombre les déséquilibrés et les maîtres chanteurs qui lui avaient le plus souvent fait perdre son temps. « Bon, faites-le entrer. Nous verrons bien. Si je vous sonne dans cinq minutes, vous me rappellerez que j'ai un rendez-vous à l'extérieur. »

Fine moustache, cheveux en brosse, pardessus de coupe élégante, le visiteur paraissait un homme de bonne compagnie. Son allure reflétait l'aisance. Calmette nota cependant que le col et les poignets de sa chemise étaient élimés.

— Je me présente, dit l'homme. Gueydan, Henry Gueydan. Je ne sais pas si mon nom vous dira quelque chose...

— Attendez. Vous êtes...

— Oui, le frère de la première Mme Caillaux. Lecteur habituel de votre journal, et surtout de vos éditoriaux, je dois vous dire que je les ai particulièrement appréciés ces dernières semaines. Il se trouve que j'ai en ma possession – il sortit de sa serviette une grande enveloppe – des documents qui devraient vous intéresser. J'ai préféré m'adresser au bon Dieu qu'à ses saints. Je précise que je ne veux en aucun cas apparaître dans cette affaire. Ma sœur même doit ignorer ma démarche, et je compte sur votre discrétion...

— Vous avez ma parole.

— J'ai là la reproduction de trois lettres autographes de M. Caillaux, dont deux sont adressées à l'actuelle Mme Caillaux et la troisième, qui date de 1901, à ma sœur.

— Vous voulez dire la fameuse lettre sur l'impôt ?

— Exactement.

— Et comment se fait-il ?

— Le plus simplement du monde. La séparation de ma sœur et de mon ex-beau-frère a été orageuse. Il y a quatre ans, Mme Gueydan m'avait confié cette correspondance dont elle craignait que son mari tentât de s'emparer par la ruse ou par la force. Je la lui ai naturellement restituée à sa demande lorsque le divorce a été prononcé, mais j'avais pris la précaution d'en faire deux jeux de reproductions photographiques dont j'ai conservé l'un par-devers moi à toutes fins utiles.

— Je vois. Vous permettez ?

Henry Gueydan tendit à regret son enveloppe à Calmette qui se plongea dans la lecture des trois lettres. Son visiteur venait à point alimenter une campagne qui s'essoufflait.

— Je suppose que vous attendez de moi une contrepartie.

— Ma démarche obéit à d'autres motifs. En tant que bon Français, je suis heureux de participer à une œuvre de salubrité publique…

— Je n'en doute pas.

— … et si je ne traversais pas une période un peu difficile, je ne demanderais pas mieux que de vous les céder gracieusement.

— Mais…

— Malheureusement.

— Et comment se fait-il que vous n'ayez pas songé à les proposer, ces lettres, à M. Caillaux ? J'imagine qu'il donnerait beaucoup pour récupérer ces échantillons de son style.

— Je n'ai jamais eu d'atomes crochus avec mon beau-frère. Il me méprisait. Je ne suis pas resté en bons termes avec lui. Il est d'un tempérament plutôt vif. Il serait capable de me jeter dehors.

— Ma foi, je ne lui donnerais pas tort. Et à combien estimez-vous ces… autographes ?

— Eh bien, j'ai pensé, je pense que vingt mille francs...
— Vraiment ?
Calmette se leva, contourna son bureau, se dirigea vers un petit coffre-fort dissimulé dans la muraille et en tira cinq billets de mille francs qu'il aligna un à un devant son visiteur :
— Tenez. Vous êtes un drôle. Il est dommage qu'une haute nécessité me contraigne à utiliser des gens comme vous. Seule la lettre adressée à Mme Gueydan en 1901 m'intéresse. Les autres sont une affaire privée entre leur expéditeur et leur destinataire. Maintenant, vous allez me faire le plaisir de débarrasser le plancher et de ne jamais remettre les pieds dans cette maison.
Il sonna. L'huissier apparut.
— Reconduisez monsieur. Et revenez m'ouvrir la fenêtre. J'ai besoin d'air pur.

*

Le 19 février, *Le Figaro* estima qu'il était bien imprudent à Caillaux de prétendre n'avoir jamais varié sur la nécessité urgente de bouleverser notre système fiscal. Avait-il donc oublié son si remarquable discours du 4 juillet 1901 ? Heureusement, on avait de quoi lui rafraîchir la mémoire...

Le 20 février, *Le Figaro* adressa ses félicitations à un patron qui, cité en correctionnelle, avait défié l'inquisition fiscale à venir en refusant de communiquer au tribunal son chiffre d'affaires, et nota que le juge avait admis cette attitude.

Le 21 février, *Le Figaro* s'indigna d'un article élogieux que le *Berliner Tageblatt* avait consacré à Caillaux. *« Il semble (mais tout* peut changer*) »*, écrivait le quotidien allemand, *« que le blé de M. Caillaux soit en train de mûrir. La France a besoin d'un ministère démocratique, solide et de longue durée. Tandis qu'après Agadir, les anciens ministres Clemenceau, Ribot et Pichon ont déclaré qu'ils n'auraient pas négocié avec l'Allemagne, nous n'oublierons jamais qu'en 1911 l'homme d'affaires Caillaux a sauvé le monde d'une horreur qu'on peut à peine nommer. »* L'ingérence et la préférence germaniques étaient claires. Le Kaiser avait et soutenait son candidat au gouvernement de la France.

Le même jour, *Le Figaro* couvrit de louanges le sous-secrétaire d'État à la Guerre, Maginot, qui avait qualifié d'invraisemblable l'idée que la Chambre revînt sur les trois ans. Doumergue et Noulens avaient chaleureusement serré la main de l'orateur à sa descente de la tribune tandis que les socialistes déclenchaient un chahut monstre. On pouvait s'attendre que le gouvernement volât en éclats d'un jour à l'autre.

Le 24, *Le Figaro* revint à la charge sur l'emprunt ottoman. Pour quelles raisons avait-il été autorisé ? Et sur l'amende infligée à la banque Périer. Oui ou non, celle-ci avait-elle été dispensée de payer ?

Le 25, *Le Figaro* s'offusqua de n'avoir pas eu de réponse à ses questions.

Le 26, le ministère des Finances confirma que la banque Périer avait naturellement payé son amende, mais *Le Figaro* ne fit pas mention de ce communiqué.

Le 27, *Le Figaro* s'étonna qu'après avoir depuis tant d'années préconisé l'impôt sur le revenu, Caillaux revenu au gouvernement s'accommodât du rejet de son projet par le Sénat.

Le 28, *Le Figaro* publia le fac-similé d'une lettre de recommandation adressée en 1911 à Caillaux par le député socialiste de Marseille Bouissou, en faveur d'un officier de police local. Peu après cette intervention, le protégé du député avait été promu commissaire.

Le 29 février, *Le Figaro* et Barthou, relayant *Le Figaro* à la Chambre, interpellèrent le ministre des Finances. Pour quelles raisons différait-il le lancement de l'emprunt dont il avait reconnu la nécessité ? Caillaux répondit au député des Basses-Pyrénées qu'il ne jugeait pas utile d'alourdir prématurément la charge des intérêts de la dette publique.

Le 2 mars, *Le Figaro* revint sur le sauvetage de la Compagnie Sud-Atlantique sans apporter aucun élément nouveau.

Le 3 mars, *Le Figaro* rappela, sous le titre « Combinaisons secrètes », qu'en 1906, Caillaux, ministre des Finances, avait interdit l'introduction en France des obligations à lots du Crédit foncier égyptien. En 1912, juste avant la chute de son ministère, il était revenu sur cette interdiction. Cette volte-face s'expliquait-elle par le fait qu'en 1909 il était devenu président du Crédit foncier égyptien ?

Le 5 mars, *Le Figaro* crut lever un lièvre de belle taille. Dans son projet de budget, tel que transmis au Sénat, le ministre des Finances n'avait pas inclus le 3 % dans la liste des valeurs imposables. La Bourse était aussitôt montée. L'humeur des socialistes également. Dans les heures qui suivirent, Caillaux parla d'une erreur de présentation. Le sujet était traité dans un autre titre, malencontreusement omis. Il n'était pas question de maintenir l'immunité de la rente. La Bourse baissa. Les socialistes se calmèrent. La soupe au lait retomba instantanément. *Le Figaro* du 6 n'en certifia pas moins que les amis de Caillaux, dûment avertis par celui-ci, avaient empoché au passage la bagatelle d'un million de francs. C'était un « coup de Bourse » – on parlerait aujourd'hui de délit d'initiés. « Tout le monde n'y a pas perdu ! » s'écria Barthou devant la Chambre. Sommé de préciser sa pensée, le petit homme dut convenir qu'il n'existait aucune preuve ni même aucun indice d'une manœuvre concertée et qu'il ne lui serait pas un instant venu à l'esprit de mettre en doute la probité personnelle du ministre des Finances. Il est d'ailleurs notable qu'aucune des allégations, aucune des accusations d'ordre financier émises par *Le Figaro* ne donnèrent lieu à aucune suite judiciaire ou polémique ni sur le moment ni à l'occasion du procès de Mme Caillaux ni même à l'époque où, livré à l'inextinguible vindicte de Clemenceau, Caillaux, abandonné de tous, comparaissait devant la Haute Cour.

Le 7 mars *Le Figaro* fit un sort à une citation de *La République française* qui décrivait assez drôlement la supposée collusion entre le parti radical et le parti révolutionnaire : *« M. Caillaux a dans le ventre une petite mécanique dont M. Jaurès possède la clé. Cric ! Crac ! M. Jaurès remonte la mécanique et M. Caillaux fait des cabrioles. C'est très bien inventé. »*

Le 8 mars, *Le Figaro*, rappelant que Caillaux n'avait abandonné la présidence du Crédit foncier égyptien, et encore sous la pression, que le 27 décembre, dix-huit jours après la formation du cabinet Doumergue, mit en doute la réalité de cette démission : lors de la récente assemblée générale, au Caire, de cet établissement, Caillaux était toujours mentionné comme administrateur, apparemment non remplacé : c'était une prébende de cent mille francs par an…

Depuis le début de janvier, Calmette et Barthou se retrouvaient tous les soirs au domicile du directeur du *Figaro*, en bordure du parc Monceau, à l'heure où Calmette, rentrant du journal, prenait quelques instants de détente avant de s'habiller pour le théâtre ou un dîner en ville. Les deux amis, complices, commentaient l'actualité et s'accordaient sur les angles d'attaque pour le lendemain et les jours suivants. Barthou assurait d'autre part la liaison avec Briand et Poincaré.

Le 8 mars au soir, les deux hommes firent le point. Il n'était pas douteux que la campagne portât des fruits. La sincérité et la continuité des convictions de Caillaux, son intégrité morale et politique, son caractère, sa réputation, son action, chaque jour battus en brèche, vilipendés, tournés en ridicule, sortaient sérieusement ébréchés de ces deux mois d'acharnement journalistique.

D'un autre côté, pour forcenée qu'elle fût, au-delà des lecteurs du *Figaro*, supposés acquis, la campagne n'était guère relayée que par des journaux déjà hostiles au gouvernement et à la personne de Caillaux. La grande presse, la presse de province, qui faisaient l'opinion, étaient loin de reprendre systématiquement les révélations du *Figaro*. Les outrances, les approximations, les dénonciations sans preuve suscitaient même des réactions négatives. Rien n'indiquait que les intentions de vote en fussent modifiées. Quant à la majorité parlementaire, non seulement elle tenait bon, mais Jaurès, le matin même, applaudi par tout le groupe socialiste, avait volé au secours de *« M. Caillaux, contre qui se liguent toutes les forces de la réaction »*.

« Reprends de ce porto, dit Calmette, et écoute-moi. Nous sommes maintenant à quinze jours de la fin de la session, à trois semaines du début de la campagne électorale. Nous avons encore entre les mains trois armes formidables, qui pourraient tout changer La première, les documents verts... ah, si ton ami Poincaré avait un peu de... tu me comprends. Essaie une bonne fois de le décider. La deuxième, la lettre que Mme Gueydan t'avait refusée. Jusqu'à présent, je m'étais fait scrupule de l'utiliser, pour des raisons de convenance ; après tout, il s'agit d'une correspondance privée, et même intime. J'ai changé d'avis ; je vais la publier, amputée de quelques lignes, trop personnelles. La troisième, le rapport Fabre, mais je suis d'accord avec toi que personne ne doit en deviner l'origine. Prends discrètement langue avec cet imbécile de Delahaye, il ne demande qu'à foncer, pousse-le, excite-le, il sera trop heureux de se mettre en avant une fois de plus. Quand il aura lancé l'affaire à la Chambre, je publierai le texte intégral. On croira que ça vient de lui, ce que je démentirai de telle façon que tout le monde soit persuadé que c'est la vérité. La lettre ridiculise Caillaux, le rapport l'achèvera. Crois-moi, le moment est venu de porter l'estocade. C'est maintenant ou jamais... »

Le 10 mars 1914, encore une fois sous le titre « Les négociations secrètes de M. Caillaux », Calmette récapitula tous les faits saillants portés depuis le début de l'année au passif de Caillaux : Agadir, trésor de guerre, manœuvres financières, « coup de Bourse », prébendes et autres turpitudes, qui ne s'expliquaient que par la recherche effrénée de l'argent.

Le devoir du *Figaro* était maintenant d'en venir à la pire forfaiture commise par un homme qui avait mis la puissance de ses fonctions ministérielles au service d'un escroc, à l'affaire Rochette. *« Ces révélations »*, écrivait Calmette, *« je les apporte en pleine lutte, en profonde tristesse, sans haine de personne, sans crainte de qui que ce soit, dans l'altier sentiment de la tâche que chacun de nous doit accomplir à cette heure difficile, dans l'intérêt supérieur du pays bientôt consulté. »*

Le fameux Rochette, arrêté le 20 mars 1908, mis en liberté provisoire le 8 mai, jugé et condamné le 27 juillet 1910, avait fait appel. Le procès en appel, qui aurait fatalement entraîné sa condamnation définitive, avait été primitivement fixé au mois d'avril 1911. Or, il avait été remis à décembre 1911, ce qui avait permis à Rochette, resté libre, d'ajouter 68 millions aux 72 qu'il avait amassés en détroussant des milliers de modestes épargnants, avant de fuir à l'étranger.

Cette remise, l'aigrefin la devait à l'intervention de Caillaux. Ministre le 3 mars 1911, Caillaux avait fait convoquer le 22 le procureur général Fabre par le président Monis. Cédant à l'intimidation et à la menace, le procureur s'était entremis auprès du président de la Cour d'appel, Bidault de l'Isle, et lui avait arraché la scandaleuse décision de remise.

Tous ces faits, *« sans précédent dans la noble histoire de la justice française »*, étaient notoires. Mais en présence des dénégations de Monis, de Caillaux, et des deux magistrats eux-mêmes, la commission d'enquête parlementaire présidée par Jaurès n'avait pu, en 1912, que dresser un constat de carence, faute de preuves, faute d'aveux, faute de traces.

Faute de traces ? Eh bien non, un document existait, accablant. *« La vérité »*, concluait solennellement Calmette, *« se résume en un mot : infamie, en un nom : Caillaux »*, et il ajoutait, énigmatique et menaçant : *« C'est l'instant décisif où il ne faut reculer devant aucun procédé, si pénible qu'il soit pour nos habitudes, si réprouvé qu'il soit par nos manières et nos goûts. »*

Le 12 mars, constatant que Caillaux – *« fatigué ? »* – n'avait pas réagi, Calmette lui demandait s'il n'avait jamais entendu parler d'un certain document, signé d'un certain procureur, qui se terminait par cette phrase : *« Jamais je n'ai subi une telle humiliation »*. *« Je souhaite »*, écrivait Calmette, *« que ce crime soit apporté à la tribune du Palais-Bourbon. »* Dès à présent, il annonçait la publication dans *Le Figaro* du lendemain de ce qu'il définissait, sans plus de précision, comme *« un curieux autographe »*…

Mme Caillaux, qui en tenait la comptabilité, établit qu'entre le 4 janvier et le 13 mars 1914, *Le Figaro* avait publié au total cent trente-huit articles dirigés contre son mari.

17

« TON JO... »

Vendredi 13 mars 1914

« C'est bon, Louisa, dit Mme Caillaux, nous n'aurons plus besoin de vous. »

La petite soubrette en robe noire et tablier blanc reposa la chocolatière et fit une demi-révérence. Comme elle quittait la pièce, elle dut s'effacer pour laisser passer le majordome qui apportait sur un plateau les journaux du matin.

— Merci, Victor, dit Caillaux. Vous demanderez au chauffeur de mettre en route pour neuf heures.

— Bien, monsieur le ministre.

Caillaux attendit que le domestique fût sorti. Alors, écartant de la main *Le Temps*, *Les Débats*, *L'Humanité*, *L'Action française*, *La Petite République*, *Le Matin*, *Le Petit Journal*, *Le Petit Parisien*, il se saisit du *Figaro* dont il déchira impatiemment la bande.

« Je me demande bien quelle ordure ils auront encore trouvée », murmura-t-il d'un ton faussement désinvolte mais à peine déployée la feuille, il eut un haut-le-corps. Tandis qu'il s'absorbait dans sa lecture, Henriette Caillaux vit la veine familière se gonfler au front de son mari puis un flot de sang rougir ses pommettes et empourprer son crâne chauve. Si maître de ses émotions qu'il prétendît être, il ne pouvait rien contre cette particularité physiologique qui faisait la joie des journalistes parlementaires et des habitués du Palais-Bourbon.

« Salopard !... La garce ! » s'exclama-t-il enfin. Il esquissa le geste de faire une boule du journal, le froissa nerveusement, puis, se ravisant, il le lança à sa femme, de l'autre côté de la table.

D'ordinaire fidèle à la traditionnelle et peu imaginative mise en page des journaux *sérieux* du siècle passé qui, ignorant manchettes et illustrations, se bornaient à *enquiller* les uns derrière les autres sur une colonne, indistinctement, éditorial, faits-Paris, reportages, publicité, carnet mondain, échos, etc., le très distingué quotidien de la rue Drouot titrait en gras sur cinq des six colonnes de la « une » : « LA PREUVE DES MACHINATIONS SECRÈTES DE M. CAILLAUX – *SA PENSÉE RÉVÉLÉE PAR SON ÉCRITURE* – LE DOCUMENT FOUDROYANT. »

L'œil était d'abord attiré, en bas de page, par la reproduction, en fac-similé, d'un texte manuscrit dont Henriette Caillaux reconnut immédiatement l'écriture. Il s'agissait apparemment du fameux « document » présenté comme « La véritable déclaration de M. Caillaux relative à l'impôt sur le revenu ». Ce texte, tel quel peu lisible, voisinait avec une photographie où le ministre souriait d'un air passablement fat.

Mme Caillaux leva sur son mari un regard interrogateur.

« Lis, dit-il, il faut absolument que tu lises cette saleté ! »

L'article était signé de Gaston Calmette. Le directeur-éditorialiste du *Figaro*, dans le « grand style » réservé aux circonstances exceptionnelles, y faisait preuve d'une violence inouïe :

« Hâtons-nous ! Les heures de la Chambre expirante sont comptées ! Il nous faut donc redoubler, avec plus d'énergie encore ou d'opiniâtreté, la clameur accusatrice autour du ministre néfaste qui, pour détenir plus longtemps le pouvoir

et détourner la victoire électorale, allume toutes les guerres dans notre pays, au risque de nous laisser mortellement désarmés devant le péril extérieur.

Certes, la cause du bon sens et de la vérité finira par triompher si les députés veulent retrouver, un seul jour, le courage de réfléchir au lieu de nous donner le lamentable spectacle de ces assemblées lassées où le sommeil dominateur a supprimé partout la conscience et où des centaines d'hommes ne se réunissent plus que pour être, dans le silence, les témoins impassibles des pitreries ou des iniquités d'un autre homme.

Fier d'avoir engagé le combat contre celui-là, je continue avec la foi sublime et folle dans la victoire, à dissiper les derniers mensonges dont il s'entoure et se protège.

Ce n'est pas le procès du Bloc que j'entreprends, c'est le procès Caillaux que je termine.

Allons-y !

*

J'ai depuis longtemps prouvé que M. Caillaux, rétribué par les banques étrangères qu'il préside et au profit desquelles il supprime les prescriptions du droit pénal, avait dirigé tous les efforts de ses puissantes fonctions politiques vers un seul but : la recherche de l'argent. J'ai démontré qu'il allait jusqu'à violer la loi, quand il lui plaisait d'arracher à la prison, pour le rendre à ses amis, un ami, comme Rochette, dont les spéculations, ruineuses pour l'épargne publique, étaient utiles à la politique personnelle du ministre. J'ai établi que le même ploutocrate démagogue avait recours aux affirmations les plus mensongères quand il avait fait annoncer officiellement sa démission du Crédit foncier égyptien tandis qu'il avait au contraire conservé secrètement sa présidence, grassement rétribuée, et avait été réélu administrateur pour cinq nouvelles années, le 15 février dernier, au Caire ! Rien de tout cela ne pouvait être contesté ; d'ailleurs, rien n'a été démenti.

Il nous reste à raconter maintenant l'écrasante audace que déploie M. Caillaux pour se moquer tout à la fois de ses amis unifiés, de M. Jaurès, son maître horriblement trompé, de ses électeurs de Mamers et du pays tout entier. Nous établirons du même coup la duplicité de ses discours, la fausseté de son programme et la périlleuse folie de ses ambitions qui ferait la ruine de la France si elle se réalisait jamais.

Il nous suffit pour cela de démontrer que si le fameux ministre des Finances a concilié avec tant d'adresse ses idées d'aujourd'hui, l'inquisition et la vexation chères à son chef M. Jaurès avec les idées si opposées de Waldeck-Rousseau, l'apôtre de la liberté fiscale, l'adversaire de toute déclaration, la raison en est des plus simples : c'est que M. Caillaux n'a jamais voulu de l'impôt sur le revenu. Il s'en sert comme d'une plate-forme pour demeurer au pouvoir, il s'en décore comme d'un programme pour acquérir l'appui des socialistes unifiés, il s'en sert comme d'une surenchère pour flatter les paysans, les ouvriers, les travailleurs : il s'en vante pour être leur candidat ; et, dans son battage électoral, il leur ment à tous.

Il a l'air de tout exiger parce qu'il a la ferme intention de ne rien obtenir.

Voilà l'homme dont il faut mettre à nu l'âme trompeuse et dont il faut projeter sur l'écran de l'histoire la vraie figure, le double visage, pour le démasquer. »

Ici, Calmette, avec une tartuferie et un art de la vente également consommés, faisait état des scrupules qu'il avait dû vaincre, et qu'il avait vaincus en effet, parce que c'était son devoir et vu l'importance de ses révélations. C'était l'habile roulement de caisse du bonimenteur : « Approchez mesdames et messieurs et vous verrez ce que, si je n'avais suivi que ma pente naturelle, j'aurais tant aimé vous cacher. » Il mettait en lumière la qualité de l'article en ayant l'air de le vendre malgré lui :

« *La preuve, la preuve indiscutable, terrible, honteuse, malsaine, je la donne avec un profond regret, je l'avoue, hélas ! et je l'affirme sur mon honneur, c'est la première fois, depuis mes trente années de journalisme, que je publie une lettre privée, une lettre intime, malgré la volonté de son détenteur, de son propriétaire ou de son auteur ; ma dignité en ressent une vraie souffrance et je m'excuse auprès de ceux que cet acte affligera.*

Comment aurais-je pu tenir plus longtemps caché, cependant, pour le triomphe de cette campagne de salubrité nationale, le témoignage destiné à éblouir tous les yeux ! N'oublions pas que je lutte contre un homme qui supprime les lois elles-mêmes quand son intérêt est en jeu. Je dois donc me considérer comme contraint, pour la délivrance de mon pays, à dégager de partout la vérité corrompue : cette vérité, je la ramasse où elle se trouve, où je puis, dans ces fouilles horribles de choses vilaines ; mais c'est pour l'épurer, pour l'ennoblir, pour la mettre au service de la plus noble des causes, et je l'élève à la hauteur d'une flamme, au sommet de la hampe du drapeau.

On me jugera plus tard.

*

Donc, c'est une lettre privée, très intime, qui établit la félonie de M. Caillaux. Elle démontre que le ministre des finances soutient l'impôt sur le revenu pour le faire repousser, qu'il l'écrase en ayant l'air de le défendre, et qu'il a la conviction de rendre ainsi à son pays un signalé service. Ce sont les termes précis du document foudroyant que l'on va lire et dont je donne même, par excès de démonstration (surtout pour M. Jaurès), la reproduction photographique. Je ne supprime que la fin de la lettre parce qu'elle est consacrée à un sujet trop étranger à la déclaration fiscale. Je supprime aussi le nom de la personne à laquelle cette lettre est adressée. Ce serait une injure d'évoquer autour de cette personne les sentiments qu'elle a détruits comme ces papiers eux-mêmes, voulant ensevelir dans l'oubli le deuil de ses illusions, de son rêve, de sa vie et de sa foi.

Le document singulièrement explicite et probant, le voici :

SÉNAT

Malgré toute ma bonne volonté, il m'a été impossible de t'écrire hier. J'ai dû, en effet, subir deux séances écrasantes à la Chambre, l'une le matin, à neuf heures, qui a fini à midi, l'autre à deux heures dont je ne viens de sortir qu'à huit heures, harassé.

J'ai d'ailleurs remporté un très beau succès. J'ai écrasé l'impôt sur le revenu en ayant l'air de le défendre, je me suis fait acclamer par le centre et par la droite, et je n'ai pas trop mécontenté la gauche. Je suis arrivé à donner un coup de barre à droite, qui était indispensable.

Aujourd'hui j'ai eu encore une séance ce matin à la Chambre qui ne s'est terminée qu'à une heure moins le quart.

Me voilà au Sénat où je vais faire voter la loi sur les contributions directes et, ce soir sans doute, la session sera close. Je serai harassé, abruti, presque malade, mais j'aurai rendu un vrai service à mon pays.

Ton Jo.

Le mot "j'ai écrasé *l'impôt" est souligné à la plume par M. Caillaux lui-même pour attirer sans aucun doute notre attention sur sa joie immense et secrète.*

L'aveu est formel. L'écriture est indiscutable : il suffit d'ailleurs de demander à M. Caillaux ce qu'il pense de cette lettre, s'il la nie ou s'il l'a oubliée ; et, en ce cas, nous pourrions facilement préciser sa mémoire infidèle. Quant à la signature, elle est incontestable, elle aussi. Il suffit d'ailleurs de la comparer avec l'écriture que le ministre des Finances nous fournit lui-même, aujourd'hui, quand il adresse sa photographie aux électeurs de Mamers, avec l'assurance "de l'intérêt qu'il porte à chacun et du plaisir qu'il aura à leur rendre service".

C'est à nous aussi, à nous surtout, que M. Caillaux rend service par cet envoi puisqu'il nous fournit deux lignes de son écriture au moment précis où ces deux lignes étaient utiles.

Puissent-elles, suivant le dicton, le perdre..., c'est-à-dire sauver le pays.

*

Et maintenant, relisons cette lettre qui va peser désormais sur toute sa vie politique : elle est datée du palais du Sénat, le 5 juillet 1901, elle a été écrite, par conséquent, en pleine défense républicaine, en pleine lutte, quand M. Caillaux était ministre des Finances du cabinet Waldeck-Rousseau ; et elle nous révèle, en sincère confidence, sa véritable opinion secrète sur le fameux impôt sur le revenu dont il se targue encore aujourd'hui d'être l'auteur et le soutien aux yeux des foules !

Sa révolution fiscale, la voilà !

Depuis 1901, elle n'a jamais été modifiée en lui ni par lui ; elle constitue encore tout son programme ; elle est restée marquée du sceau de la même invariable duplicité ; sa forme, d'ailleurs, est identique, comme la conviction qui l'inspire ; c'est lui-même qui prend soin de nous l'affirmer dans ses harangues, dans ses interventions à la tribune, dans les départements, partout, comme s'il avait hâte de détruire, aux yeux de tous, le seul argument qu'il aurait pu nous opposer avec l'apparence d'une fallacieuse excuse !

Le 1er février de cette année, devant ses électeurs réunis à Mamers, il a eu l'aplomb de se vanter, en parlant de l'impôt sur le revenu, de son urgente nécessité pour les démocraties, de la sérénité dédaigneuse qu'il opposait à nos attaques et de "la route claire et droite où il s'est engagé depuis plus de quinze ans".

La route est claire et droite, en effet ! Quel éclat de rire soulève un pareil mensonge !

Son front n'est pas devenu plus cramoisi quand, célébrant lui-même "sa constante fidélité", le ploutocrate démagogue louait la douceur de se retrouver si complètement lui-même dans la continuité de sa politique !

L'audace, qui perd les hommes politiques plus rapidement encore et plus sûrement que la louange dont ils aiment le prix, a poussé M. Caillaux encore plus loin dans la forfaiture et dans le précipice : il a osé s'abriter, au cours de cette même réunion de Mamers, derrière le souvenir de Waldeck-Rousseau et de sa politique financière, sans se douter qu'il se confessait coupable au contraire et s'accablait, en soulignant la félonie du ministre des Finances de 1899, 1900, 1901 du cabinet Waldeck.

Il faut citer le passage imprudent de cet impudent discours.

M. Caillaux débute par une citation de Renan, heureuse au-delà de tout ce qu'il pouvait rêver pour nous :

> "Le présent, a dit Renan, est plein du passé". Jamais, continue M. Caillaux, jamais mieux qu'aujourd'hui je n'ai senti cette vérité.
>
> Aujourd'hui, comme hier, comme demain pas une de mes déclarations, pas une de mes pensées ne jettera une note discordante dans cette harmonie des hommes et des choses qui a toujours entouré ma vie publique. Aujourd'hui, comme hier, comme demain, j'aurai la légitime fierté de dire à mes électeurs que tel ils m'ont élu, tel ils me retrouveront.
>
> Ma politique de 1914 est la suite logique que je proposais dès ma première législature, aux côtés de Waldeck-Rousseau (1898-1902), dans les rangs du grand parti républicain réformateur dont je ne cesserai de me réclamer.
>
> Ma tenue politique me vaut, sans doute, de retrouver toujours les mêmes adversaires qui ne me ménagent ni les attaques passionnées, ni l'outrage, mais elle me vaut aussi de retrouver les mêmes amis qui ne m'ont jamais marchandé ni leur affection ni leur dévouement.

Il est horrible de mentir ainsi à toute la France, au monde entier, n'est-il pas vrai ? Et en établissant cette félonie, n'avons-nous pas prouvé, du même coup, la vérité absolue de toutes les machinations incroyables, de toutes les combinaisons impudentes contre lesquelles il protestait, sur le même ton, avec le même aplomb et le même front !

N'insistons plus !

En 1901 comme en 1914 le mensonge est au fond de toutes ses promesses, l'audace est l'armature de ses impérieux discours ; la duplicité est prouvée ; la forfaiture est établie ; l'homme est jugé !

*

Et que personne parmi nous, dans ce pays de haute probité morale et de généreuse clarté, n'aille s'imaginer que des hommes d'État sans scrupules, au double visage, aux pensées machiavéliques, aux négociations mystérieuses, aux trahisons secrètes, comme celui-là, nous préserveront plus sûrement que les lutteurs loyaux et sincères des révolutions financières et des persécutions fiscales dont on menace la fortune française.

Celui-là est, au contraire, le véritable ennemi de la nation, car sa politique tortueuse contient en son venin le ferment de toutes les persécutions et de toutes les guerres intestines.

On ne saurait trop le répéter. L'homme des banques étrangères fait fuir à l'étranger les capitaux qui alimentent le travail de l'usine, et il sait les ravages que volontairement il produit. Le ploutocrate démagogue (car il faut toujours revenir à la définition si méritée que M. Briand lui infligea) fait croire à l'ouvrier que le riche veut se soustraire à la part légitime des charges devenues plus lourdes ; et il sait qu'il ment ; le ministre aux complicités d'argent répète au paysan qu'il n'aura plus à supporter le poids d'aucun impôt ; et il sait pertinemment qu'il le leurre. Il calomnie la moitié du pays pour exaspérer la colère de l'autre ; il trompe le peuple en laissant entrevoir à ses enfants la diminution prochaine du service indispensable de trois ans ; et sur tous ces désastres matériels, sur toutes ces ruines morales, il installe son pouvoir, étale sa force et parle parfois au nom de la France au reste du monde !

Que les Chambres averties nous abrègent la douleur d'un tel spectacle.

Il est dévoilé, en tout cas, l'homme néfaste qui, sans respect des autres et de soi, fait la justice injuste, qui détruit en ses paroles comme en ses écrits la loyauté publique, qui flatte par ambition les plus bas instincts, qui attise les haines les plus viles et trahit en secret les causes nationales qu'en apparence il défend.

Il est démasqué. Ce malheur public est dénoncé. Et, quoi qu'il arrive, les combinaisons mystérieuses de M. Caillaux, portées à la pleine lumière, sont déjouées et flétries ; elles ne pouvaient échapper à ce désinfectant énergique : la vérité.

Ma tâche est accomplie. Balayez ! Allons-y !

Gaston Calmette »

Henriette avait depuis un moment terminé sa lecture qu'elle restait silencieuse, accablée. Enfin : « Ça ne finira donc jamais ! » gémit-elle.

Il tenta de la rassurer. « Tu vois bien que ce voyou assure que sa tâche est accomplie », mais au fond de lui-même, il n'en croyait rien.

Elle reprit :

— Tu crois que c'est *elle* ?

— Parbleu ! De qui veux-tu que ça vienne ?

Pourtant lorsque plus tard dans la journée il fut parvenu à joindre au téléphone Mme Gueydan, celle-ci se défendit d'être pour quoi que ce fût dans cette affaire avec des accents d'une telle sincérité qu'il ne put faire autrement que de la prier de lui pardonner d'avoir pu même la soupçonner. Mais si ce n'était pas elle, qui d'autre ?

18

UN AMI VÉRITABLE

Samedi 14 mars 1914

Il aimait, le samedi et même parfois le dimanche, dans le silence du ministère quasi désert, passer à son bureau du Louvre pour y mettre à jour sa correspondance ou se plonger dans ses dossiers. Mais ce matin-là, il commença par éplucher la presse.

Calmette, à la « une » de son journal, se gargarisait encore de son exclusivité de la veille et se gaussait de la mise au point « embarrassée » adressée à l'agence Havas par le ministre. En fait, celui-ci s'était borné à reconnaître la paternité de la lettre « Ton Jo » et à regretter qu'on eût cherché à tirer parti d'une correspondance privée vieille de treize ans, sortie de son contexte, sans avoir eu l'accord ni de sa destinataire ni de son expéditeur. Le directeur du *Figaro* notait d'autre part, mais sans y insister davantage, que Caillaux s'était bien gardé de s'expliquer sur son rôle dans l'affaire Rochette. *Les Débats*, *La Libre Parole*, *L'Action française*, *Le Gaulois* faisaient bien entendu des gorges chaudes de la fameuse lettre, mais la grande presse populaire restait discrète comme elle en avait pris l'habitude depuis le début de la campagne du *Figaro*, et se contentait d'en reproduire le texte sans guère le commenter. Les journaux amis, quant à eux, mettaient l'accent sur l'indélicatesse du procédé et critiquaient les méthodes de leur confrère.

En rubrique politique, l'ensemble de la presse rendait largement compte de la retentissante intervention de Jules Delahaye à la tribune de la Chambre. Le poil hérissé et la mine farouche, le député royaliste de Cholet, dont le grand titre de gloire était d'avoir vingt ans plus tôt dévoilé dans l'hémicycle la liste des « chéquards » du Panama, entraînant la chute du ministère, s'était montré digne de sa réputation. Prétendant *« arracher son masque à celui-là même que ses partisans qualifient de malade inconscient, à cet agent de la finance internationale que tous les partis accusent de les tromper pour mieux régner et pour satisfaire je ne sais quelle ambition d'égoïsme et quelle avidité de pouvoir personnel »*, Delahaye avait déposé un ordre du jour vengeur : *« La Chambre, résolue à savoir toute la vérité sur les accusations de forfaiture, d'excès de pouvoir ou de vénalité dirigées contre des membres du gouvernement, invite le ministre de la Marine* (Monis) *et le ministre des Finances à poursuivre leurs accusateurs et le gouvernement à présenter toutes les justifications. »*

En l'absence de Caillaux, retenu au Sénat par un vain plaidoyer pour la taxation de la rente, le président du Conseil avait répliqué avec une vigueur remarquable, dénonçant la campagne d'infamie qui se traduisait chaque jour par une manœuvre nouvelle et qui ne s'expliquait pas *« par les grands sentiments qu'on invoque mais par le désir de se défendre contre notre œuvre de réformes démocratiques et fiscales. C'est une guerre au couteau inspirée par l'unique désir de préserver les intérêts égoïstes de la réaction. »*

Jaurès, à son tour, s'était indigné de cette « guerre » dirigée non contre un système mais contre un seul homme, comme s'il était le seul élu qui mêlât politique et finances, et de la reprise d'accusations anciennes que n'étayait aucun document. *« La réaction*, avait-il dit, *épouvantée par l'approche de l'impôt sur le revenu, essaie de créer autour de la bataille une atmosphère de scandale. Qu'on n'abuse pas de la moralité publique comme d'un moyen de parti contre une œuvre de réforme insupportable à la classe privilégiée. Que les vengeurs de la vertu agissent en pleine lumière et produisent des preuves, s'ils en ont.* » Delahaye, qui n'était pas un bon débateur, était resté coi, et la Chambre, à la demande du gouvernement, avait voté l'ordre du jour pur et simple, par 300 voix contre 135...

Un passage de l'éditorial de Jaurès dans *L'Humanité* retint plus particulièrement l'attention de Caillaux. Le leader socialiste, revenant sur la lettre « Ton Jo », y faisait preuve d'une justesse dans l'analyse psychologique et même d'une pénétration qui ne lui étaient pas habituelles. *« Quelle heure trouble a-t-il traversée ? »* écrivait-il. *« A-t-il cru conquérir un cœur féminin en se donnant je ne sais quel rôle de Machiavel ou de héros balzacien qui méprise les hommes ? »* C'était tellement ça...

En somme, conclut-il, la presse n'était pas si mauvaise... Un trait distinctif de Caillaux – à la fois une force et un travers – était son inébranlable, son incorrigible optimisme. Cinq minutes plus tard, plongé dans l'austère lecture des documents préparatoires du budget de l'Agriculture, il avait tout oublié. Il possédait au suprême degré cette heureuse faculté qui permet à certains de dresser instantanément des cloisons étanches entre leurs soucis personnels et leur travail, entre le monde extérieur et leur occupation du moment.

On grattait à la porte capitonnée. Une généreuse barbe noire s'encadra dans l'entrebâillement. Tout le visage suivit. Noirs aussi les yeux, et brillants, animés d'un feu sombre sous les sourcils broussailleux. « Je peux ? » s'enquit pour la forme le visiteur, qui entra sans attendre la réponse.

Député de l'Aisne, et représentatif de la fraction radicale la plus avancée, Pascal Ceccaldi, de treize ans le cadet de Caillaux, s'était pris d'une folle passion pour l'homme dont il avait soutenu la candidature et salué avec enthousiasme l'élection à la tête du parti. Les affinités n'étaient pas évidentes entre l'avocat corse, ombrageux, direct, toujours bouillant d'une ardeur difficilement contenue, traînant la réputation d'un homme prompt à jeter son gant à la figure de l'adversaire, et le grand bourgeois de la Sarthe, mais une amitié véritable s'était établie entre eux. Caillaux avait eu l'occasion d'éprouver et de constater cette fidélité sans faille, ce dévouement inconditionnel, de chien ou de Corse, que n'avait jamais terni la moindre demande de retour. À Ceccaldi, et à lui seul, il se confiait sans retenue et sans restriction.

— Pardonnez-moi, président, de vous importuner, dit Ceccaldi, mais hier, à la Chambre, après le vote de l'ordre du jour, il n'était question que d'une publication imminente de ce fameux rapport Fabre. Celui-ci jure qu'il l'a vu de ses propres yeux, tel autre qu'il en circule partout des copies, certains disent qu'on leur en a récité des passages entiers. J'ai cru devoir vous mettre en garde, sans attendre lundi.

— Je n'y comprends rien, mais ce qui s'appelle rien. C'est une histoire à dormir debout, un vrai serpent de mer. Il y a maintenant trois ans que j'ai entendu parler pour la première fois de ce prétendu rapport, ou procès-verbal, qu'aurait rédigé le procureur général, qu'il montrerait à qui veut le lire, et où il se plaindrait de l'humiliation que Monis lui aurait fait subir dans mon intérêt. Vous avez lu le papier de Calmette, je n'ai pas besoin de vous en dire plus. Or, le président Bidault de l'Isle et M. Fabre, quand ils ont témoigné devant la commission Jaurès, avaient la possibilité de libérer leur conscience. Ni l'un ni l'autre n'ont dénoncé la moindre pression. Cela devrait suffire à clore le débat. N'importe, j'ai voulu en avoir le cœur net. J'ai fait faire des recherches dans les archives de la justice. Il n'y existe aucune trace d'aucun écrit de M. Fabre. Je suis allé plus loin. À ma demande, Bienvenu-Martin a convoqué Fabre place Vendôme, hier matin, et là, en tête à tête, le procureur général lui a donné sa parole qu'il ne voyait pas de quoi il s'agissait, et qu'il n'était pas homme à sortir de son devoir de réserve. C'est clair. D'ailleurs, croyez-vous, si ce document existait vraiment, que Delahaye se serait privé d'en donner lecture à la Chambre ou Calmette de le porter à la connaissance des lecteurs du *Figaro* ? Tenez, voulez-vous que je vous dise le fin mot de cette affaire ?

— Je ne voudrais pas…,

— Allons, je sais bien que, lorsqu'il le faut, vous savez être muet comme une tombe… Rochette, c'est à peine si je connais cet individu. Tout au plus ai-je dû le croiser une ou deux fois au siège du *Rappel*, dans le bureau de Du Mesnil. Mais que croyez-vous ? Nous autres, nous n'avons droit ni aux millions que distribue M. Raffalovitch ni à la générosité des cartels. Tous ces petits journaux qui soutiennent notre politique et qui rendent coup pour coup au *Temps*, au *Gaulois*, à *L'Autorité*, à *L'Écho de Paris*, au *Figaro*… *Le Radical*, *Le Rappel*, le *Gil Blas*, *L'Aurore*, *La Lanterne*, eh bien, il y a longtemps qu'ils auraient mis la clé sous la porte si Rochette ne leur avait pas confié sa réclame, s'il n'avait de temps en temps renfloué leur trésorerie et peut-être bien arrosé leurs directeurs. Ce n'est pas joli mais que voulez-vous, c'est la guerre.

» Fin février, ou plutôt début mars 1911, après que Monis a eu formé son gouvernement, Rochette m'a fait tenir un message par Du Mesnil et par son avocat, Me Maurice Bernard, qui a été mon conseil lors de mon divorce. S'il n'obtenait pas un délai pour son procès, il publiait un ouvrage où figureraient le montant et les destinataires des chèques dont il avait fait bénéficier la presse, et d'ailleurs ça ne se limitait pas à nos amis. Il avait les noms, mais aussi les talons. C'était le cauchemar de Panama qui recommençait. Il nous tenait, il pouvait tous nous faire sauter. Il était le plus fort, et il le savait. Je ne suis pas intervenu en sa faveur, je n'ai pas cherché à peser sur les arrêts de la justice. Tout ce qu'il demandait, c'était un peu de temps. Il a eu sa remise, et il est allé se faire pendre ailleurs. Ce que j'ai fait, je le referais dans des circonstances semblables. Je le revendique comme une prise de responsabilité, comme un acte de gouvernement.

— On parlait encore, une fois de plus, des documents verts. N'y a-t-il rien à craindre de ce côté ?

— Là-dessus, je suis parfaitement tranquille. C'est une bombe qui exploserait à la figure de celui qui la poserait. Il s'agit de deux lettres écrites par M. de Schoen pendant la crise d'Agadir. L'ambassadeur y rend compte à son gouvernement d'une entrevue que nous avions eue et se félicite de l'esprit qui préside aux négociations. Ces lettres, ou plutôt leur transcription, figurent aux archives secrètes du Quai d'Orsay. Doumergue lui-même en a pris connaissance et a fait observer à Poincaré que leur divulgation serait la preuve que nous espionnions l'ambassade d'Allemagne et que nous avions percé son chiffre. Dans le climat actuel, c'est la certitude d'un incident diplomatique majeur. Je pense que le message a été transmis à qui de droit. En tout cas, il n'en est plus question dans les *factums* de M. Calmette.

— Justement, président, puisque vous nommez ce gredin, je ne parviens pas à comprendre comment vous faites pour ne pas lui répliquer point par point ! Si c'était moi, j'avoue que je n'y tiendrais pas…

— À quoi bon ? Ce serait attribuer à ce petit monsieur et à ses fables une importance qu'ils n'ont pas. Je n'ai pas l'intention de fournir à Calmette des allumettes pour entretenir son feu. J'y perdrais mon temps et ma peine. Je ne persuaderais que ceux qui croient à ma bonne foi et je ne me ferais pas entendre par ceux qui ont décidé d'être sourds. Croyez-moi, Pascal, à de telles calomnies, on ne répond pas, on les repousse du pied. Laissons ces choses mourir de leur propre poison. Voyez-vous, je crois que mon vrai tort, aux yeux du *Figaro* et de ses lecteurs, c'est plutôt de ne pas avoir assez *écrasé* l'impôt sur le revenu. Le combat que je mène depuis des années pour l'impôt général sur le revenu, et qui va bientôt aboutir, car je suis persuadé que le Sénat s'inclinera après les élections, est ma meilleure réponse et ma meilleure défense. Tenez, voulez-vous que je vous dise comment les choses se sont vraiment passées ?

» Avant même d'être ministre pour la première fois, mes réflexions m'avaient conduit à envisager une refonte complète de notre système fiscal, si archaïque, si complexe, si injuste, si arbitraire, si inefficace. Les quatre vieilles ! Le poids démesuré des contributions indirectes ! Je m'en suis ouvert à Waldeck. Il n'était d'accord avec moi ni sur le principe ni en termes d'opportunité. « Mon petit Joseph », m'a-t-il dit, eh oui, c'est comme cela qu'il m'appelait quelquefois, il avait dix-sept ans de plus que moi et tellement plus d'expérience, je me souviens de ce qu'il m'a dit ce jour-là comme si c'était hier, « mon petit Joseph, vous savez pourquoi nous sommes là, vous et moi. Nous sommes en place avec un programme précis : liquider l'Affaire, républicaniser l'armée, la magistrature, la haute fonction publique. Cette tâche, j'entends la mener jusqu'au bout sans m'en laisser distraire par quoi que ce soit. La question fiscale n'est pas à notre programme. Si nous la mettions à l'ordre du jour, elle nous détournerait de notre mission, elle diviserait la majorité républicaine, bref elle nous affaiblirait inutilement. D'ailleurs, je ne sache pas que les esprits soient préparés à vos idées, et l'on ne retourne pas une société comme une crêpe. Vous êtes jeune, vous avez tout le temps devant vous, vous ferez passer votre réforme quand votre heure viendra, que je ne serai plus là et que vous occuperez la place qui est la mienne aujourd'hui… »

» Je n'ai pas pu cacher ma déception, et il s'est mis à rire. Je crois pouvoir dire qu'il m'aimait bien et qu'il ne regrettait pas de m'avoir donné ma chance. « Après tout, a-t-il ajouté, c'est peut-être vous qui êtes dans le vrai, c'est votre partie. Je vous autorise à défendre votre projet à la seule condition, expresse, que vous insistiez sur les obstacles de toutes sortes qui s'opposent à son entrée en application immédiate et intégrale. Il va de soi que votre intervention n'engagera pas le gouvernement. » Je me suis strictement conformé aux directives de Waldeck, c'est toute l'explication de mon discours – et de ma lettre du 4 juillet 1901… Vous avez lu le Jaurès de ce matin ?

— Oui, bien sûr.

— Eh bien, pourquoi ne pas le reconnaître, Jaurès a vu juste. J'étais follement amoureux et je cherchais à épater celle qui est aujourd'hui Mme Gueydan, qui était alors Mme Dupré, et qui n'était pas encore Mme Caillaux. Mon Dieu, comment peut-on être aussi bête ?

— Président, pardonnez-moi encore, mais comment faites-vous pour tenir ?

— Évidemment, voleur, prévaricateur, spéculateur, manipulateur, corrupteur, menteur, malade mental, je mentirais si je vous disais que je suis insensible à ce harcèlement. C'est comme si j'étais depuis trois mois attaqué jour et nuit par des moustiques ou des abeilles. Et ce qui est le plus insupportable, ce ne sont pas seulement les piqûres, et ce bourdonnement incessant, mais de se demander chaque matin quelle sera l'invention et la calomnie du jour. Cela dit, depuis seize ans que je fais de la politique, je peux vous dire que j'ai le cuir tanné, heureusement. Et puis avez-vous remarqué comme il tourne en rond, comme il se répète ces derniers jours ? Je me trompe peut-être, mais tout se passe comme s'il avait brûlé ses dernières cartouches. Quoi qu'il en soit, dans six semaines maintenant, les électeurs rendront à ces messieurs la monnaie de leur pièce, et cette fois Poincaré sera forcé de m'appeler. Je compte les jours. Mais ce n'est pas pour moi que je m'inquiète. Je me fais du souci pour Henriette. Elle ne dort plus, elle pleure pour un oui pour un non. Ce serait gentil si vous pouviez lui rendre visite et vous occuper un peu d'elle.

— Je vous le promets, président. Mais il m'est venu une idée que je vous soumets. J'ai bien souvent l'occasion de défendre devant les tribunaux des compatriotes, je veux dire des accusés qui, comme moi, sont originaires de la Corse, et j'en connais quelques-uns qui seraient prêts à tout pour moi et donc pour vous. Rien ne me serait plus facile que de leur demander de s'occuper de M. Calmette, si vous voyez ce que je veux dire.

— Ça ne me paraît pas une très bonne idée…

— J'en étais sûr. Mais qu'en penseriez-vous si je le provoquais en duel ?

— On dirait que n'en ayant pas le courage je fais faire par d'autres ce que je devrais faire moi-même. Cela ne me paraît pas non plus une très bonne idée, mon petit Pascal.

— Comme vous voudrez, président. Pensez-y quand même. Si vous changez d'avis, mon bras et mes amis sont à votre disposition…

Dans la soirée, Caillaux, Briand et Barthou figurèrent côte à côte parmi les invités de marque à la fête franchement amicale, résolument laïque et profondément républicaine, que donnait la Ligue française de l'enseignement.

19

« MON PAUVRE CALMETTE... »

Lundi 16 mars 1914, six heures et demie

Une lumière grise filtrait à travers les lourds rideaux, éclairant vaguement deux corps accolés sur un vaste lit en désordre. La lueur rouge des flammes se reflétait dans le bois ciré de la table de nuit. Des vêtements épars jonchaient le tapis et les fauteuils.

« Arrête, Aristide, dit la femme, tu sais bien que je suis chatouilleuse. Quand te décideras-tu à te raser ? J'aimerais tellement te voir sans ta moustache, mon gros minet moustachu. » Elle se laissait faire pourtant. Elle eut un gémissement de plaisir et passa la main dans l'abondante chevelure de l'homme penché sur elle. « Je crois bien », dit-elle en riant, « que j'aurais fait des folies pour toi si tu n'étais pas si laid. »

Une grêle sonnerie retentit. Une fois, deux fois, trois fois. « Oh ce téléphone, quelle malédiction », dit la femme. Elle s'empara du kimono jeté sur le bras d'un fauteuil et, légère, courut vers l'appareil, plus nue que nue, plus belle que nue, à contre-jour du feu.

« Non, mademoiselle, vous devez vous tromper de numéro… Oui, vous êtes bien à Wagram 33-36 mais il n'y a pas de M. Briand ici. Vous êtes chez madame Otero, Caroline Otero… Ce monsieur insiste ? C'est bon, passez-le moi… C'est si urgent ? Oui, il est possible que je le voie dans la soirée… Vous dites, la présidence ? Attendez, donnez-moi votre numéro. » Elle couvrit de la main le récepteur. « On me dit que le président veut te parler… Pouvez-vous me confirmer votre numéro ? Vous dites Élysée 05.00… Oui, je vous le passe… Mes respects, monsieur le président. »

Briand, à son tour, avait sauté du lit. « Quoi ?... C'est une plaisanterie ? Quand ? Une demi-heure… Oui, oui, je sais où le trouver… Alors, il est fichu ?... J'y vais de ce pas. » Il raccrocha le combiné à son anneau de cuivre : « La femme de Caillaux vient de tirer sur Calmette… Il paraît qu'il est mourant… À bientôt ma toute belle. »

Emmitouflé dans son pardessus dont il avait relevé le col de loutre, Briand eut la chance de trouver tout de suite un auto-taxi en maraude.

— Au Chabanais, et vite, dit-il au chauffeur.

— Tout de suite, M. Briand, dit l'automédon physionomiste en portant deux doigts respectueux au bord de sa casquette, geste civil qu'il ne put s'empêcher d'accompagner d'un clin d'œil entendu, bien déplacé en l'occurrence.

De la rue Pergolèse à la rue Chabanais, le chauffeur désireux d'éblouir son illustre client dont il se promettait bien de raconter les frasques aux collègues en compagnie desquels il avait prévu de dîner « Au rendez-vous des cochers », ne mit pas un quart d'heure.

Un grand nègre tout galonné d'or ouvrit la porte de la célèbre maison close à Briand dès que celui-ci eut toqué suivant un rythme convenu. La sous-maîtresse s'avançait. Elle se départit de son air blasé en reconnaissant le visiteur :

— Monsieur le président, quelle bonne surprise… Justement je me disais qu'il y a un moment… Vous tombez à pic. Nous venons justement de recevoir une petite qui vous plaira, j'en suis sûre…

— Une autre fois, chère madame, une autre fois, avec grand plaisir. Pour l'instant, conduisez-moi auprès de M. Barthou...

— Monsieur le président, vous savez bien que vous êtes ici chez vous, mais ce que vous me demandez est un peu délicat.

— Allons, dit Briand, pas de façon entre nous. C'est bien son heure, n'est-ce pas ?

— Parfaitement.

— Alors ?

— Je crois qu'il vaut mieux que je le prévienne. Balthazar, dit-elle au portier, accompagnez le président au salon Édouard VII et faites-lui servir du champagne. Je vous ramène M. Barthou.

De fait, Barthou n'était pas montrable.

Nu, mais pas intégralement – il avait gardé son binocle et son cou se hérissait d'un gros collier à pointes – l'homme des trois ans, à quatre pattes, tournait entre quatre dames rigoureusement immobiles, vêtues de noir et le visage masqué par une sorte d'abat-jour. Ces quatre dames figuraient autant de réverbères au pied de chacun desquels le député des Basses-Pyrénées levait consciencieusement la patte. Alors, le réverbère s'exclamait d'un ton scandalisé : « Oh, le vilain ! Oh, le sale ! » et sa cravache s'abattait sur le postérieur de l'ancien président du Conseil qui émettait quelques jappements à la fois plaintifs et ravis. Ce n'était pas sans raison que *L'Action française* l'avait surnommé Barthoutou.

Quelques minutes plus tard, Barthou, ayant quitté sa peau de chien pour réintégrer l'espèce humaine et avait récupéré toute sa dignité.

— Comment m'as-tu trouvé ?

— Ce ne serait pas la peine d'avoir été trois ans à l'Intérieur.

— Mais que se passe-t-il ?

— La femme de Caillaux a tiré sur Calmette. Il paraît qu'il est dans un état désespéré.

— Mais comment ? Pourquoi ?

— Je ne sais rien de plus. Tu devais le voir ce soir ?

— Oui, comme tous les jours. Nous avions rendez-vous à huit heures. Il voulait me consulter une dernière fois sur l'opportunité de publier le document Fabre.

— Et ton avis ?

— Le moment était venu. La difficulté était de garantir l'authenticité sans révéler la provenance.

— D'autant qu'il ne disposait que d'une copie... Tandis que toi, tu détiens l'original. C'est maintenant ou jamais. N'attendons pas que d'autres nous coupent l'herbe sous le pied. Caillaux a du plomb dans l'aile. Tu lui donneras le coup de grâce.

— Mais on me demandera tout de suite comment ce papier est tombé entre mes mains !

— Vu les circonstances, on s'intéressera plus au contenu qu'à l'origine.

— Tu me soutiendras ?

— Tu peux compter sur moi.

Tout d'un coup, le menton de Barthou se mit à trembloter. Son regard se brouilla derrière ses lorgnons soudain embués :

— Mon pauvre Calmette, larmoya-t-il. Si nous ne l'avions pas poussé, rien ne serait arrivé. Je me sens responsable.

— Ce qui est fait est fait, dit philosophiquement Briand. À défaut de le faire revenir, tu vas le venger.

*

Aurait-on pu sauver Calmette ? Des quatre projectiles qui l'avaient frappé, un seul était potentiellement mortel, celui qui avait perforé l'intestin. Encore aurait-il fallu agir immédiatement, et ce n'est qu'après avoir perdu plus d'une heure que le médecin ami qui l'avait examiné et pansé prit sur lui de le faire transporter à la clinique du professeur Hartmann, à Neuilly. « Dites bien que je n'ai voulu faire de mal à personne. Je n'ai fait que mon devoir », murmura le blessé qu'entouraient ses journalistes en larmes. Il perdit connaissance dans l'ambulance et arriva agonisant à Neuilly. Là, quatre éminents professeurs délibérèrent longuement s'ils tenteraient une opération apparemment sans espoir. Le patient les tira d'incertitude en rendant l'âme au moment où on l'installait sur la table d'opération. Un communiqué annonça la mort de Calmette à minuit et demi.

Avant de quitter le Sénat, Caillaux avait adressé une lettre de démission à Doumergue. Celui-ci réunit dans la soirée un conseil de cabinet extraordinaire. Tous les ministres furent d'avis de refuser cette démission. Mais c'est en vain que Malvy, dépêché auprès de Caillaux, l'adjura, au nom de ses collègues, de conserver sa place au sein du gouvernement dont il était le pilier et qui, sans lui, n'avait plus ni sens ni tête, en vain que Doumergue tenta une ultime démarche. À une heure du matin, Caillaux confirma sa démission et annonça qu'il abandonnait la vie politique.

Son valet de chambre était venu apporter à Mme Caillaux du linge de nuit. La pluie tombait de nouveau sur Paris, accompagnée de bourrasques glacées.

20

LE RAPPORT FABRE

17 mars – 4 avril 1914

Bien avant trois heures de l'après-midi, une longue file d'attente s'était formée sur le quai d'Orsay. Quand les gardes républicains ouvrirent la grille, ce fut une ruée vers le modeste édicule où il faut toujours montrer patte blanche pour être autorisé à pénétrer dans le saint des saints. Même après que les heureux possesseurs d'un carton d'entrée, canalisés à grand-peine par les huissiers, se furent installés dans les tribunes pleines à craquer, des dizaines de postulants frustrés s'attardèrent, espérant on ne sait quel miracle d'origine divine ou plus banalement humaine : chaque fois qu'un député ou quelqu'un qui ressemblait à un député, pressant le pas, se présentait devant la petite guérite d'entrée, ils le hélaient, invoquant leur qualité d'électeurs, une prétendue familiarité et tout autre motif qui leur venait à l'esprit dans l'espoir d'une intervention favorable. Mais en vain.

Un grand silence se fit lorsque le président Deschanel, fort élégant à son ordinaire dans un habit de la meilleure coupe et l'œillet à la boutonnière, eut annoncé l'ouverture de la séance et que Jules Delahaye demanda aussitôt la parole. Le député de Cholet annonça qu'il déposait un projet de résolution. Il y demandait au gouvernement de mettre en demeure les magistrats accusés d'avoir cédé aux pressions du pouvoir de poursuivre leurs accusateurs ou d'avouer leur forfaiture. Un frisson d'impatience et de plaisir courut comme une vague de tribune en tribune. Mais un murmure de déception le suivit de près : Deschanel donnait la parole à un personnage dont le nom ne disait rien à personne et qui se mit à lire d'une voix monocorde un texte qui semblait l'ennuyer autant que ses auditeurs. Les journalistes et les familiers du Palais-Bourbon se firent un plaisir d'expliquer aux jolies femmes qui faisaient honneur à l'élégance parisienne et aux provinciaux ignorants que le règlement reléguait la motion présentée par Delahaye en fin de séance et que l'ordre du jour prévoyait de discuter d'abord du budget de l'Imprimerie nationale.

De fait, l'hémicycle, comble l'instant d'avant, s'était vidé aux quatre cinquièmes. Députés et journalistes politiques, répandus entre les couloirs, la buvette et les Quatre-Colonnes, commentaient avec passion les événements de la veille, échangeaient les dernières nouvelles et se demandaient ce que Delahaye pouvait bien avoir dans son sac.

Doumergue ayant pris acte de la démission de Caillaux, c'était un gouvernement remanié qui allait prendre place au banc des ministres. *L'Action française* avait donc décommandé la grande manifestation de protestation qu'elle avait prévue entre l'Opéra et le Louvre, qui n'avait plus de raison d'être. Le ministre de l'Intérieur, Renoult, reprenait les Finances et Malvy, le poulain favori de Caillaux, passait du Commerce à l'Intérieur. Caillaux, en faisant ses adieux le matin même à ses collaborateurs, n'avait pu retenir ses larmes.

Manifestement indifférent au destin de l'Imprimerie nationale, le public resté au complet dans les tribunes – on y craignait trop, si l'on quittait sa place, de ne pas la retrouver – se montra d'abord assez sage. Beaucoup avaient acheté et apporté les journaux du matin, dont les éditoriaux épousaient toute la gamme et reflétaient l'extrême diversité des sensibilités politiques.

Le Figaro, nul ne s'en étonnait, avait pris le deuil et enterrait son patron sous des monceaux de fleurs. *« Notre directeur, Gaston Calmette, est mort cette nuit, assassiné. Il était charmant, bon, noble, loyal, indulgent. Caillaux n'a pas envoyé de réponse, n'a pas adressé de témoins, n'a pas engagé de poursuites. C'est sa femme qui est venue... Nous avons perdu le chef le plus noble et le plus tendre, le maître et le compagnon de tous nos efforts et de toutes nos pensées. »*

L'Action française proposait sa vision de l'affaire, avec sa modération habituelle. Sous le titre « LA MINISTRESSE SANGLANTE », Léon Daudet, pas dupe et tout en nuances, ne croyait pas une seconde que Mme Caillaux eût agi de son propre mouvement. C'est à l'instigation de *« son scélérat de mari »* qu'elle avait assassiné le malheureux Calmette, qui dévoilait devant tous *« le traître, le vendu, l'individu sans pudeur et sans dignité, l'ignoble et vil trafiquant de son pays qu'est l'Allemand Joseph Caillaux... Le mari, le Caillaux, dit "Jo", le chef incontesté de la bande des Ya, vendait la France à l'Allemagne, ainsi que le traître Dreyfus, "pour avoir d'autres choses en échange", la femme tuait à coups de browning, comme Bonnot, les journalistes qui avaient l'audace de dénoncer publiquement les stupres et les canailleries de son scélérat d'époux »*. Comme du temps de Bonnot, trois ans plus tôt, on avait affaire à des *« bandits en auto, mais une auto à cocarde »*. Et le Caillaux était encore en liberté, et il pouvait conférer avec sa femme ! *« À quand l'arrestation du sale individu, trop lâche pour opérer lui-même, qui a inspiré à sa femme, par ses menaces, par ses reproches et par ses cris, l'assassinat de Gaston Calmette ? Sa place est sur les bancs de la Cour d'assises. Il faudra mettre en liberté tous les forçats ou se résoudre à mettre M. Joseph Caillaux au bagne. »*

« Calmette est mort au champ d'honneur... À quelle suggestion a pu obéir Mme Caillaux ? » s'interrogeait Arthur Meyer dans *Le Gaulois*. *« Quel est ce régime »*, ajoutait-il

en généralisant quelque peu, *« où les femmes des ministres tuent ceux qui n'approuvent pas la politique ministérielle ? »*

« On ne respecte plus rien », gémissait *L'Écho de Paris*. *« Elle a mis le browning dans la vie politique. »*

« Il n'a plus qu'à s'éloigner », jugeait *La République française*, évoquant *« les terribles colères que ses fautes avaient accumulées sur cette tête légère... Nous défions tout homme honnête qui tient une plume d'oser absoudre l'acte abominable. »*

Plus simple et plus direct, le fougueux Paul de Cassagnac, directeur du quotidien bonapartiste *L'Autorité*, exultait : *« C'est fini, il est balayé, à jamais culbuté du pouvoir. Dans un mois, s'il osait songer à se présenter devant le collège électoral, il songera peut-être que sa femme se présentera devant la Cour d'assises. »*

D'autres journaux, moins engagés ou moins enragés, constataient simplement les dégâts consécutifs à un acte qui faisait deux victimes : Calmette, physiquement éliminé, Caillaux politiquement mort. Jaurès, très retenu, concluait dans *L'Humanité* : *« Cette déplorable tragédie ajoute à l'impuissance et au désarroi de cette fin de législature. »* Et *Le Matin* observait : *« Destin tragique que celui de ce chef de parti qui voit à la fois s'évanouir ses ambitions légitimes et son bonheur, qui perd le pouvoir et son foyer. »*

Mais certains titres, peu nombreux, n'hésitaient pas à partager les torts, voire à mettre en question la personne et la campagne de Calmette. *« Comment ne pas adresser à M. Caillaux, à cette heure tragique, l'expression de notre douloureuse sympathie ? »* écrivait *Le Radical*. *« M. Calmette avait commis une véritable goujaterie »*, estimait *La Bataille syndicaliste*. *La Lanterne*, allant plus loin, mettait les points sur les i : *« Ayant franchi le mur de la vie privée, Calmette risquait le coup, parti de la maison, qui touche parfois le maraudeur. »* Et Caillaux lui-même, que réussit à joindre l'agence Havas, déclara laconiquement : « Je regrette ce qui s'est passé, mais je ne peux désapprouver ma femme. »

Les échanges de vues sur l'Imprimerie nationale entre trois intervenants socialistes et le rapporteur n'en finissaient pas, et l'impatience montait aussi bien dans les tribunes que dans l'hémicycle que regagnaient les uns après les autres les parlementaires. Le brouhaha des conversations particulières montait insensiblement et couvrait la voix des orateurs, malgré les objurgations et les coups de sonnette du président. Enfin, ce chapitre budgétaire passionnant fut mis aux voix et adopté à mains levées. Chacun comprit que l'instant fatidique approchait. Deschanel avertit qu'il comptait que le débat qui allait s'engager se déroulât dans la dignité qui convenait et qu'en particulier il ne tolérerait aucune manifestation du public. Puis il donna la parole à Delahaye.

Le député royaliste, plus farouche et solennel que jamais, embrassa l'assemblée d'un regard méphistophélique et commença par donner lecture, sans être interrompu, de l'éditorial du *Figaro*. « Mais, dit-il alors, il y a, jusque dans le sein de notre assemblée, des individus qui ne respectent ni les convenances ni la mort. Voici la lettre qu'un de nos collègues n'a pas craint d'adresser, et qu'il a lui-même rendue publique, à l'auteur du lâche attentat qui a coûté la vie à Gaston Calmette :

Madame,

Je n'ai pas l'honneur de vous connaître mais je sais par expérience quelle est l'infamie de la presse immonde envers les sentiments, les choses les plus respectables et ceux qui luttent contre les privilèges des riches et contre les menées cléricales.

Vous en avez tué un : bravo !

Lorsqu'un homme en vient ainsi à se mettre en dehors de la morale, il n'est plus qu'un bandit, et quand la société ne vous fait pas justice, il n'y a plus qu'à se faire justice soi-même.

Faites de ma lettre l'usage que vous voudrez, trouvez-y le cri de la conscience d'un honnête homme révolté et d'un journaliste député écœuré de ceux qui déshonorent la presse et le Parlement.

Ma femme me prie de vous adresser l'expression de ma sympathie.

Et c'est signé Amédée Thalamas, député de Seine-et-Oise ! »

Des exclamations indignées et des cris d'horreur avaient ponctué la lecture de ce texte surprenant – surprenant bien que l'on sût Thalamas capable d'aller très loin dans la provocation, puisque c'est en s'en prenant à Jeanne d'Arc en personne que ce professeur d'histoire s'était attiré les représailles de *L'Action française*, avait été suspendu et avait accédé simultanément à la notoriété et à la députation. Des vociférations suivirent. Des pupitres claquèrent. L'extrême gauche et l'extrême droite échangeaient injures et menaces. Le septuagénaire mais toujours vert Baudry d'Asson, inamovible élu de la Vendée, grimpé sur son banc, tenait à justifier une fois de plus sa réputation d'énergumène. Les députés nationalistes les plus dynamiques, Lasies, Pugliesi-Conti, Millevoye, firent mine de se jeter sur leurs collègues socialistes. Un cordon d'huissiers prit précipitamment position sur la ligne frontière entre les deux camps. Immobile à la tribune, Delahaye, expert en l'art de semer le vent, jouissait en silence d'avoir récolté la tempête. Le calme enfin revenu, il revint lui-même à son sujet :

« J'ai été un des derniers visiteurs de Calmette. Je l'ai vu dimanche dernier, veille de sa mort. Il ne détenait aucune lettre privée. En eût-il possédé, ce galant homme ne les aurait pas utilisées, contrairement à ce qu'avancent sa meurtrière et ceux qui osent la défendre. Il ne lui restait qu'une arme, mais décisive, la note accusatrice rédigée par le procureur général Fabre, note dont il avait déjà cité un passage. Pourquoi ce document dont chacun a entendu parler n'a-t-il jamais été publié ? Il s'apprêtait à le faire. C'est pourquoi on l'a tué. »

Delahaye se tournait à présent vers Monis :

« Monsieur le ministre de la Marine, est-il vrai, oui ou non, que cette note existe et qu'il y est dit que l'ordre a été donné au président Bidault de l'Isle d'accorder une remise dans l'affaire Rochette ? »

Tous les regards se tournaient vers le banc des ministres. Mais Monis, tétanisé, cramponné à son siège comme un passager du Grand Huit, se taisait. « Je ne continuerai que lorsque vous aurez répondu », poursuivit l'implacable Delahaye. Des cris furieux jaillirent de toutes parts : « Parlez, mais parlez donc ! » Monis se leva enfin et balbutia d'une voix blanche :

— Je ne connais ni ce document ni son contenu. Je n'ai jamais donné d'ordre de ce genre au président Bidault de l'Isle. M. Jaurès, qui a présidé la commission d'enquête en 1912, pourra confirmer que la déposition de ce haut magistrat est conforme à ma déclaration.

— Il est exact, dit Jaurès, que M. Bidault de l'Isle a fait cette déclaration sur l'honneur. Mais je rappelle ce que j'ai dit à l'époque : « S'il est vrai que le Parquet soit intervenu pour prolonger au-delà des délais habituels la remise demandée par l'avocat, s'il est vrai, par une hypothèse bien plus grave, qu'il l'ait fait sur l'intervention d'un chef de gouvernement qui n'était pas son supérieur immédiat, il faudra en tirer toutes les conséquences. » Alors, je demande une fois pour toutes : si ce document existe, qu'on le précise ; s'il n'a jamais existé, qu'on l'avoue.

— Calmette le portait toujours sur lui, répliqua aussitôt Delahaye. Pourquoi ne l'a-t-on pas saisi ? Si on veut en savoir davantage, qu'on s'adresse à ceux qui l'ont reçu à la Chancellerie.

— Qui ? demanda un député non identifié.

— C'est M. Briand qui l'a reçu. J'ai lu le document. Il y est dit que M. le procureur général Fabre reçut de M. Monis l'ordre de demander à M. Bidault de l'Isle de suspendre les poursuites et qu'il remplit cette mission...

— Mais est-ce l'original que vous avez lu, intervint M. d'Iriart d'Etchepare, député républicain de gauche des Basses-Pyrénées, ou une photographie, ou une copie ?

— Une copie faite sur l'original.

Il y eut des mouvements divers.

— M. Barthou, qui a été ministre de la Justice, pourrait nous renseigner à cet égard, suggéra Hubert Rouger, député socialiste du Gard.

— Je demande la parole…

C'était la petite voix aigre de Barthou, reconnaissable entre toutes. Mais le président du Conseil l'avait précédé à la tribune.

— Je ne suis pas de ceux, dit Gaston Doumergue, qui abandonnent leurs amis dans la douleur et la difficulté. Je garde toute confiance à mes amis Monis et Caillaux. J'ai relu les procès-verbaux de la Commission d'enquête et je n'ai aucune raison de mettre en doute la parole de M. Bidault de l'Isle qui dit n'avoir subi aucune pression. Mais on vient de nous parler d'un document. J'ai demandé à M. Bienvenu-Martin dont on connaît la conscience scrupuleuse de rechercher dans les archives du ministère ce rapport ou ce procès-verbal. Il n'en a trouvé nulle trace. J'espérais que quelqu'un produirait l'original, s'il existe. M. Delahaye a lu une copie. Quelle valeur a une copie ? Qu'on apporte la preuve de ce qu'on avance. C'est aux accusateurs de prouver leurs accusations. Pour ma part, je suis prêt à aider la Chambre à faire la lumière…

— Je suis prêt à me soumettre à une commission d'enquête, renchérit Monis en écho.

— … Si la vérité est redoutable, ce n'est pas pour le gouvernement.

La majorité applaudit mollement le président du Conseil. Elle ne demandait qu'à se laisser convaincre, et elle n'était pas convaincue. La Chambre balançait.

Barthou gravit lentement les quelques marches qui mènent à la tribune. Il arborait sa plus belle mine de grand honnête homme. C'est un rôle de composition, maintes fois répété et interprété, où il excellait :

— Si j'ai demandé la parole, c'est pour permettre au gouvernement et à la Chambre de se prononcer en toute connaissance de cause. Lorsque MM. Fabre et Bidault de l'Isle ont témoigné devant la Commission, j'étais garde des

Sceaux. Je ne leur ai pas donné mandat – il était dans leurs fonctions – mais je leur ai rappelé que leur devoir était de dire toute la vérité. La vérité, il faut maintenant la dire. M. Fabre a raconté à des magistrats, à des journalistes, qu'il avait été victime d'une pression de M. Monis. Il leur a lu le procès-verbal des conversations échangées entre lui et M. Monis…

— M. Fabre, interrompit Jaurès, a raconté ces détails à tout le monde, excepté à la Commission. Il a montré un document à tout le monde, sauf à la Commission. Oui ou non, ce document existe-t-il ?

— Ce document, je l'apporte.

Et Barthou tira lentement de la poche intérieure de sa redingote une double feuille de papier écolier pliée en quatre.

Un frémissement courut sur tous les bancs. On allait donc le connaître, ce mystérieux, ce fabuleux procès-verbal que tous les directeurs de journaux se targuaient de posséder, que tout le monde avait lu, croyait avoir lu, se vantait d'avoir lu, tant il en avait circulé de versions partielles, de citations plus ou moins exactes, tant Fabre en réservait sous le sceau du secret l'exclusivité à n'importe qui, cette Arlésienne ou plutôt cette Némésis de la politique dont la révélation devait achever Caillaux !

Cependant des questions fusaient sur plusieurs bancs : « Est-ce bien l'original ? », « De qui le tenez-vous ? »

« Le procès-verbal que je produis a été remis, pour le renseigner sur les faits, à mon prédécesseur au ministère de la Justice, M. Briand. Quand je l'ai remplacé, M. Briand, devenu président du Conseil, me l'a remis. J'ai considéré, à tort ou à raison, que ce procès-verbal n'était pas un document administratif ou judiciaire et que je ne pouvais me prêter au jeu qui eût consisté à le faire passer de main en main et de ministre de la Justice à ministre de la Justice. Pour la dignité de la politique, j'ai gardé le silence. »

Barthou déplia la feuille. On eût entendu une mouche voler :

Cour d'appel de Paris
Cabinet du Procureur général
Pour M. le Garde des Sceaux

PROCÈS-VERBAL

Le mercredi 22 mars 1911, j'ai été mandé par M. Monis, président du Conseil : il voulait me parler de l'affaire Rochette. Il me dit que le gouvernement tenait à ce qu'elle ne vînt pas devant la Cour le 27 avril, date fixée depuis longtemps ; qu'elle pouvait créer des embarras au ministre des Finances au moment où celui-ci avait déjà les affaires de liquidation des congrégations religieuses, celles du Crédit foncier et d'autres du même genre. Le président du Conseil m'a donné l'ordre d'obtenir du président de la Chambre correctionnelle la remise de cette affaire après les vacances judiciaires d'août-septembre.

J'ai protesté avec énergie. J'ai indiqué combien il m'était pénible de remplir pareille mission, j'ai supplié qu'on laissât l'affaire Rochette suivre son cours normal. Le président du Conseil maintint ses ordres et m'invita à aller le revoir pour lui rendre compte.

J'étais indigné. Je sentais bien que c'étaient les amis de Rochette qui avaient monté ce coup invraisemblable.

Le vendredi 24 mars, Me Maurice Bernard vint au Parquet ; il me déclara que, cédant aux sollicitations de son ami le ministre des Finances, il allait se porter malade et demander la remise après les grandes vacances de l'affaire Rochette.

Je lui répondis qu'il avait l'air bien portant, mais qu'il ne m'appartenait pas de discuter les raisons de santé personnelle invoquées par un avocat et que je ne pourrais, le cas échéant, que m'en rapporter à la sagesse du président. Il écrivit à ce magistrat. Celui-ci, que je n'avais pas vu et ne voulais pas voir, répondit par un refus. Me Maurice Bernard se montra fort irrité. Il vint récriminer auprès de moi et me fit comprendre par des allusions à peine voilées qu'il était au courant de tout.

Que devais-je faire ? Après un violent combat intérieur, après une crise dont fut témoin, seul témoin d'ailleurs, mon ami et substitut M. Bloch-Laroque, je me suis décidé, contraint par la violence morale exercée sur moi, à obéir.

Le soir même, c'est-à-dire le jeudi 30 mars, je suis allé chez M. le président du Conseil. Je lui ai dit ce que j'avais fait. Il a paru content.

Je l'étais beaucoup moins.

Dans l'antichambre, j'avais vu M. Du Mesnil, directeur du *Rappel*, journal favorable à Rochette et m'outrageant fréquemment. Il venait sans doute demander si je m'étais soumis.

Jamais je n'ai subi une telle humiliation.

Ce 31 mars 1912

Signé : Victor Fabre

La Chambre resta quelques instants silencieuse et comme frappée de stupeur. Mais, comme si cette lecture, qui laissait la majorité accablée et le gouvernement sans voix, ne se suffisait pas à elle-même, Barthou ne put se retenir d'y ajouter quelques phrases bien senties et bien creuses à sa propre gloire : il savait, dit-il, à quels ressentiments il s'était exposé, mais il avait la certitude d'avoir parlé sans passion et sans haine. Il ne lui échappait pas que le procès-verbal rédigé par M. Fabre était unilatéral ; il appartiendrait à la Chambre d'apprécier sa valeur. Quoi qu'il dût en être, il avait sa conscience pour lui. Jamais depuis vingt-cinq ans qu'il siégeait sur ces bancs il n'avait plus fidèlement rempli son devoir.

Sa péroraison avait laissé au camp adverse le temps de se ressaisir. Doumergue, révélant ainsi, assez maladroitement, que dans les plus hautes sphères l'on s'intéressait depuis longtemps au document même dont on niait l'existence, rappela à Barthou que lorsque Briand, quittant le ministère de la Justice pour prendre la direction du gouvernement, lui avait remis le rapport Fabre, il avait pris soin de le faire devant témoins, confirmant donc par là même qu'il ne s'agissait pas d'une correspondance privée. Pourquoi Barthou, lorsqu'il était à son tour devenu président du Conseil, n'avait-il pas transmis le document à son successeur ? De quel droit l'avait-il gardé par-devers lui, se réservant d'en faire usage au moment le plus opportun ? Fallait-il accorder plus de crédit aux accusations du procureur général qu'aux dénégations du président Bidault de l'Isle, qui démentait avoir subi quelque pression que ce fût ?

Déjà, Ceccaldi intervenait avec fougue. Il n'hésita pas à accuser Barthou d'être celui qui avait procuré le document Fabre à Calmette. Il s'indigna de la bassesse des procédés de l'ancien président du Conseil. Nous aussi, dit-il, nous aurions pu, lors du débat des trois ans, faire observer à M. Barthou qu'il préconisait les sanctions les plus fermes contre les insoumis, mais qu'il ne faisait pas preuve de la même rigueur lorsque ses proches étaient en cause (Barthou avait fait amnistier son propre frère, déserteur). Caillaux, lui, avait interdit que l'on s'aventurât sur ce terrain.

Puis ce fut au tour de Monis. Dos au mur et puisant dans la panique une combativité qu'on ne lui connaissait pas, le ministre de la Marine se réfugia lui aussi derrière le témoignage de Bidault de l'Isle. Il reprocha à Briand et à Barthou leur dissimulation et leur duplicité. Il avait lui-même prié son collègue Bienvenu-Martin de faire rechercher le supposé rapport Fabre dans les archives de la place Vendôme où l'on n'avait pu que constater la disparition du document. Il ne pouvait à présent se rappeler sans indignation que quelques jours plus tôt Barthou, lui rendant visite, lui avait prodigué les démonstrations d'amitié alors qu'il avait dans sa poche une arme empoisonnée.

Barthou ployait sous la contre-attaque. Il chercha du regard Briand. Mais Briand n'était pas dans l'hémicycle. On sut d'ailleurs par ses amis qu'il avait personnellement déconseillé à Barthou d'utiliser le rapport Fabre.

Jaurès se leva alors et, fait exceptionnel, nul n'interrompit le tribun socialiste. « J'ai présidé en 1912, rappela-t-il, une commission parlementaire dont la mission était d'enquêter sur les conditions dans lesquelles l'escroc Rochette avait bénéficié d'une remise de son procès. De fortes présomptions pesaient alors sur MM. Monis et Caillaux d'avoir fait pression sur la justice. Ils l'ont nié et la Commission n'a pu qu'enregistrer leurs dénégations. Lorsque j'ai interrogé M. Briand à leur sujet, il s'est récrié : "Qu'attendez-vous de moi, que je me livre à une enquête sur les actes de mes prédécesseurs ?" Or, il avait enquêté pour son propre compte puisqu'il avait sollicité et reçu le rapport de M. Fabre. Il n'en a pas moins laissé celui-ci et M. Bidault de l'Isle témoigner sans faire état du document qu'il détenait. Par la suite, M. Barthou a reçu ce document et l'a conservé pendant près de deux ans. Il ne l'a divulgué aujourd'hui que parce que d'autres allaient le publier et dans l'espoir de porter un coup mortel à M. Caillaux. La commission que j'ai eu l'honneur de présider a été abusée : elle a rendu son rapport sur la base de témoignages biaisés, erronées ou mensongers. On lui a refusé, alors qu'on en disposait, les moyens de remplir sa mission. Je demande à la Chambre de réactiver la Commission en espérant qu'elle puisse cette fois-ci faire la lumière, toute la lumière. »

Par 520 voix contre 3, la Chambre vota sans débat la prorogation de la Commission, toujours sous la présidence de Jaurès, et stipula que, si celle-ci n'avait pas de pouvoirs judiciaires à proprement parler, les témoins qui se déroberaient à ses convocations ou qui se rendraient coupables de faux témoignage seraient passibles des sanctions prévues par le Code.

Le 19 mars, tandis que *Le Figaro*, publiant comme l'ensemble de la presse le rapport Fabre – *scoop* défloré et donc confraternellement partagé –, saluait *« le beau et tranquille courage »* de Barthou, Monis donna sa démission pour pouvoir mieux se défendre, suivant la formule déjà consacrée. Ce gouvernement perdait ses ministres comme un artichaut ses feuilles. Décapité et amputé moins violemment mais aussi sûrement que par l'hélice qui avait tué Berteaux et déjà envoyé Monis au tapis, le ministère avait-il encore un sens, un poids, une vraisemblance ? L'heure n'était-elle pas à un grand ministère de concentration et de réconciliation républicaines ? Mais à cinq semaines des élections, le jeu n'en valait plus la chandelle.

Le Figaro recevait d'innombrables messages de condoléances émanant du Tout-Paris, du reste de la capitale, de la France et de l'étranger. On relevait parmi les noms des lecteurs affligés et indignés celui du jeune et prometteur François Mauriac qui, bien des années plus tard, illustre académicien, honorerait de sa signature le « quotidien du Rond-Point » (des Champs-Élysées), comme on appellerait alors *Le Figaro*. Le journal ouvrit une souscription pour élever un monument à son directeur assassiné. Marcel Proust s'inscrivit pour la somme non négligeable de trois cents francs.

Les obsèques de Gaston Calmette eurent lieu le 20 mars, suivies par une foule considérable où l'on reconnaissait toutes les vedettes du spectacle et presque toutes celles de la politique. Quelques centaines de mètres seulement séparaient le domicile de la victime, 21, rue de Courcelles et celui de sa meurtrière, 22, rue Alphonse-de-Neuville. Un dispositif de police exceptionnel dissuada les camelots du Roy et les jeunesses bonapartistes de les franchir. Un quidam – suicidaire ou provocateur – qui eut la bizarre idée de crier : « Vive Caillaux ! » leur fournit par bonheur l'occasion d'exprimer à bras raccourcis le trop-plein de leur colère contre le ministre, la ministresse et la Gueuse.

La Commission d'enquête tint sa première séance le même jour. Son président et la plupart de ses membres avaient déjà siégé deux ans plus tôt, avec la même mission. La plupart des témoins qu'elle convoqua avaient déjà comparu et menti devant elle. On pouvait avoir l'impression que l'histoire se répétait. Mais Jaurès disposait désormais des éléments qui lui manquaient en 1912 et l'imminence des élections législatives lui imposait de mener rondement son affaire. La clôture de la session était liée à la remise de ses conclusions. Il mit donc les bouchées doubles.

Les principaux acteurs de cette reprise furent fidèles à eux-mêmes. Il revint à Monis d'ouvrir avec sa bonhomie habituelle le bal des hypocrites. Avait-il, oui ou non, sur la sollicitation de Caillaux, court-circuité le garde des Sceaux et fait pression sur le procureur général pour interrompre le cours de la justice ? Eh bien, pour parler franc, il n'avait qu'un très vague souvenir d'un incident qui remontait quand même à trois ans. En général, du reste, il ne savait rien, ou à peu près. Dans le cas particulier, il ignorait tout, ou presque. À la réflexion, il se rappelait vaguement avoir reçu M. Fabre. « Je n'ai évidemment exercé aucune pression sur ce haut magistrat, précisa-t-il, mais peut-être suggéré d'envisager une remise. M. Fabre ne m'en a pas semblé autrement ému. Il m'avait semblé à l'époque qu'un procès précipité risquait de déboucher sur un procès à scandale et je ne suis pas homme à favoriser les scandales, ce fumier dont se repaissent les ennemis de la République… Au fait, un détail pittoresque me revient en mémoire. Alors qu'il attendait que je le reçoive, M. Fabre s'était ouvert à mon fils, qui était aussi mon chef de cabinet, de toute l'admiration qu'il avait pour moi… L'affaire réglée, je ne m'en suis plus préoccupé, je n'en ai même jamais reparlé à M. Caillaux. Lorsque, plus tard, il a été question un peu partout d'une note de M. Fabre, je m'en suis ouvert à M. Briand, qui était revenu au pouvoir. M. Briand s'est montré évasif. Je pense que M. Fabre a rédigé sa note à la demande de M. Briand, avec l'intention de se couvrir. Comme on sait, il n'a pas été trouvé trace de ce document dans les archives de la Justice. On en connaît maintenant les raisons. »

Entendu à son tour, Caillaux se défendit avec pugnacité. Il rappela que ce n'était pas sous son gouvernement, mais sous celui de Briand, que l'escroc Rochette avait été remis en liberté. « Si je suis intervenu pour demander une remise que sollicitait son avocat, c'était pour éviter la publication des budgets de réclame de Rochette, qui aurait éclaboussé plus d'un journal, et plus d'un parti. Rochette disait aussi avoir des révélations sensationnelles à faire sur la façon dont avaient été liquidés les biens des congrégations. Il assurait avoir rédigé un Livre noir, avec toutes les preuves. En échange de son silence, tout ce qu'il demandait, c'était un délai dont je me suis assuré qu'il n'entraînait pas la prescription. Si j'ai prié mon ami Monis de convoquer Fabre, c'est parce que le ministre de la Justice, feu M. Perrier, n'avait aucune autorité. J'ai pensé que le président du Conseil aurait plus de poids. Dans ces matières délicates, il faut la manière et Perrier n'avait pas la manière. Je revendique ma démarche comme un acte de gouvernement. Je le ferais encore si j'avais à le faire.

» Et je profite de l'occasion qui m'est offerte pour répondre à ceux qui n'ont pas hésité à mettre en cause ma probité personnelle. Est-ce un ministre prévaricateur que l'on a attaqué ou le père de l'impôt sur le revenu ? Serais-je le seul homme politique qui mêle politique et finances ? Cinquante députés siègent dans des conseils d'administration, et je ne parle pas de ceux qui représentent officieusement des intérêts inavouables. Quatre anciens ministres des Finances occupent des postes importants dans des établissements financiers. Pourquoi ne s'en prend-on qu'à moi ?

» Le moins que l'on puisse dire est que je ne me suis pas enrichi aux affaires. Si j'ai accepté la présidence d'établissements financiers, ce n'était que pour rétablir ma situation antérieure. La politique coûte cher. Elle avait ébranlé mon patrimoine. Je n'ai fait que le reconstituer. De moi-même, j'ai suspendu mes activités privées toutes les fois que j'ai occupé des fonctions ministérielles. S'il devait arriver qu'un jour je refasse de la politique, je refuserais de siéger dans quelque conseil d'administration que ce soit.

» On dit de moi que je ne suis pas scrupuleux sur les moyens. On oublie de dire que je ne varie pas sur les fins. Aurait-on produit le document Fabre contre moi si j'avais mené une autre politique ?

» On colporte que je redoutais la publication du rapport de M. Fabre et que ce serait l'explication du drame douloureux qui s'est produit. Je ne souhaitais ni ne redoutais la publication d'un texte dont j'ignorais le contenu et jusqu'à l'existence, d'un procès-verbal unilatéral dont l'auteur, il n'y a pas une semaine, confirmait encore à M. Bienvenu-Martin, les yeux dans les yeux, qu'il n'existait pas. »

Intermède comique, comme aurait dit Calmette, Jaurès, dans le grand désordre de ses affaires où il était le premier à se perdre – il recevait son courrier indifféremment à son domicile, à la Chambre, à *L'Humanité*, au siège du Parti socialiste, et tantôt il courait après sa correspondance, tantôt sa correspondance lui courait après –, tomba par le plus grand et le plus heureux des hasards sur une lettre de Rochette. Celui-ci, en fuite quelque part à l'étranger, confirmait qu'il avait en sa possession de quoi faire trembler la République, mais donnait sa parole d'escroc qu'il n'avait jamais rencontré ni Monis ni Caillaux. Mais pouvait-on croire Rochette sur parole ?

Barthou, très nerveux, versa des larmes sur la mort de Calmette, un ami de vingt-cinq ans, mais affirma sur l'honneur qu'il ne s'était aucunement mêlé de la campagne du *Figaro*. Il n'était intervenu que pour obtenir de son ami l'engagement de ne pas publier les terribles « documents verts ». Quant à la note Fabre, s'il n'en avait parlé ni à son successeur ni à personne, c'est qu'il estimait, à tort peut-être, n'être que le dépositaire d'un « dépôt sacré ». S'il en était ainsi, lui demanda Ceccaldi, comment expliquer qu'on eût retrouvé dans le portefeuille de Calmette la copie intégrale de cette note ? Les collaborateurs de Calmette, qui juraient leurs grands dieux que jamais leur directeur vénéré n'eût publié de lettres intimes, assuraient que celui-ci s'apprêtait à clore sa campagne par la publication du « dépôt sacré ». N'était-ce pas précisément l'objet du rendez-vous que Barthou avait avec Calmette le soir du meurtre ? Barthou, les larmes aux yeux, donna sa parole d'honnête homme qu'il n'en était rien.

« L'affaire Rochette ? Je ne la connais que trop », déclara Briand, très à son aise au contraire. « C'est à l'époque où j'étais président du Conseil pour la première fois que Rochette a été arrêté. Lorsque je suis revenu place Vendôme dans le gouvernement de M. Poincaré, en 1912, Rochette, en liberté provisoire, se prévalait de la remise de son procès pour prétendre au bénéfice de la prescription. J'ai convoqué M. Fabre pour qu'il m'éclaire sur cette remise. Il m'a raconté les pressions qu'il avait subies, en justifiant le fait d'y avoir cédé par sa faiblesse et ses servitudes de fonctionnaire, et me remit une note que j'évoquai devant le Conseil des ministres avant de la faire mettre en lieu sûr. Lors de la première session de votre commission, M. Fabre, que j'avais délié du secret professionnel, n'en souffla mot. Si je me suis tu à mon tour, c'est que je ne voulais pas du scandale. Je ne serais pas celui qui livrerait en pâture à l'opinion deux anciens présidents du Conseil. Après tout, c'était à MM. Monis et Caillaux de s'expliquer. Ils n'ont pas cru devoir le faire. Si, pour ma part, je n'ai pas cru devoir leur dire que je détenais un exemplaire de la note Fabre, c'est que je pensais qu'ils le savaient.

» Appelé de nouveau à la présidence du Conseil en janvier 1913, je quittai le ministère de la Justice. Je fis alors sortir la pièce et la remis à M. Barthou, mon successeur. Ce document, ni M. Barthou ni moi-même ne l'avons communiqué à qui que ce soit. Lorsque j'ai appris il y a peu que M. Calmette s'en était procuré une copie par des voies que j'ignore, je fis une démarche à laquelle j'associai M. Barthou auprès du directeur du *Figaro* qui me garantit sur l'honneur qu'il n'en ferait pas état. J'étais rassuré. »

Et l'ancien président du Conseil conclut, la main sur le cœur et des trémolos mûrement étudiés dans la voix : « Si la campagne du *Figaro* n'avait pas connu le dénouement que l'on sait, j'aurais attendu la conclusion judiciaire de l'affaire Rochette. Alors, homme de gouvernement, français, républicain, et conscient de mes responsabilités, j'aurais brûlé le document. »

Les explications de Briand étaient d'une pureté de cristal. C'est du moins ainsi qu'en jugea *Le Figaro* qui parla d'un homme *« impassible comme la vérité, d'esprit clair, de verbe précis, en dehors et au-dessus de toutes les compromissions »*.

Restait à entendre les deux hauts magistrats incriminés. Plus habitués à poser des questions qu'à y répondre et à siéger qu'à comparaître, ils passèrent piteusement aux aveux.

Fabre, soulagé de n'avoir plus à mentir et heureux de pouvoir enfin se venger, se vautra complaisamment dans sa turpitude et confirma tout ce qu'il niait officiellement depuis trois ans. « Oui, dit-il, M. Monis m'a donné l'ordre d'obtenir une remise du procès Rochette. J'étais d'autant plus indigné que, de notoriété publique, j'avais fait de la mise hors d'état de nuire de cet escroc une affaire personnelle. Je savais que M. Monis n'était en l'occurrence que le truchement de M. Caillaux. J'aurais dû alerter M. Perrier, le garde des Sceaux, mais, constatant que M. Monis l'avait écarté, je ne l'ai pas prévenu. J'aurais dû ne pas céder, j'aurais pu démissionner. Mais vous savez ce qu'est un procureur. En tant que tel, j'ai été sous les ordres de treize gardes des Sceaux et j'ai réussi à me maintenir. Force m'a été de constater ces dernières années que les ministères sont entrés dans une guerre sans merci pour des questions de personnes. J'ai cédé par peur. Je savais que, si je ne marchais pas, c'était tant pis pour moi.

» Oui, j'ai fait en janvier 1912, à la demande de M. Briand, qui détenait le portefeuille de la Justice une copie de la note que j'avais rédigée un an plus tôt sous le coup de l'indignation. J'ai remis cette note, comme un dépôt sacré, à M. Briand. C'est cette unique copie, de ma main, que M. Barthou a lue devant la Chambre. J'ai toujours gardé sur moi l'original. Il a pu m'arriver d'y faire allusion devant des personnes sûres, et même d'en lire certains passages mais je ne comprends pas comment des copies, comme il semble, ont pu en circuler. De toute façon, aucun journaliste n'aurait publié un document dont il ne pouvait garantir l'authenticité. Pas plus M. Calmette qu'un autre. *Sauf à envisager que M. Barthou le lui aurait communiqué...* »

Tout le Palais, témoigna le procureur de Paris Lescouvé, était au courant des ordres reçus et de la note rédigée par M. Fabre, qui en donnait lecture à tout venant.

Le président Bidault de l'Isle ne fit pas de manières. Il reconnut sans barguigner qu'il n'avait guère hésité à accorder une remise que sollicitaient conjointement la défense et l'accusation. Cependant la démarche du procureur général, jusqu'alors si acharné contre Rochette, n'avait pas laissé de le surprendre. Le bruit avait d'ailleurs couru au Palais que le procureur général était devenu fou, ou qu'il avait été corrompu, ou qu'il s'était plié à des ordres venus de haut. Il n'avait pas souvenance que M. Fabre se fût montré particulièrement ému.

Les auditions terminées, le 28 mars, restait à en tirer les conclusions. La rédaction du rapport, naturellement confiée à Jaurès, donna lieu à d'âpres discussions. Les représentants de la droite à la commission d'enquête, conduits par Barrès et Delahaye, estimaient que Monis et Caillaux tombaient sous le coup de l'article 179 du Code qui stipulait que les auteurs d'ordres illégaux donnés sous la menace à des fonctionnaires devaient être déférés à la justice. Mis en minorité, trois d'entre eux démissionnèrent. À l'inverse, les élus radicaux estimaient trop sévère pour Caillaux et Monis un passage où Jaurès avait notamment écrit que ceux-ci « s'étaient exposés au juste blâme des citoyens ». Jaurès, à son tour, donna sa démission, puis accepta de la reprendre si on ne lui imposait de supprimer que ce membre de phrase.

Son rapport fut finalement adopté le 31 mars par dix voix contre trois et deux abstentions. Jaurès avait tenté de rendre un jugement équilibré, voire équitable, pour autant que puisse l'être un tribunal politique, avec la visible intention de ne pas exagérer la culpabilité de Monis et Caillaux et de ne pas sous-estimer celle de Briand et de Barthou.

Des fautes graves avaient été commises. Un ancien président du Conseil avait mis un procureur général au service d'un escroc, un deuxième avait dissuadé des magistrats de parler devant la première commission d'enquête, un troisième avait indûment recélé un document de nature judiciaire.

« Il est démontré, poursuivait le rapport, que sous le ministère Monis, dans les derniers jours du mois de mars 1911, des interventions se sont produites pour obtenir la remise du procès Rochette… Il n'y a eu ni corruption ni forfaiture, mais le plus déplorable des abus d'influence. » (Jaurès avait dû se battre pour maintenir l'adjectif « déplorable »). L'exécutif, et plus précisément le ministère de la Justice, était certes en droit de donner des instructions aux procureurs généraux, mais pas n'importe lesquelles.

Le rôle équivoque de Briand fut mis en lumière. En autorisant les magistrats à déposer sans leur fixer de ligne de conduite, le ministre de la Justice ne pouvait ignorer qu'ils choisiraient de s'abriter derrière le secret professionnel plutôt que de témoigner contre des hommes aussi puissants que Monis et Caillaux. Il n'avait pas pu échapper à un homme aussi fin, aussi averti, aussi expérimenté que Briand, de plus garde des Sceaux, qu'un document de nature à intéresser la justice n'était pas sa propriété, et qu'il n'avait pas à le transmettre en catimini, de la main à la main, à son successeur. Barthou et lui-même avaient sciemment trompé la commission en se réservant d'utiliser à tout moment le procès-verbal dissimulé dans des intérêts de parti. Rien dans les explications de Barthou ne permettait de comprendre de quel droit il s'était approprié ni de justifier les conditions dans lesquelles il avait divulgué cette pièce.

Quant aux deux magistrats en cause, il était regrettable que le procureur général n'eût pas trouvé dans les sentiments d'indignation et d'humiliation exprimés dans sa note la force d'opposer à une demande qui lui répugnait une résistance plus ferme. M. Fabre avait été lâche, perfide et menteur. Lâche en cédant à la pression. Perfide en faisant lui-même circuler son petit *factum*. Menteur en niant son existence. Certes, on ne pouvait demander à tous les juges d'être des héros, mais il appartenait à la race de ceux qui ne savent pas dire non. Quant au président Bidault de l'Isle, pourtant couvert par l'inamovibilité, il avait poussé la camaraderie jusqu'à lui sacrifier la bonne marche de la justice.

La Commission, pour finir, constatait et condamnait le fléchissement du sens de la règle ainsi que la fâcheuse confusion entre la finance, la presse et le pouvoir. Il fallait tirer les conséquences de cette affaire, moraliser la vie politique et assurer par la loi l'indépendance de la justice, puisque le caractère des magistrats n'était pas une garantie suffisante.

Le rapport Jaurès fut soumis le 1er avril à la Chambre qui n'y consacra pas moins de trois jours de débats. À l'exception de Caillaux, absent, tous les ténors tenaient à intervenir et répétèrent, avec quelques variations, les thèses et les arguments qu'ils avaient développés devant la Commission.

Plus farouche que jamais, Delahaye réclama que Caillaux et Monis fussent traduits devant la Haute Cour, ce qui lui fut refusé. Incisif et brillant, Barrès dénonça le cloaque parlementaire et stigmatisa un régime de boue et de sang. À la République des chéquards panamistes qu'il avait peinte dans *Leurs figures* avait succédé la « République des camarades », pour reprendre le titre de l'essai récent d'Henry de Jouvenel qui faisait grand bruit, mais c'était bien toujours le même bourbier et la même puanteur. « Il y a une pourriture des assemblées comme il y a une pourriture des hôpitaux... »

Briand exécuta son numéro et se fit applaudir, plus sur sa virtuosité que sur sa bonne foi. « Est-ce qu'on me reproche, geignit Barthou, d'avoir gardé le document ou de l'avoir publié ? C'est par moi qu'on a su la vérité. »

Marcel Sembat, au nom du groupe socialiste, mit en doute la pureté de la vindicte des adversaires de Caillaux mais proposa que tous les protagonistes de l'affaire, politiques et magistrats, fussent déférés devant un tribunal ordinaire. Sa motion fut rejetée.

Jaurès, enfin, défendit éloquemment son rapport. La Chambre n'en pouvait plus de toute cette boue remuée et de tout ce rabâchage, à trois semaines maintenant des élections. Elle adopta par 265 voix contre 120 un ordre du jour soutenu par le gouvernement et parfaitement anodin, qui réprouvait « les interventions abusives de la finance dans la politique et de la politique dans l'administration de la justice », affirmait « la nécessité d'une loi sur les incompatibilités parlementaires » et se dit « résolue à assurer d'une manière plus efficace la séparation des pouvoirs... »

Après quoi Deschanel, sous les applaudissements, prononça la clôture de la session et de la législature. Les députés s'égaillèrent comme une volée de moineaux. Ils étaient si pressés de regagner leurs circonscriptions pour entrer en campagne qu'ils laissèrent en plan, fait sans précédent, le vote du budget, se remettant de ce soin à la Chambre à venir.

Tout ça pour ça... Le rapport Fabre avait fait pschitt, comme aurait dit un président de la République également à venir. *Le Figaro* écumait d'une rage assez compréhensible. *« Sous l'égide du grand vociférateur barbu* », écrivait son éditorialiste, « *on s'apprête à faire absoudre l'auteur du crime d'État en attendant de faire innocenter l'auteur du crime de droit commun... Pour les radicaux, il est plus grave de manquer à la camaraderie qu'au Code pénal. Heureusement, il n'est pas aussi facile de faire acquitter au Palais de Justice qu'au Palais-Bourbon.* »

Le 5 avril, le directeur d'une agence de publicité, un certain Rousselle, manifesta son intention de témoigner devant la Commission. Il était prêt à donner la liste de tous les chèques encaissés par les journaux qui avaient fait la réclame des entreprises de Rochette, mais il trouva porte close, et personne pour rouvrir le dossier.

L'intègre Victor Fabre, étrange mansuétude, se vit offrir un siège de conseiller à la Cour de cassation, qu'il refusa avec hauteur. Il daigna accepter la présidence de la Cour d'appel d'Aix. C'est là qu'il avait commencé sa carrière. Il y a pire exil et pire punition. Certes, ses émoluments étaient moindres – 18 000 contre 25 000 francs –, mais il pouvait loin de toute intervention respirer l'air embaumé de la Provence et il était assuré de rester en poste jusqu'à l'âge respectable de soixante-quinze ans. Amer, cependant, et incorrigible bavard, le vertueux magistrat se plaignait à qui voulait l'entendre du sort qui lui avait été réservé. « La justice de MM. Jaurès et Doumergue m'a frappé », ronchonnait-il. « C'est Caillaux qui a tout mené. Il fallait un bouc émissaire. Mais surtout on ne voulait pas que je pusse requérir contre Mme Caillaux. » Ce n'était peut-être pas tout à fait faux.

Moins heureux que son camarade, le président Bidault de l'Isle comparut devant le Conseil supérieur de la magistrature et fut admis à faire valoir ses droits à la retraite. Il se retira à L'Isle-sur-Serein, son village natal, et quand il se promenait à la tombée du jour le long de la petite rivière, il méditait sur l'injustice du sort et de ces jugements de Cour qui vous rendent blanc ou noir.

21

LE CÔTÉ DE MAMERS

5 avril – 26 avril 1914

Le lecteur attentif se souvient peut-être qu'à peine commis le geste – irréparable – de sa femme, Caillaux avait fait connaître sa décision – irrévocable – de quitter et le gouvernement et la vie politique pour s'enfermer dans son chagrin. En vain les ministres ses collègues avaient-ils tenté de le retenir. En vain le comité exécutif radical lui avait-il adressé l'expression de sa chaleureuse sympathie avant de venir en corps le supplier de ne pas abandonner la direction du parti. En vain le sénateur de la Sarthe, d'Estournelles de Constant, ami personnel et obligé politique de Caillaux, avait-il réuni six mille signatures d'électeurs du département en faveur de sa candidature. Rien n'y faisait. La résolution du président était inébranlable, et *L'Humanité* ne pouvait que déplorer un retrait qui laissait orpheline la formation la plus importante de la gauche.

Le 4 avril, pourtant – vingt-quatre heures s'étaient écoulées après que le vote de la Chambre avait écarté les menaces de poursuites qui pesaient sur lui – Caillaux se laissa convaincre de recevoir quelques notables de la Sarthe, délégués cette fois par neuf mille pétitionnaires et les élus des dix cantons de l'arrondissement de Mamers. *Le Rappel* du lendemain publia la réponse de Caillaux à ces visiteurs. Le tout récent retraité ne fermait pas définitivement la porte au nez de l'avenir. *« Mes chers amis »*, écrivait-il, *« vos témoignages de fidélité dans mon malheur me touchent... Vous êtes les témoins de ma vie, vous savez que pas un seul jour depuis que vous m'avez donné votre confiance, je n'ai cessé de servir la France et la République... Laissez-moi quelques jours encore réfléchir au sort qui m'est fait. »*

En fait, au terme d'une nuit de réflexion marquée par un terrible combat intérieur dont l'intensité égalait celui que le procureur général Fabre avait mené contre lui-même, Caillaux se sacrifia à l'intérêt public. Les plénipotentiaires dépêchés par la Sarthe rendirent compte en termes émus du succès de leur démarche et de leur soulagement :

« Tous, vous connaissez les douloureux événements qui ont frappé notre vaillant et estimé député, M. Joseph Caillaux, dans ses affections les plus chères, dans son foyer, et par la perfide exploitation desquels on a cherché à l'atteindre dans sa vie publique... Il n'en a été ni amoindri dans sa valeur ni diminué dans notre estime. Le parti républicain ne saurait avoir d'autre chef dans l'arrondissement. M. Caillaux a consenti à grand-peine à se départir de ses résolutions premières. »

Des mauvais coucheurs parlèrent de comédie et de délai de décence. Mais le moyen, je vous le demande, de se dérober à de si affectueuses sollicitations ? Où trouver la force de résister à la douce et insistante pression de ses amis, quoi qu'on en ait ? Du reste, s'il ne s'était pas senti le droit de refuser son nom à son parti, dans l'espoir d'être encore une fois utile, chacun pourrait comprendre que la douleur où il était plongé et la nécessité d'organiser la défense de sa malheureuse épouse interdisaient à Caillaux de s'impliquer personnellement dans la campagne. C'est donc au très respecté sénateur d'Estournelles de Constant qu'il laissait le soin le suppléer dans la bataille électorale pour y défendre son honneur et sa candidature. D'autres soins l'accaparaient.

« Tu auras le meilleur avocat », avait promis Caillaux à sa femme. Dès le lendemain du meurtre, après que Me Henri Robert, réputé le plus grand pénaliste du moment, se fut excusé sur sa vieille amitié avec la victime, Fernand Labori, le légendaire avocat du capitaine Dreyfus, avait accepté d'assurer la défense d'Henriette Caillaux, sous condition de ne pas attaquer la mémoire de Calmette.

La presse, et en premier *Le Figaro*, s'indignait, s'étonnait ou s'amusait du régime de faveur et des égards, exorbitants du droit commun, dont bénéficiait Mme Caillaux. Ainsi avait-elle été dispensée des humiliantes et obligatoires formalités du « bertillonnage », autrement dit de l'anthropométrie. On lui avait aussi, contre le règlement, laissé sa montre. Elle avait été enfin, dès le premier soir, admise au régime de la « pistole » qui autorisait les détenues à faire venir du dehors nourriture et boisson.

Sur ce point, les précédents ne manquaient pas. Avant Henriette Caillaux, d'autres femmes, aux personnalités très diverses, avaient eu ce privilège. Ainsi de Louise Michel, l'inflexible héroïne de la Commune, de Mme Steinheil, témoin de première main des derniers instants du président Félix Faure, de Thérèse Humbert, la « banquière », ou de Rirette Maîtrejean, l'égérie de la bande à Bonnot…

Les revenus du ménage Caillaux lui permettant de faire appel à des établissements renommés, c'est d'abord de chez Drouant, boulevard Magenta, puis du fameux restaurant Lapérouse, quai des Grands-Augustins, que la détenue fit venir ses repas, dont les journaux détaillèrent avec gourmandise les menus : grenouilles et rognons, agneau de pré-salé, macaronis et pommes bonne femme, escalope milanaise et clafoutis… Logée dans une grande pièce faite de la réunion de deux cellules dont on avait en hâte rafraîchi les murs, nettoyé le plancher, lavé les carreaux, et où l'on avait installé un poêle, Henriette Caillaux avait droit aux services d'une prisonnière de droit commun. Des fleurs, renouvelées chaque jour, égayèrent cette modeste demeure. Un cabinet de travail, où elle rédigeait son courrier, avait été mis à sa disposition. C'est là qu'elle recevait son mari, ses défenseurs et sa fille qu'accompagnait Miss Baxter. Caillaux, qui lui rendait à l'heure de son choix une visite quotidienne, faisait entrer et garer sa voiture dans la cour de la prison.

Comme la police, l'administration pénitentiaire avait reçu du gouvernement des consignes d'extrême bienveillance, que le directeur de Saint-Lazare appliquait avec zèle. Dès le premier soir, il avait garni le lit de son invitée de draps et de couvertures pris chez lui. Le lendemain, ses domestiques apportèrent à Mme Caillaux une couverture de laine rose et blanche et une autre de soie bleu pâle. Grâce à la navette organisée entre la rue Alphonse-de-Neuville et la prison, elle put renouveler à son gré son linge et sa garde-robe. La rumeur se répandit même qu'elle avait obtenu une permission de sortie pour assister aux obsèques d'une demi-sœur de son mari, ce qui fut formellement démenti.

On sut qu'elle avait bien dormi, qu'elle avait mangé de bon appétit, qu'elle avait eu la migraine, qu'elle avait laissé dans son assiette la moitié d'une tête de veau, qu'elle était allée à la messe… Pour palpitants qu'en fussent les détails, le public se lassa bientôt de cette chronique. En revanche, les photographes et leurs flashes étaient là lorsque, le 23 mars, elle fut conduite au Palais de justice pour y subir son premier interrogatoire. Traversant la salle des pas perdus, elle fit front sans ciller à la meute des journalistes mais obtint par la suite que la presse ne fût pas systématiquement mise au courant de ses déplacements.

Le secret de l'instruction n'étant pas plus respecté il y a cent ans qu'aujourd'hui, les journaux n'en invitèrent pas moins leurs lecteurs à pénétrer en imagination, jour après jour, dans le cabinet du juge Boucard pour y suivre les développements de l'affaire. Caillaux, pour sa part, un jour qu'il s'était rendu auprès du magistrat et ne l'avait pas trouvé, s'assit d'autorité derrière son bureau et prit connaissance du dossier sans que le greffier osât s'interposer.

Les faits étant connus et la meurtrière ne niant pas son crime, c'est sur l'explication de ce crime, sur son véritable mobile, qu'il y avait divergence. Deux thèses s'opposaient.

Pour les amis de Calmette, qui se trouvaient comme par hasard être également des ennemis de Caillaux, il n'y avait jamais eu lieu de craindre la publication par *Le Figaro* de quelque correspondance privée que ce fût, et ceci pour deux excellentes raisons : Calmette, à la veille de sa mort, n'avait pas caché à ses collaborateurs et à ses proches qu'il était à court de munitions, ou du moins qu'il le serait une fois qu'avec le rapport Fabre il aurait tiré sa dernière cartouche. Toute la vie et la personnalité de Calmette le montraient incapable d'une indélicatesse. Même quand il avait divulgué le contenu de la lettre « Ton Jo » sans l'autorisation de sa destinataire, il l'avait fait à contrecœur et non sans avoir soigneusement expurgé le texte de tout ce qui avait un caractère personnel. La vérité était bien simple : redoutant la révélation du document Fabre, et trop lâche pour agir lui-même, Caillaux s'était défaussé sur sa femme qu'il avait poussée au crime.

Les amis et les partisans de Caillaux rétorquaient que le ministre ne craignait nullement la publication d'un prétendu « rapport Fabre » dont l'existence lui paraissait aussi probable que celle du monstre du Loch Ness. Devant la commission d'enquête, une fois le rapport connu, il avait crânement assumé ses responsabilités. Au surplus, quel individu, à moins d'être totalement stupide ou insensé, aurait imaginé le scénario le plus propre à ruiner sa carrière en envoyant sa propre femme tuer son adversaire ? Un meurtre aussi retentissant était-il vraiment le moyen le plus approprié pour étouffer le supposé scandale ? La suite avait bien prouvé que non. Du reste, à qui avait profité le crime, sinon à ceux qui depuis des mois tentaient d'éliminer politiquement Caillaux ? En revanche, la publication de la lettre « Ton Jo » avait prouvé avec éclat que l'irréprochable Calmette ne reculait devant aucun procédé, si bas qu'il pût être. Cette lettre, comment se l'était-il procurée ? Évidemment auprès de la même personne qui, par deux fois, avait feint de détruire des correspondances d'ordre intime mais en possédait des reproductions, et avait à plusieurs reprises tenté de les monnayer. Oui, la deuxième Mme Caillaux avait tout lieu de craindre – et n'en supportait pas l'idée – que Calmette se réapprovisionnât à la même source et révélât le contenu des lettres que Caillaux lui avait adressées avant leur mariage. On affirmait à présent qu'il n'en était rien, mais qu'aurait-elle pu en savoir ? Elle n'avait agi que sous l'empire de cette crainte, devenue une obsession, qui lui avait fait perdre de vue qu'en abattant Calmette, sans préjudice des conséquences pour elle-même, elle portait le coup le plus terrible au mari qu'elle aimait tendrement.

L'enjeu n'était pas mince. Dans une hypothèse, on était devant un assassinat et un scandale purement politiques. Les mœurs de la Renaissance italienne ressuscitaient, anachroniques, dans le cadre prosaïque de la République bourgeoise. Dans l'autre hypothèse, on avait affaire à un simple fait divers somme toute banal : une femme passionnée faisait taire un maître chanteur.

Les témoins qui se succédaient dans le cabinet du juge Boucard rapportaient naturellement des impressions ou des informations contradictoires dont on ne pouvait que se demander si elles correspondaient à la vérité ou tenaient seulement aux intérêts et aux passions du camp qu'ils avaient choisi.

L'illustre romancier Paul Bourget, Henry Bernstein, auteur dramatique à succès et à scandale, Abel Bonnard, qui n'était encore qu'un joli petit jeune homme de lettres, rendirent un hommage posthume à la parfaite correction et à l'âme scrupuleuse de Calmette. C'est à Bonnard que celui-ci avait demandé, après la publication de la lettre « Ton Jo », de se faire l'interprète de ses regrets auprès de Mme Gueydan. « Je voulais », lui avait-il écrit, « que vous disiez mon vrai regret, mon vrai chagrin à la personne à laquelle j'ai ce matin causé une grande peine : je le sais et je m'en excuse. Je ne tiens le document d'aucun de ceux qu'elle peut soupçonner, et je ne pouvais le refuser. »

Barthou, convoqué, tint à venir avec ses petites ficelles et ses gros sabots : bien qu'habitant la même avenue que Mme Gueydan, il ne la connaissait que de vue et n'avait jamais ouï parler de lettres qu'aurait possédées celle-ci (pas plus sans doute que du rapport Fabre). Du coup, un certain Verwoort se manifesta et assura qu'en septembre 1913 il avait rencontré Mme Gueydan qui lui avait détaillé la teneur des lettres qu'elle détenait et semblait fort désireuse d'en tirer profit. Mais ce Verwoort, familier de Caillaux, était le directeur de *Paris-Journal*, publication de mauvaise réputation comme lui-même. Mme Gueydan nia l'entrevue, confirma qu'elle avait reçu bien des propositions alléchantes qu'elle avait repoussées « avec indignation », et prévint qu'elle ne produirait lesdites lettres que si elle devait témoigner devant les Assises.

De Capus, successeur de Calmette, au dernier des garçons de bureau, tout le personnel du *Figaro* rendit hommage aux mânes de son défunt patron. L'un des rédacteurs du service politique, Avril, raconta qu'il avait eu plusieurs fois affaire à Caillaux depuis le début de la campagne dirigée contre le ministre et que celui-ci était de plus en plus incapable de se contrôler. L'avant-dernière fois qu'il l'avait croisé, à Montparnasse, au café « La Rotonde », Caillaux était allé droit à lui et lui avait publiquement déclaré : « J'en ai assez, si cela continue, j'envoie mes témoins à Calmette. Je tire très bien. » Quelques jours avant le drame, il avait réitéré ces menaces. Paul Painlevé, dont l'autorité en tant que savant était incontestée, annula l'effet de cette déposition en révélant que le vendredi 14 mars, donc l'avant-veille du meurtre, il avait alerté Caillaux sur une rumeur qui courait tout Paris : *L'Intransigeant* s'apprêtait à publier le fameux rapport. À ce compte, c'est Léon Bailby, directeur de ce quotidien, que Mme Caillaux aurait dû assassiner. À ce compte, si Mme Caillaux avait reçu instruction ou avait pris sur elle de dépêcher dans l'au-delà tous ceux qui passaient à tort ou à raison pour posséder des documents susceptibles de gêner Caillaux, il ne serait plus resté un directeur de journal en vie sur la place de Paris… Mais Painlevé était aussi député radical.

Une dame Estradère, authentique princesse, et qui, sous pseudonyme, avait tenu pendant dix ans dans *Le Figaro* la rubrique la plus lue, « Le Monde et la Ville », révéla qu'en sa présence Calmette avait offert à une dame trente mille francs si elle lui ménageait une entrevue avec Mme Gueydan, et à elle-même cinquante mille francs dans le même but. Mais la princesse Estradère avait été licenciée par *Le Figaro* en date du 1er mars 1914 et l'on pouvait douter que Calmette eût besoin d'un intermédiaire, et si cher payé, pour entrer en relations avec la première Mme Caillaux. Cependant, Isidore de Lara, compositeur dans le vent mondain et ami du couple Caillaux, confirma qu'il avait bien été question de ces propositions début mars au cours d'un déjeuner chez la princesse de Monaco (dont il était d'autre part l'amant, mais ceci est une autre histoire).

Les collaborateurs de Caillaux au ministère et ses intimes, au premier rang Ceccaldi, renchérirent sur l'état de nerfs « pitoyable » de Mme Caillaux dans la première quinzaine de mars. Elle était, dirent-ils, désemparée, à bout, affolée… Bien loin, comme le suggérait *L'Action française*, qu'il y eût la moindre zizanie à l'intérieur du couple, celui-ci formait un « ménage modèle ». Bien loin que Caillaux eût incité sa femme à réagir, il avait tout fait pour la calmer. En vain…

La version de Mme Caillaux était connue depuis le premier instant. « Je suis une bourgeoise, c'est vrai », répéta-t-elle. « Je ne voulais pas voir publier des lettres intimes écrites alors que j'étais divorcée mais que M. Caillaux ne l'était pas encore. Mon honneur d'épouse et de mère était en jeu. » Caillaux déposa le 7 avril dans le même sens. S'il ne craignait personnellement aucune révélation tant sur sa vie publique que sur sa vie privée, il n'en allait pas de même de sa femme. Il assura qu'il était très exactement informé de ce qui se tramait au *Figaro* et que, quelques jours avant le drame, une lettre anonyme l'avait prévenu de la publication imminente de lettres intimes, celles-là mêmes qu'à sa connaissance Mme Gueydan avait tenté de négocier en 1911.

Il demanda à être de nouveau entendu, le 13 avril, pour ajouter que, de son côté, il avait maintes fois reçu les propositions de personnages qui assuraient détenir des preuves de la vénalité et des troubles machinations du directeur du *Figaro*. Mais, à la différence de Calmette, il n'avait jamais donné suite. Il ne mangeait pas de ce pain-là, lui !

Cependant, Caillaux se morfondait à Paris. L'air de la campagne (électorale) lui manquait. Le 15 avril, il n'y tint plus. Mamers en liesse retrouva *« son éminent et affectionné représentant »*, tel qu'il n'avait pas changé, familier, affable, causant. Suivi d'un cortège de quatre voitures automobiles, il sillonna l'arrondissement. De village en village, généralement accueilli sur la place de la Mairie ou de l'Église par le maire et le conseil municipal au grand complet, il descendait de son auto grise, en chapeau de paille coquettement incliné sur l'oreille, complet marron clair, cravate étincelante, souliers jaunes, l'élégance même, la cigarette au bec, qu'il jetait pour saluer les élus, le receveur des Postes, le percepteur, l'instituteur, le brigadier de gendarmerie. Puis il s'attardait au milieu de la petite foule, serrait des mains calleuses, interpellait des visages familiers, tapait sur des épaules arrondies par le respect, prenait des nouvelles des familles : « Alors, mes amis, ça va *ben* ? » Partout, il tenait le même petit discours : « On a détruit mon foyer... Quand on me vise, c'est vous qu'on atteint... J'ai défendu la paix... Les calomnies et les attaques qui me poursuivent sans répit ne vous touchent pas et ne peuvent pas vous toucher... C'est le prix que paient les réformateurs... C'est à vous de me venger... » Les bonnes gens hochaient la tête, apitoyés : « Ah, le pauvre homme, il a eu bien des malheurs. » Les journaux de Paris, et particulièrement le très parisien *Figaro*, étaient sans influence sur la Sarthe profonde. Caillaux ne manquait pas de conclure, l'air de rien : « J'ai rendu quelques services, je peux en rendre encore », et ne manquait pas de regarder le bout de ses souliers quand un édile un peu balourd, tel le maire de La Ferté-Bernard, où avait été primitivement prévu le discours-programme par lequel Doumergue et lui-même auraient dû lancer la campagne nationale de la gauche, rappelait tous les bienfaits – hôpital, abattoir, caserne de pompiers, bornes-fontaines – qu'avait répandus sur sa ville la munificence du député sortant… Le 16 avril, huit mille électeurs et cent quinze maires, sur cent quarante-trois, réitérèrent leur soutien à leur grand homme de l'arrondissement.

Le 20 avril, Gustave Téry, fondateur et directeur de l'hebdomadaire *L'Œuvre*, se porta candidat à Mamers. Candidature de protestation et de témoignage, comme on dirait aujourd'hui. D'emblée, de bonnes âmes le prévinrent : « Dans la Sarthe, on n'aime pas beaucoup les étrangers. Ici, on vote Caillaux… ou d'Aillières » La famille d'Aillières, on s'en souvient, représentait (et représente encore aujourd'hui) la tradition de droite. Le journaliste put vérifier l'emprise de Caillaux sur sa circonscription. Ne parvenant pas à trouver un local, fût-ce l'arrière-salle d'un café, il fut réduit, en compagnie de Jean Piot, son jeune et aventureux confrère, à suivre le ministre de bourg en village et en hameau sans jamais pouvoir prendre la parole, solidement encadré qu'il était par un service d'ordre musclé qui le protégeait contre les coups, mais non contre les quolibets, les injures, les tomates et les mottes de terre bien grasse. Enfin, le dernier soir, lors de la réunion de clôture de la campagne, à Mamers, le président de séance, se conformant à la promesse faite dans l'après-midi par Caillaux, invita le contradicteur parisien à s'exprimer. Téry n'avait pas prononcé deux mots, à vrai dire plutôt vifs, que Caillaux, ne pouvant contenir son indignation, s'écriait : « Ce sont des vendus, et on sait qui les paie ! » Les Sarthois ainsi excités s'apprêtaient à faire un mauvais parti aux deux étrangers, qui ne durent qu'aux appels insistants et à la magnanimité de Caillaux de pouvoir regagner à peu près intacts leur voiture dont les pneus n'avaient même pas été crevés.

Il faut dire que l'affiche électorale de Téry n'y allait pas par quatre chemins. Elle commençait par une phrase assez étrange, qu'il aurait fallu être politologue pour décrypter : *« Si vos fils font trois ans, c'est à Caillaux qu'ils le doivent ! »* Il fallait entendre qu'en capitulant à Agadir Caillaux avait encouragé l'arrogance et le militarisme allemands et que c'était donc sa faute si la France s'était trouvée, pour y faire face, dans la nécessité d'accroître la durée du service militaire.

La suite était d'une encre plus sanglante : *« La vraie réforme de l'impôt serait de le réduire... Les Caillaux ont assassiné Calmette ! Il ne s'agit pas de politique, mais d'un crime ! C'est en vain que Caillaux implore votre pitié. Quand son parti l'a forcé à donner sa démission, tous ont compris que Caillaux était un homme fini et qu'il ne serait plus jamais ministre... »*

Mais peu d'électeurs sarthois eurent la possibilité de lire *in extenso* cette philippique car, sitôt collée, nuitamment, l'affiche était lacérée par les gardes champêtres qu'avait mobilisés le sous-préfet. La profession de foi de Caillaux, au contraire, s'étalait sur les murs. Il y remerciait les électeurs de la Sarthe du magnifique élan de confiance encore accru par son malheur : *« Pour tenir une cinquième fois dans la Sarthe le drapeau de la République, je surmonterai ma peine... J'ai été injurié, traqué, surtout du jour où j'ai dû trouver le supplément de recettes nécessaire pour faire face à nos dépenses publiques... Mon crime, à leurs yeux, a été de vouloir la paix. »*

Le 25 avril, Mme Caillaux dut se passer définitivement des soins de la détenue qui avait été d'abord affectée à son service. Cette femme avait poignardé à mort son mari, un journalier alcoolique et violent. Son défenseur sollicita la clémence de la Cour : « Gardez votre sévérité », s'écria-t-il en agitant éloquemment les manches de sa robe noire, « pour les aventurières de plus ou moins haut vol qui prétendent faire de l'assassinat un acte de justice et de leur audace la base de leur impunité ! » Le jury, ému, condamna la meurtrière à deux ans de prison avec sursis, ce qui entraînait sa libération immédiate.

Le lendemain 26 avril, Joseph Caillaux fut réélu député de Mamers avec quinze cents voix d'avance. La presse de droite se déchaîna une fois encore contre *« le Napoléon du crime, le déséquilibré, le surhomme de la rue de Valois, l'anarchiste aux mains sanglantes »*. Un dessin de Forain occupait la moitié de la « une » du *Figaro*. Il représentait Caillaux, élégamment cambré comme à son ordinaire, juché sur le *tremplin* que lui faisait la tombe de Calmette.

Sous le titre « La honte », l'éditorial du quotidien décrétait quel succès de Caillaux, honte nationale, valait condamnation du scrutin d'arrondissement et stigmatisait *« la victoire du parti de l'inquisition fiscale et de l'abandon national, de l'abject parti des mares stagnantes et de la pourriture parlementaire, de la banqueroute et de la complaisance à l'assassinat »*.

On aura reconnu, à peine caricaturé, le parti radical.

22

« L'HOMME LE PLUS PUISSANT DE FRANCE »

27 avril – 27 juin 1914

Le premier tour des élections législatives, le 26 avril 1914, avait placé la gauche en tête. Le second tour, le 6 mai, confirma et amplifia les résultats du premier. Ce n'était pas faute que les bons journaux eussent mis l'électeur en garde. Les radicaux, défenseurs de la petite propriété, pouvaient-ils voter pour un parti de subversion sociale et de leur côté les représentants de l'avant-garde prolétarienne pour les représentants de l'idéal petit-bourgeois ? Il était d'ailleurs assuré, si se constituait par malheur une majorité de coalition entre républicains avancés et révolutionnaires, que les grandes sociétés françaises quitteraient le territoire national pour aller s'installer en Suisse, pays sans impôt…

Le désistement réciproque n'en était pas moins de règle entre les deux partis. Loin des congrès et de leurs surenchères, les socialistes mettaient une sourdine dans leurs meetings et oubliaient dans les urnes leurs critiques rituelles contre leurs meilleurs et plus proches ennemis. Loin des couloirs enfumés de la Chambre et des compromissions politiciennes, les radicaux, au moment d'affronter le mystère toujours recommencé des urnes, proclamaient haut et fort leur ancrage à gauche. Au second tour, ils avaient également besoin les uns des autres.

Deux nouveautés de forme avaient marqué l'organisation du scrutin : l'électeur se voyait désormais proposer une enveloppe en même temps qu'il se munissait des bulletins de vote et passait obligatoirement par une sorte de confessionnal où il n'était en tête à tête qu'avec sa conscience : l'isoloir. Pour la première fois, le vote était totalement secret, donc totalement libre.

Le cinématographe avait fait une entrée discrète dans la politique : Jules Guesde avait fait projeter un film lors d'un meeting en plein air à Roubaix. Quelques semaines plus tard, ce symbole de la modernité vint donner un coup de jeune à la justice : le 19 juin, on procéda à une reconstitution filmée du meurtre de Calmette.

Pour revenir à l'élection, deux faits marquants se dégageaient.

Au premier tour, 1 400 000 voix s'étaient portées sur les candidats socialistes. Avec 16 % des voix, la S.F.I.O. devenait le deuxième parti de France. Il suffisait d'avoir les yeux en face des trous : le socialisme progressait, inexorablement. Chaque élection nouvelle portait le parti unifié un peu plus haut, un peu plus loin que l'avait laissé l'élection précédente. Fort de 46 députés en 1902, 54 en 1906, 78 en 1910, le groupe parlementaire socialiste devenait le deuxième en importance, avec 106 élus. Il devenait difficile de gouverner sans les inclure désormais dans la majorité républicaine. S'ils le voulaient bien.

Deuxième leçon : si l'on ajoutait aux 192 députés radicaux qui avaient prié Caillaux de reprendre sa place à la tête de leur comité exécutif les 106 socialistes et les 22 républicains socialistes de Victor Augagneur, un éventuel Bloc des gauches réunissait 320 députés sur 602, la majorité absolue. Caillaux et Jaurès étaient les maîtres du jeu. Du reste, au risque de blesser le cœur sensible des patriotes français, la presse allemande accueillit avec faveur un résultat qui faisait espérer une amélioration des relations entre les deux pays, singulièrement refroidies depuis l'adoption des trois ans.

L'arithmétique politique imposait le nom de Caillaux, le calendrier judiciaire l'interdisait. N'eût-il tenu qu'à lui, la chose était faite. Mais ses plus proches amis, alarmés par les vives réactions de la presse à sa réélection, le mirent en garde. Il ne devait pas donner à croire qu'il se considérait comme au-dessus des lois, ou du moins des usages. Son heure reviendrait, mais il n'était pas possible de ne pas attendre le verdict des Assises. Une hâte inopportune pouvait tout gâcher. Il accepta de *patienter*, le mot de la langue française qu'il avait le plus en horreur.

Caillaux impossible, en tout cas provisoirement, le plus simple n'était-il pas que Doumergue lui tînt la place au chaud, en se bornant à expédier les affaires courantes jusqu'à la rentrée de septembre, puisque les vacances parlementaires devaient suivre de peu l'inauguration, début juin, de la nouvelle législature ? Après tout, les élections, en renforçant sa majorité, avaient relégitimé le gouvernement. Rien, ni constitutionnellement, ni politiquement, n'obligeait le président du Conseil, sauf vote exprès de la Chambre, à démissionner et les radicaux, émergeant tout feu tout flamme de la récente bataille électorale, étaient tout disposés à lui renouveler leur confiance pour appliquer immédiatement le programme de Pau. Poincaré lui-même n'était pas hostile au maintien dans sa place d'un homme qui ne lui avait jamais cherché noise. Encore eût-il fallu l'accord du principal intéressé et Doumergue allait répétant : à situation politique nouvelle, gouvernement nouveau. Il rappelait le précédent de Waldeck qui, en de semblables circonstances, s'était volontairement effacé. Mais Waldeck ressentait déjà les premières atteintes de la maladie qui l'emporterait l'année suivante.

La vérité est que Doumergue, fort secoué par les péripéties qu'il avait tant bien que mal traversées sans dommage, fort ennemi des conflits et fort ami de son repos, redoutait d'être contraint par son propre camp à relancer la bataille des trois ans. Or, s'il n'envisageait pas de défendre la loi contre ses amis en s'appuyant sur la droite, il ne souhaitait pas davantage se marquer trop à gauche. Il se faisait de son avenir une idée qui supposait qu'il ne se brouillât ni ne se compromît avec personne. Sourd aux objurgations, il déclara qu'il estimait sa tâche finie – on n'avait pas remarqué qu'il l'eût commencée – et présenta la démission du cabinet le 1er juin.

Poincaré fit appel à Viviani. Sur le papier, celui-ci s'inscrivait dans l'axe de la nouvelle majorité. Apostat du socialisme mais de fraîche date, et uniquement par ambition, il n'était pas allé aussi loin dans la voie du reniement qu'un Briand ou un Millerand. Laïc comme un âne rouge, brillant orateur, ce qui était loin d'être indifférent devant une Chambre dont un quart des membres étaient inscrits au Barreau, il s'était prononcé contre les trois ans, mais n'était plus tout à fait certain, à la réflexion, de ne pas avoir eu tort. Poincaré le savait flottant, impressionnable, influençable, et c'est sur ces aspects de sa personnalité qu'il spéculait avec raison.

Le président de la République se fit un devoir de mettre en garde le président du Conseil pressenti, lors d'un entretien tête à tête qu'il le pria de garder secret, contre le séisme que serait l'arrivée aux affaires d'un adversaire des trois ans. Ce n'étaient pas seulement la presse russe et les journaux nationalistes français qui s'inquiétaient pour la fiabilité de la grande alliance et dénonçaient la terreur que faisaient régner sur le Parlement français Caillaux et ses séides. Joffre, notre généralissime en temps de guerre, Paléologue, notre ambassadeur à Pétersbourg, mettaient leur démission dans la balance. Une crise nationale et internationale menaçait. Affolé, Viviani s'ouvrit à ses interlocuteurs radicaux de la position qui était désormais la sienne : il était partisan de ne pas toucher aux trois ans, mais provisoirement, c'est-à-dire seulement aussi longtemps que l'exigerait la situation extérieure. Jusqu'à la déclaration de guerre, par exemple ? On ne le comprenait décidément pas. « Je ne peux pas, larmoyait-il, lutter contre mes amis républicains qui me crachent au visage quand j'invoque des circonstances particulières. » Son petit cœur tout mou battait toujours pour la gauche, et c'était bien à regret qu'il s'inclinait sous des pressions venues d'ailleurs. Il renonça, le 5 juin.

Poincaré appela Ribot. C'était en apparence une nouvelle tentative, vouée comme la précédente à l'échec, et plus provocatrice encore puisque menée au lendemain même d'une consultation, de faire prévaloir le choix de l'Élysée sur celui du corps électoral et d'imposer à la majorité parlementaire un ministère conforme aux vues du chef de l'État. Le vieux Ribot, jadis artisan de l'alliance franco-russe, obtint laborieusement le concours de quelques personnalités, Léon Bourgeois, Dupuy… Delcassé, le gnome malfaisant, inféodé à l'Angleterre, était nommé à la Guerre. Pas un radical ne figurait dans la combinaison. Qu'eût-ce été si la gauche avait perdu les élections ?

Le ministère Ribot se présenta le 13 juin à deux heures et demie devant la Chambre. À six heures, il était renversé par 306 voix contre 262. Un ordre du jour, voté par 374 voix contre 187, affirma la nécessité d'une politique conforme aux vœux des Français. Porte-parole du groupe radical, Puech avait déclaré : « On ne peut pas gouverner sans nous ou contre nous. »

Vingt-quatre heures suffirent cette fois à Viviani pour constituer une équipe dont la composition avait été discutée et approuvée rue Alphonse-de-Neuville avant d'être officiellement annoncée rue du Faubourg-Saint-Honoré. Poincaré s'était-il fait des illusions sur les chances de Ribot ? N'avait-il pas utilisé celui-ci comme un leurre pour mieux faire passer Viviani, en jouant sur la sympathie qu'inspirait celui-ci et sur le désir des parlementaires de ne pas prolonger indéfiniment la crise – et la session ? Le gouvernement Viviani fut investi le 16 juin par 362 voix contre 139. Les socialistes, déçus du silence de Viviani sur les trois ans, avaient voté contre, mais le président du Conseil, fort d'un écart de 223 voix, pouvait se payer le luxe de récuser les voix de droite qui s'étaient portées sur lui et se targuer d'avoir, sans elles, une majorité républicaine. Le cabinet posa pour les actualités cinématographiques.

Chacun trouvait son compte à une solution qui, de l'avis unanime, ne serait qu'une brève parenthèse. Rassuré par des engagements de Viviani en matière de défense et de diplomatie, Poincaré se faisait fort de modeler à son gré cette pâte molle. En prenant les Affaires étrangères où il ne connaissait rien, Viviani se mettait dans la dépendance d'un Quai et d'un président farouchement *troisannistes.* Ce gouvernement étiqueté à gauche ferait la politique extérieure de la droite.

À gauche, on se satisfaisait de ce gouvernement provisoire en liberté conditionnelle, puisque placé sous l'étroite surveillance du parti radical. On avait évité un ministère Poincaré sans Poincaré, on avait un ministère Caillaux sans Caillaux. Celui-ci avait imposé Malvy à l'Intérieur, Messimy à la Guerre, Bienvenu-Martin à la Justice... Au total, cinq ministres sur douze. Sans titre et sans portefeuille, le député de Mamers détenait la réalité du pouvoir. Il était chez lui, place Beauvau comme place Vendôme, où les huissiers le laissaient entrer à son gré dans le bureau du ministre absent puisqu'aussi bien le ministre, lorsqu'il était là, lui cédait son fauteuil.

Le sous-préfet de Mamers, qui s'était dépensé sans compter pendant la campagne électorale, fut promu à la première classe. Ceccaldi reçut la charge, enviée, du dossier des postulants à des bureaux de tabac. L'ancien chef de cabinet de Caillaux, Privat-Deschanel, devint gouverneur du Crédit foncier.

Une étude prétendit établir que le budget d'une campagne pour la députation, qui se montait environ à 1 500 francs en 1885 (Henry Rochefort, qui faisait payer l'entrée à ses réunions, s'en était même sorti avec un solde positif de 250 francs), s'élevait désormais à 20 000 francs. Caillaux et son concurrent malheureux, le jeune d'Aillières, échangeaient des accusations de diverses sortes, entre autres de corruption. Battu, d'Aillières avait remercié ses électeurs qui, « en condamnant le crime, avaient récusé un ministre qui couvrait un escroc ». Caillaux, pour sa part, avait félicité ceux qui, « malgré la pression de toutes les forces de la réaction et l'argent répandu à flots, avaient vengé leur député de diffamations odieuses ». S'estimant offensé, Caillaux adressa ses témoins à son adversaire. Les deux hommes se rencontrèrent le 5 mai sur le pré, en l'espèce la pelouse du Parc des princes, au pistolet, à vingt-cinq pas, Caillaux ayant pour témoin Ceccaldi, d'Aillières escorté du duc de La Rochefoucauld-Doudeauville. D'Aillières tira le premier, vers le sol, puis Caillaux, en l'air. Le 24 juin, la Chambre refusa de lever l'immunité parlementaire de Caillaux, que d'Aillières poursuivait pour corruption électorale. Le 1er juillet, le tribunal de La Ferté-Bernard acquitta Caillaux de ce chef et condamna d'Aillières aux dépens. Le 8 juillet, d'Aillières fut condamné pour corruption à 500 francs d'amende et 1 franc de dommages et intérêts pour Caillaux.

Le 11 mai, l'instruction du meurtre de Calmette, qui n'avait rien appris à personne, fut déclarée close. Le meneur d'une revue qui prétendait que c'était Caillaux qui avait mené l'enquête fut condamné à 500 francs d'amende.

L'ami Bienvenu-Martin, ministre de la Justice dans le gouvernement Doumergue, reconduit au même poste dans le gouvernement Viviani, avait pris un engagement : « On fera ce qu'il faudra. » Il tint exactement parole.

Le nouveau procureur général, nommé en remplacement de Fabre, Herbaux, avait annoncé qu'il siégerait pour le ministère public au procès de Mme Caillaux. Élevé le 19 mai au grade de commandeur dans l'ordre de la Légion d'honneur, il n'eut pas l'impolitesse de refuser cette promotion.

Le procès devait primitivement venir à l'audience dans la deuxième quinzaine de juin, mais le conseiller Albanel, qui ne cachait pas ses sentiments de gauche et dont le fils militait activement au parti radical, fit discrètement savoir qu'il se portait volontaire pour diriger les débats. Il n'était malheureusement inscrit au rôle pour présider les Assises de la Seine que dans la deuxième quinzaine de juillet. C'est en définitive au 20 juillet que fut fixée la date d'ouverture du procès.

Un curieux incident se produisit le 20 mai. L'huissier qui portait à la Cour d'appel l'urne scellée contenant la liste des honorables citoyens parmi lesquels seraient choisis les futurs membres du jury des Assises fit une chute si malencontreuse que le contenu de l'urne se répandit sur le dallage. La maladresse rapidement réparée, de mauvais esprits n'en furent pas moins frappés à l'audience par la rapidité et l'assurance avec laquelle Me Labori récusa certains noms, comme s'il avait eu la possibilité de se renseigner, ou d'être renseigné sur eux.

Un jeune et impétueux chasseur de *scoops*, Maurice de Waleffe, qui devait avoir son quart d'heure de célébrité lorsque, le 30 juillet 1914, il prit sur lui de sortir une édition de *Paris-Midi* qui annonçait l'ouverture des hostilités avec trois jours d'avance, écrivait dans ce même quotidien, le 9 juin : *« Un Napoléon du mal, un empereur du crime, le César de la ruine... un fou règne sur nous et gouverne par un bataillon d'enragés l'immense troupeau des lâches. Il a assassiné, mais le Parlement l'a sauvé du bagne. Il ne craint plus rien. Il nourrit son Malvy et son Ceccaldi... Quelle est cette "main noire" qui fait et défait les ministères ? »*

Le 27 juin, Caillaux, d'humeur allègre, rendit visite à la prisonnière de Saint-Lazare. Après s'être débarrassé de son haut-de-forme, de sa canne et de ses gants, il s'adossa à la cheminée, passa ses mains dans les entournures de son gilet, et dit : « Ma petite Riri, je t'avais dit que tu aurais le meilleur avocat, et tu as le meilleur avocat. Tu auras le meilleur procureur, le meilleur président et le meilleur jury. Rassure-toi, tu n'as plus rien à craindre. Ton mari est redevenu l'homme le plus puissant de France. »

Henriette Caillaux prévint ses domestiques qu'elle rouvrirait son salon au début d'octobre, et fixa un rendez-vous à sa modiste dès le 15 septembre, pour des essayages.

23

« ENSEMBLE, TOUT EST POSSIBLE »

28 juin – 17 juillet 1914

« *Durbar,* cent francs sur *Durbar* ! » Le raisonnement des parieurs britanniques, venus en nombre, était simple et de bon goût : si ce cheval, un mois plus tôt, avait remporté le Derby d'Epsom, coiffant au poteau les meilleurs pur-sang élevés outre-Manche, *a fortiori* l'emporterait-il dans une compétition où ne figuraient que des chevaux français comme lui. Les audacieux ne craignaient pas de jouer *Le Grand Pressigny*, bien que ce champion, autrefois prometteur, fût désormais en fin de carrière, ou *Saccharose*, sur la foi de ses dernières performances. Mais pour les gens sérieux et informés, le choix était circonscrit entre *Sardanapale*, fils de *Prestige*, au baron Maurice de Rothschild, et *La Farina*, fils de *Sans Souci II*, au baron Édouard de Rothschild. Les partisans de *La Farina* faisaient valoir que celui-ci avait battu *Sardanapale* lors de leurs deux dernières rencontres. Les tenants de *Sardanapale* rétorquaient qu'il avait gagné le Jockey-Club, qu'il était monté par l'incomparable Stern et faisaient confiance à son entraîneur, le légendaire d'Ockhuysen, qui avait su ménager *Sardanapale* de façon qu'il arrivât au mieux de sa forme juste pour le grand *event*.

Il faisait un temps admirable. Bientôt l'été disperserait tout le beau monde – la *gentry* – entre Biarritz, Monte-Carlo, Nice, Deauville, Vichy, Spa, Baden… Le Grand Prix de Paris couronnait en apothéose la saison hippique et la saison parisienne. Tôt le matin, la foule avait envahi Longchamp, et vue du ciel, la pelouse, immense terrain de pique-nique parsemé de canotiers, de nappes blanches et de toilettes claires, semblait une prairie piquetée de pâquerettes et de boutons d'or.

Il était trois heures vingt lorsque le landau attelé à la Daumont où avaient pris place le président et Mme Poincaré (robe de soie blanche, manteau de drap suédé, toque en soie) s'immobilisa sous les applaudissements devant la tribune officielle judicieusement parée de fleurs bleues, blanches et rouges. Le prince d'Arenberg, président de la Société d'encouragement, le marquis de Ganay, le baron Gourgaud et le comte de Quincey, commissaires, se portèrent au-devant du couple présidentiel, que le corps diplomatique au grand complet, le président de la Chambre et Mme Deschanel, le président du Sénat et Mme Dubost, le président du Conseil, René Viviani, le ministre de l'Agriculture, les officiels, les invités accueillirent debout. La troisième course se déroula dans l'indifférence générale. Nul ni dans les tribunes ni sur la pelouse ne remarqua que l'ambassadeur d'Autriche-Hongrie s'était discrètement éclipsé. Quelques instants plus tard, le capitaine de vaisseau Grandclément, de la maison militaire présidentielle, griffonnait hâtivement quelques mots sur une feuille de bloc qu'il glissa au chef de l'État.

Le départ de la quatrième fut donné à seize heures trois. La course fut superbe. *La Farina*, suivi de *Saccharose*, prit immédiatement la tête, cependant que *Sardanapale* était relégué loin derrière. *La Farina* menait encore à trois cents mètres de l'arrivée, toujours devant *Saccharose*, lorsque Stern enleva *Sardanapale* et vint sur le poteau coiffer *La*

Farina d'une encolure. De l'avis général, ce Grand Prix resterait dans les annales.

Poincaré prit le temps de féliciter le baron Maurice avant de se retirer. En passant devant le président du Conseil, il lui murmura : « Surtout, ne laissez rien paraître... L'archiduc héritier d'Autriche et sa femme viennent d'être assassinés à Sarajevo. Nous nous retrouverons tout à l'heure à l'Élysée. » Viviani était bien incapable de cacher son trouble. Deschanel s'en inquiéta... En quelques instants, la nouvelle avait fait le tour de la tribune des personnalités, qui se vida aussitôt.

« Décidément, rien sur cette terre ne m'aura été épargné. » Telle fut la réaction de François-Joseph. Le vieil empereur sortait à peine d'une grippe à répétition qu'il avait traînée des mois et qui, faisant craindre pour sa vie, avait donné la mesure de la place qu'occupait ce vénérable pilier du fragile équilibre européen, que son âge – quatre-vingt-quatre ans – et son ancienneté – il était monté sur le trône en 1848, soixante-six ans plus tôt – auréolaient d'une flatteuse réputation de sagesse. Les messages de condoléances affluèrent du monde entier et les journaux brodèrent pieusement sur le thème proposé. C'est vrai, rien ne lui avait été épargné. Ce disant, on pensait bien entendu à Magenta, à Solferino, à Sadowa, aux grandes défaites qui avaient jalonné son règne et fait de l'Autriche le second de plus en plus docile de l'hégémonie allemande, mais aussi aux épreuves personnelles et familiales qu'avait traversées le patriarche : la chute et l'exécution de son frère Maximilien, éphémère empereur du Mexique, la mort tragique et mystérieuse de son fils, l'archiduc Rodolphe, l'assassinat de l'impératrice Élisabeth, sa femme. La malédiction des Habsbourg...

Cible et victime de l'attentat, l'archiduc François-Ferdinand, cet homme corpulent au visage couperosé, à l'allure commune, à la physionomie brutale, boudiné dans ses divers uniformes, n'était aimé ni en France ni en Allemagne ni dans son propre pays ni d'ailleurs nulle part. On lui prêtait le dessein d'étendre encore l'emprise autrichienne dans les Balkans, aux dépens des Slaves. On rappelait que quelques semaines plus tôt il avait rencontré tête à tête l'empereur

Guillaume et il se murmurait que les deux hommes avaient mis au point un plan concerté d'opérations austro-allemand. Il n'était pas encore enterré que déjà on ne le regrettait pas. Tout au plus s'accordait-on à saluer le courage de son épouse morganatique, Sophie Chotek, duchesse de Hohenberg, qui avait en vain cherché à le couvrir de son corps et était morte avec lui.

Au reste, la succession était assurée et l'on voulait voir dans le prochain avènement du charmant et jeune couple que formaient l'archiduc Charles et Zita de Bourbon-Parme la promesse d'une phase nouvelle, plus cordiale, plus pacifique, des relations avec la double monarchie.

Dès les premières heures, il était clairement apparu que la responsabilité de la Serbie, terre d'élection de l'assassinat politique, était gravement engagée. Les meurtriers, de toute évidence, avaient été recrutés, entraînés, armés par la Main noire, l'organisation terroriste à peine clandestine qui prospérait dans l'ombre de l'État-major serbe. La chose était à ce point patente que Belgrade, profil bas, se confondait en excuses, reconnaissait à demi-mot sa responsabilité, se disait prête à interdire la propagande et à dissoudre les sociétés secrètes panslavistes. Certes, les journaux nationalistes, à Berlin comme à Vienne, criaient vengeance et sommaient leurs gouvernements d'enfumer une fois pour toutes le repaire de brigands danubiens qu'était Belgrade. On n'en appréciait que plus la sérénité et la méritoire modération de la Hofburg. L'Autriche, au lieu de céder à ses nerfs, pesait les termes de la note qu'elle comptait remettre au gouvernement serbe, et sa diplomatie faisait discrètement savoir que ce texte serait ferme mais non comminatoire.

De fait, après que les pacifiques et laborieuses populations croates et bosniaques de Sarajevo eurent consciencieusement mis à sac les quartiers serbes en lynchant au passage quelques-uns de leurs habitants, le calme était revenu dans la ville. L'Autriche concentra sur le Danube, face à la capitale serbe, quelques troupes, apparemment pour la forme. La tension retomba lorsque l'on apprit que François-Joseph avait regagné sa résidence d'été de Bad Ischl, puis que le chancelier et son gouvernement avaient repris leurs vacances un moment interrompues et surtout que le chef de l'État-major, le redoutable Konrad von Hoetzendorf et le ministre de la Guerre, le général Krobatin, avaient rejoint leurs villégiatures. Même lorsque l'ambassadeur de Russie à Belgrade, M. de Hartwig, en visite chez son collègue le ministre d'Autriche, y fut frappé d'une attaque d'apoplexie fatale, il ne se trouva que quelques maniaques du complot pour prétendre que cette mort n'était pas naturelle. Huit jours ne s'étaient pas écoulés que l'actualité avait relégué l'attentat et ses suites éventuelles, traitées en quelques lignes, dans les pages intérieures des journaux.

La paix régnait depuis quarante-quatre ans, entre les Européens, sur le Vieux Continent. La guerre, pourquoi y aurait-on cru, comment y aurait-on cru ? On avait eu tant d'occasions et tant de bonnes raisons de la faire. Que de fois l'Angleterre et la France s'étaient regardées en chiens de faïence, que de fois le torchon avait brûlé entre la France et l'Allemagne, que de fois la Russie, protectrice des Slaves, avait fait les gros yeux et montré les dents à l'Autriche-Hongrie, geôlière des Slaves ! Chaque fois on s'était trouvé au bord du précipice, sans jamais y tomber. On n'avait pas fait la guerre après Fachoda, en 1899, on ne l'avait pas faite pour le Maroc, en 1905, on ne l'avait pas faite pour la Bosnie, en 1908, on ne l'avait pas faite après Agadir en 1911. Alors, on n'allait pas la faire parce qu'aux lointains confins de la civilisation et de la barbarie, au cœur des Balkans compliqués, un malade avait tiré sur une altesse. Entre nous, un archiduc de plus ou de moins, qu'est-ce que ça change ? L'espèce ne manquait pas à Vienne. On décida de penser à autre chose. La vie reprit ses droits.

Le 3 juillet, le Sénat, pratiquement sans débat, ratifia l'incorporation de l'impôt sur le revenu dans le budget, avec effet dès 1915 : c'était le prix à payer au gouvernement Viviani en échange de l'abandon par la majorité de gauche du retour immédiat aux deux ans. Et puis, il fallait bien combler par de nouvelles recettes les gouffres creusés dans les finances publiques par la folle course aux armements. Ainsi la grande réforme pour laquelle Caillaux, quoi qu'en eût dit Calmette, se battait depuis de si longues années, et qui lui avait valu des haines si féroces, aboutissait-elle enfin alors qu'il n'était pas à la barre. Moïse avait éprouvé la même frustration lorsque, après avoir traversé le désert à la tête de son peuple, il passa à Josué son bâton de commandement et dut se contenter d'apercevoir au loin les blancs ruisseaux de Canaan.

Le 9 juillet, la Chambre décida, passant outre à l'obstruction habituelle des producteurs de garance, l'adoption par l'armée de terre d'une couleur d'uniforme moins voyante que celle des pantalons rouges. Pour la modique somme de trois cents millions, notre infanterie serait toute vêtue de bleu à l'horizon de 1922.

Le 12 juillet, les deux frères de Cassagnac annoncèrent à l'intention de tous les correspondants des journaux germanophones à Paris qu'ils allaient successivement les provoquer en duel de façon que le sol français fût purgé dans les meilleurs délais d'une engeance indésirable. On était habitué aux outrances et aux extravagances de ces deux fiers-à-bras, bonapartistes enragés, au demeurant redoutables duellistes.

Le même jour, Poincaré en déplacement à Péronne et Montdidier sut lire dans les yeux des petits enfants des écoles et des vétérans de 1870 le même amour ardent de la patrie.

Le 12 encore, le Parti socialiste avait prévu de célébrer sur le territoire de la municipalité amie de Pavillons-sous-Bois la « Fête des Cent », ainsi dénommée en hommage aux cent et quelques députés élus en mai. Le programme prévoyait, outre « les divertissements les plus variés et les plus honnêtes », tels que concours de pêche à la ligne, matches de water-polo, théâtre, pique-nique sur les pelouses et le long du canal, dix tribunes d'où se déverserait la bonne parole. Mais c'est une pluie diluvienne qui s'abattit sur la foule, fit des allées Bebel, Karl-Marx, Proudhon et Fourier autant de bourbiers et découragea la plupart des orateurs. Du moins les militants eurent-ils la satisfaction de découvrir ou de reconnaître les représentants d'une génération nouvelle,

Vincent Auriol, le boulanger de Muret qui, tel Michelet, avait poursuivi ses études à la lumière du fournil, Marcel Cachin, intellectuel raffiné à qui sa moustache tombante et ses costumes de velours donnaient de faux airs de paysan breton, Pierre Laval, l'infatigable avocat des militants syndicalistes, tout frais député de la circonscription...

Le Parti enchaîna, du 13 au 16, par un conseil national et un congrès extraordinaire où se brisa, six ans avant Tours, son unité. Unanimement, irréductiblement, définitivement opposés à la guerre, enfant de l'impérialisme, ça allait de soi. Mais que se passerait-il si, l'Internationale lançant le mot d'ordre de grève générale, la consigne était suivie ici, par exemple en France, et ignorée là, par exemple en Allemagne ? Un pays attaqué n'avait-il pas le droit, et même le devoir de se défendre ? Laisser écraser le prolétariat français par la soldatesque prussienne, n'était-ce pas, s'indigna Jules Guesde, « un crime de haute trahison contre le socialisme » ? Défendre l'indépendance nationale menacée, n'était-ce pas se montrer fidèles à l'exemple révolutionnaire des soldats de l'an II, plaida Albert Thomas qui, préfigurant de quinze jours l'union sacrée sans Jaurès (et pour cause) alla jusqu'à recommander, face à l'invasion, l'entrée des socialistes au gouvernement. Jaurès dut reconnaître que les socialistes français devraient bien tenir compte de ce que serait l'attitude des socialistes allemands, et réciproquement. Son éloquence arracha de justesse à ses camarades la réaffirmation, par 1 690 voix contre 1 174, de leur attachement au principe de la grève générale, préventive, internationale et simultanée. Au principe...

Était-ce encore le souvenir de la catastrophe du *Titanic*, souvenir que venait de raviver le naufrage de l'*Empress of Ireland*, abordé dans l'estuaire du Saint-Laurent par un navire charbonnier et coulant avec huit cents passagers, ou l'effet des incertitudes de la conjoncture ? La Hamburg Linie signalait qu'il lui restait quelques cabines disponibles sur ses paquebots de croisière.

Le tsar et le Kaiser, chacun sur son yacht, tuaient le temps en faisant des ronds dans l'eau grise de la Baltique.

Knickerbockers bouffants, bas blancs bien tirés, veste grise à parements verts et chapeau tyrolien, François-Joseph, tout requinqué, oubliait ses malheurs en tirant le chamois dans l'Obersalzberg. Il avait encore un joli coup de fusil. Poincaré bouclait ses valises avant le grand voyage à 400 000 francs qui devait le mener, entre le 15 et le 31 juillet, escorté de Viviani, à Cronstadt, Saint-Pétersbourg, Copenhague, Stockholm et Christiania. Cependant, son départ était subordonné à l'adoption définitive du budget de 1914. La Chambre, du reste pressée de partir en vacances, expédia son vote avec la même célérité que le dom Garrigou des *Contes du lundi* ses trois messes basses pour permettre au président d'apposer son paraphe sur la loi de finances.

Un importun, le sénateur de la Meuse, Charles Humbert, faillit tout compromettre. Le rapport dont l'avait chargé la commission sénatoriale de l'armée fit l'effet d'une douche froide. L'honorable parlementaire y mettait en lumière l'infériorité de notre artillerie lourde, l'insuffisance de nos stocks de munition, la vétusté de notre réseau de fortifications, les carences de l'intendance, l'évidente inadaptation de notre haut commandement à la guerre moderne. En dépit des milliards prodigués depuis des années, notre armée était dans un état lamentable.

Le ministre de la Guerre, Messimy, répliqua piteusement que s'il avait eu préalablement connaissance des questions soulevées par l'honorable parlementaire, il n'aurait pas manqué d'y apporter des réponses. Il s'engageait à le faire dès la rentrée d'octobre. « En somme », tonna Clemenceau, « nous ne sommes ni gouvernés ni défendus ! » Il réclama une enquête immédiate et qu'en attendant ses résultats le Parlement se déclarât en permanence. Mais les feulements du Tigre se perdirent dans le brouhaha qui précède les récréations. Viviani, sous les ovations, se fit lyrique : « Nous avons une armée admirable, parfaitement entraînée. » Il promit à son tour un rapport dont on tirerait les conclusions, s'il y avait lieu. « Tous vos verbes sont au futur », grommela Clemenceau, en pure perte. Le décret de clôture fut lu dans les deux Chambres, à la satisfaction générale, et Poincaré put embarquer à Dunkerque, avec quelques heures de retard, à bord du « superdreadnought » *France*, le plus récent de nos cuirassés. Toutes affaires cessantes, il confiait le pays, la guerre et la paix, pour les quinze jours à venir, aux mains tremblantes du ministre de la Justice, Bienvenu-Martin.

La traditionnelle garden-party de l'Élysée n'avait pas fait oublier l'éblouissante réception organisée par le baron de Rothschild, le 28 juin. Le très élégant dîner que donnèrent en leur hôtel particulier de l'avenue de l'Alma M. et Mme Arthur *de* Raffalovitch passa pour l'ultime événement parisien de l'année, à moins de considérer comme tel le procès de Mme Caillaux. *Le Figaro* annonçait la prochaine parution d'*Odette mariée*, une longue nouvelle de l'auteur de *Du côté de chez Swann*. Les chroniqueurs mondains du bord de mer notaient que les jupes, raccourcies, découvraient indiscrètement la cheville. La saison brillait de ses derniers feux. Qui eût cru que c'étaient les feux de la dernière saison ? Une note officieuse du Quai d'Orsay excluait toute complication du côté de Vienne et de Belgrade. Il paraissait établi que l'Autriche n'avait pas d'intentions agressives envers la Serbie. Dans ces conditions, la confirmation par Saint-Pétersbourg, cadeau de bienvenue au grand ami français, que les effectifs de l'armée russe, *en temps de paix*, allaient être portés d'un million deux cent mille à deux millions deux cent mille hommes, passa inaperçue…

« Vous excuserez ma voix, dit Jaurès. Quatre jours de Congrès, et d'un Congrès difficile, vous savez ce que c'est… »

Caillaux l'invita à s'asseoir à ses côtés sur le canapé. En ce 17 juillet, deux jours après la fin de la session, de rares échotiers en mal de copie et quelques parlementaires désœuvrés croisaient encore dans les couloirs du Palais-Bourbon, assez rares les uns et les autres pour que les deux hommes pussent tranquillement causer, encore assez nombreux pour que leur rencontre ne restât pas secrète. Lorsque Caillaux avait proposé un rendez-vous au leader socialiste, celui-ci lui avait dit qu'il comptait passer l'après-midi à la bibliothèque de la Chambre. « Eh bien, avait dit Caillaux, retrouvons-nous à trois heures au salon Mazeppa. » C'était le vestibule de la bibliothèque. Jaurès, qui n'avait rien à cacher, n'y avait pas vu malice. Le chef du parti radical, de son côté, souhaitait qu'on les vît ensemble.

Aligot ? Brandade ? Poêlée de cèpes ? J'aurais mieux fait de le voir avant le déjeuner, songea Caillaux, qui se recula légèrement. Quoique… Ça n'aurait sans doute rien changé. *Il est bien capable de commencer sa journée par une tranche de pain frotté à l'ail, arrosée d'un verre d'aramon.* Il laissa choir son monocle et contempla son vis-à-vis avec un bon sourire. Jaurès affichait superbement le peu de souci qu'il avait de son apparence. Des reliefs de son dernier repas – des œufs mimosa ? quelques vermicelles ? – s'attardaient dans sa barbe où les poils gris l'emportaient désormais sur les poils roux. Son ventre saillait et sa chemise fripée sortait de son pantalon informe. Ses grosses chaussures aux talons usés n'avaient pas connu depuis longtemps la couleur du cirage. Des papiers froissés débordaient des poches de son veston. *Est-il vrai que c'est Briand, quand il a été vice-président de la Chambre, qui lui a expliqué l'usage des pattes de chemise ? Il aurait quand même besoin de quelques conseils vestimentaires… Ce n'est pas le moment et ce n'est pas le sujet. Il sera bien temps…*

— Au fond, commença-t-il, nous ne nous connaissons pas. Nous nous côtoyons depuis des années, nous nous sommes apostrophés, nous nous sommes opposés, mais nous ne nous sommes jamais parlé, ce qui s'appelle parler. Je peux dire que vous ne m'avez pas ménagé… (Et comme Jaurès esquissait un geste de protestation) … Non, pas vous personnellement, Jaurès. Vous avez toujours été un adversaire loyal et souvent généreux, je ne l'oublie pas, mais vos journaux, vos amis, votre parti. Dernièrement encore, lors de votre Congrès…

— Vous savez comme moi – et mon parti, sur ce point, n'est pas si différent des autres – que la tribune des congrès est propice à la surenchère, mais vous avez pu constater aux dernières élections que nos électeurs et nos candidats ne confondent pas les radicaux, quelques divergences que nous ayons d'autre part, et les hommes de la réaction.

— Eh bien, justement, ne soyons pas plus sots que nos électeurs qui ont oublié dissentiments, rivalités, préventions, rancune, pour faire masse contre l'adversaire commun. N'en restons pas là. Nous sommes au début d'une législature nouvelle, partons sur des bases nouvelles. Écoutez, je vais vous parler à cœur ouvert. Avec le résultat des élections, l'axe de la majorité républicaine s'est déplacé vers la gauche. Le parti radical reste de loin le premier parti de France mais il ne saurait prétendre incarner toute la gauche à lui tout seul. Il ne peut gouverner, je veux dire gouverner à gauche, sans vous ni contre vous. Mais vous-mêmes, sauf à pratiquer la politique du pire – et je sais que ce ne sera jamais été la vôtre – que pouvez-vous, à quoi servez-vous sans nous et contre nous ? Il y a treize ans déjà, vous affirmiez votre volonté d'être un jour un parti de gouvernement. Achevez votre métamorphose. Vous êtes désormais un parti de masse. Vous avez recueilli trop de suffrages pour avoir encore le droit de les geler, sauf à vouloir nous rejeter dans les bras de la droite ou à lui abandonner le pouvoir. Pas vous et pas ça, Jaurès. Les quinze cent mille voix que vous avez recueillies vous donnent une responsabilité nouvelle. Elles doivent être représentées. Ce n'est pas dans la rue, c'est en prenant votre part du pouvoir que vous pouvez être l'aile marchante de l'avenir.

— Vous ne pouvez pas ignorer que notre congrès vient une fois de plus de condamner le socialisme ministériel. Qu'est-ce qui nous garantit qu'au gouvernement nous ne serions pas une fois de plus les dupes du tour de passe-passe radical qui consiste à brandir bien haut l'étendard de la laïcité pour ressouder la gauche et éviter toute remise en question sociale ? Nous n'avons pas vocation à être les otages d'un gouvernement qui ne se ressouvient de son programme que le temps d'une campagne électorale ou l'alibi révolutionnaire d'un parti dans le fond conservateur.

— Je pourrais vous répondre qu'entre conservation sociale et révolution sociale il y a la place pour des réformes intelligentes et qu'entre personnes intelligentes il y a toujours place pour le dialogue. Mais je me situerai sur un autre terrain.

Sur certaines questions, représentation proportionnelle ou arrondissement, droits syndicaux, journée de huit heures, retraites ouvrières, structure de la société, nous avons des divergences fortes, voire irréductibles. Concentrons-nous sur ce qui nous unit. Entendons-nous sur un programme de législature. Votre parti peut entrer au gouvernement la tête haute, ouvertement, loyalement, avec un programme précis, celui sur lequel nous avons gagné les élections : le retour aux deux ans, le désarmement, le rapprochement franco-allemand, la paix.

— Oui, dit Jaurès pensivement, vous avez raison, il n'y a plus qu'une question aujourd'hui, c'est celle de la guerre. Il n'y a plus qu'un devoir, éviter la guerre. Il n'y a plus que deux camps : ceux qui poussent ou qui se résignent à la guerre, ceux qui la refusent et la combattent, et je sais que nous sommes tous les deux dans le même camp, engagés, chacun à sa manière, dans le même combat. Cette lutte, aujourd'hui, à mes yeux, prime toutes les autres, même la lutte des classes, même la question sociale. Mon vieil adversaire dans le Tarn, le marquis de Solages, répétait à satiété un adage de maquignon : « C'est après la foire qu'on compte les bouses. » Et moi, je dis : « C'est après la bataille qu'on compte les morts. »

— Je ne crois pas à la guerre, dit Caillaux, pas cette fois, pas avec si peu de raisons de la faire. Cette fois encore, nous allons passer à côté du pire. L'Autriche n'en prendra pas le risque sans le soutien de Berlin et ce soutien lui fait heureusement défaut. Vous avez vu d'ailleurs comme le ton a baissé ces derniers jours à Vienne. Guillaume II a trop de fois montré son attachement à la paix pour lâcher la bride à l'Autriche. À la limite, ce serait plutôt Poincaré, et les Paléologue, les Isvolsky, toute cette clique, qui me font peur. Nous sommes pieds et poings liés à la Russie, non seulement par les nouveaux accords secrets qu'a passés Poincaré avec le tsar il y a deux ans mais par tout l'argent que nous lui avons prêté.

» Si une guerre devait éclater, elle serait évidemment courte, quelques semaines, quelques mois tout au plus, mais elle serait terrible, et d'abord terrible pour nous. La guerre, à mes yeux, n'est pas seulement le moyen le plus archaïque, le plus rudimentaire et le moins productif de règlement des conflits, mais elle est tout simplement un luxe dont nous n'avons plus les moyens. La population allemande s'accroît chaque année de huit cent mille âmes. Elle sera bientôt le double de la nôtre. Nous avons perdu la bataille des berceaux. Sur les sept dernières années, quatre ont été déficitaires et quand nous avons eu comme l'an dernier un excédent des naissances sur les décès, il a été de quarante mille. C'est dérisoire. Notre population stagne depuis cinquante ans. Notre armée est inférieure sur tous les points à l'armée allemande. Notre industrie est surclassée par l'industrie allemande... Or, il y aura danger de guerre tant que nous n'aurons pas rompu nos liens avec la Russie, tant que nous n'aurons pas opéré le grand renversement, tant que nous n'aurons pas exprimé et concrétisé des intentions pacifiques dont le rapprochement avec l'Allemagne sera le premier jalon.

— On ne peut pas nier – qui pourrait l'ignorer ? – que l'Allemagne est lourde de menaces. Mais l'Allemagne est également grosse de promesses. L'Allemagne est féodale, mais elle est moderne, elle est rétrograde, mais elle est avancée, elle est encore une monarchie d'essence militaire, mais elle est déjà une démocratie de type parlementaire. Dans aucun pays l'armée n'est plus puissante ni plus considérée mais nulle part les socialistes ne sont plus nombreux et mieux organisés. Il y a deux Allemagne, celle des philosophes et celle des junkers, celles des têtes pensantes et celle des casques à pointe, celle des poètes et celle des sabreurs, celle des symphonies et celle des fanfares, celle de Kant et celle du Kronprinz. Guillaume lui-même est un matamore, mais un matamore pacifique. Faisons confiance une fois encore à sa sagesse.

» La guerre, ce serait le triomphe de la folie sur la raison, de la barbarie sur la civilisation. J'ai pu croire, j'ai voulu croire terminée l'ère des grandes guerres européennes, je n'en suis plus si sûr, je l'avoue. Les progrès de la raison ne sont pas allés de pair avec les progrès de la science. Il y a tant de fous en liberté, qui sont prêts à se servir des armes terrifiantes que la science met entre leurs mains. Il y a les fous qui rêvent de jeter bas la double monarchie, au risque de détruire l'équilibre européen. Il y a les fous qui croient que la guerre rétablirait la puissance des Habsbourg comme si l'Autriche-Hongrie n'avait pas perdu depuis un siècle toutes les guerres qu'elle a entreprises, comme si les peuples prisonniers de l'Autriche ne guettaient pas l'occasion de se retourner contre leurs geôliers. Il y a ceux qui rêvent de rétablir l'autocratie ébranlée par la guerre russo-japonaise en oubliant que le prolétariat pourrait bien cette fois-ci retourner contre ses exploiteurs les armes que ceux-ci lui auront mises entre les mains. Il y a ceux qui veulent la guerre pour pouvoir écraser les socialistes et la révolution. Ils auront la guerre, et ils auront la révolution. Il y a ceux qui veulent reprendre l'Alsace-Lorraine sans avoir demandé aux Alsaciens s'ils le souhaitent au prix d'une guerre, sans être sûrs que cette guerre ne nous coûtera pas plus de morts qu'elle ne nous rendra de vivants. La course aux armements, c'est la course à l'abîme.

Jaurès sortit une chaussette de sa poche, et s'épongea le front.

— Eh bien, dit gaiement Caillaux, nous ne serons pas trop de deux pour nous y opposer. Écoutez-moi bien, Jaurès : après le drame que vous savez, je me suis assigné quatre buts. Ma réélection. J'ai été réélu. Le succès de la gauche. La gauche l'a emporté. L'acquittement de ma femme. Ma femme sera acquittée.

— En êtes-vous si certain ?

— C'est une question de principe. La femme de Caillaux ne doit pas être condamnée. Et j'ai fait le nécessaire. Enfin, je veux que la majorité que nous formons, que nous devons former, ne soit pas spoliée de sa victoire. Début octobre, à notre congrès de Brest, nous exigerons un gouvernement à direction radicale. Nous mettrons Viviani en minorité et Poincaré sera bien obligé cette fois de passer sous les fourches caudines. Je le ferai, ce grand ministère, nous le ferons ensemble, car vous en serez, n'est-ce pas ? Dans le gouvernement que je constituerai, je vous réserve le portefeuille des Affaires étrangères, avec le titre de vice-président du Conseil. Cette politique qui aurait pour but de rendre la guerre impossible, il y a des mois, des années que vous la souhaitez, que vous la prônez, que vous la désirez ardemment sans jamais avoir eu les moyens de la mener. Ces moyens, je vous les offre. Ensemble, à nous deux, tout est possible. Qu'en dites-vous ?

Jaurès sourit :

— Votre proposition me flatte autant qu'elle m'honore, Joseph Caillaux, mais vous n'êtes pas sans connaître nos mœurs bizarres, à nous autres socialistes. Une participation socialiste ne peut se limiter au débauchage d'un homme ni résulter d'une décision individuelle. Elle suppose une délibération et un vote du Bureau national. Encore faudrait-il que celui-ci connaisse précisément et approuve ce que serait votre programme et s'il est de nature à justifier l'entrée d'un mouvement révolutionnaire dans un gouvernement bourgeois. En l'état, je ne peux pas stipuler pour mes camarades.

— Sans doute, mais on sait votre influence sur eux, et que leur attitude peut être déterminée par votre position. Dans mon esprit, il va d'ailleurs de soi que d'autres portefeuilles pourraient aller à des socialistes, au prorata de leur nombre. Je pense par exemple à l'Instruction publique…

» Nous avons plus de deux mois devant nous, avant la rentrée parlementaire. D'ici là, nous aurons tout loisir de reprendre cette conversation et d'entrer dans le détail. Tout ce que je vous demande aujourd'hui, c'est votre accord de principe. J'ai besoin de vous et je sais, si vous me dites oui, que je pourrai compter sur vous. Allons (et il posa sa main sur le bras de Jaurès dans un geste caressant), dites-moi oui.

Jaurès se leva pesamment : « Il faut que je vous quitte. Je dois faire mon éditorial de demain. Ensuite, je reçois des camarades belges et anglais. J'espère que nous nous entendrons avec eux et avec les camarades allemands sur une position unitaire avant la réunion de l'Internationale socialiste du 23 août à Vienne… Vous savez, en ce moment, je mène une vie de fou. » Il eut soudain l'air très las. « Quoi qu'il arrive, je peux vous garantir que ma voix ne manquera jamais ni aux grandes réformes ni à la cause de la paix. Là-dessus, mon soutien vous est acquis… Pour vos propositions, je vous promets d'y réfléchir rapidement. »

Sur la passerelle du *France*, Poincaré, coiffé d'une casquette qui lui donnait, pensait-il, l'allure d'un vrai loup de mer et qui, de fait, aurait pu coiffer un receveur d'autobus, contemplait le reflet de la lune sur les flots de la Baltique. Viviani, sujet au mal de mer, avait regagné sa cabine et le président, lui-même un peu barbouillé, se demandait si à l'automne il ne serait pas contraint de faire appel à Caillaux.

24

« LE PROCÈS DU SIÈCLE »

NOTE DE L'AUTEUR

Un de ces hasards prodigieux et bienveillants qui sont la Providence, parfois des historiens, souvent des romanciers, nous a permis de mettre la main sur les notes prises lors du procès de Mme Caillaux, entre le 20 et le 28 juillet 1914, par Gaston Leroux. L'illustre auteur du *Mystère de la chambre jaune* et de la série des *Rouletabille*, également grand reporter au *Matin*, n'avait pourtant pas été chargé d'assurer pour son journal le compte rendu de cette affaire historique. Mais la curiosité est la seconde nature du journaliste. « Cette semaine », écrit Gaston Leroux en date du 20 juillet, « l'événement sera au Palais. » Ce disant, il ne faisait que refléter le sentiment général… au moment de l'ouverture des débats.

Nous nous réservons de préciser ultérieurement comment ce document exceptionnel, à ce jour inédit, est entré provisoirement en notre possession. « Provisoirement », car il va de soi que le destin de ce précieux petit carnet de moleskine noire où Gaston Leroux consigna ses impressions d'audience, auxquelles se mêlent, à mesure que les jours passent, ses inquiétudes, puis ses angoisses devant la montée des périls, est d'aller enrichir un jour les réserves de la Bibliothèque nationale de France. Dès à présent, nous publions ces pages telles quelles, dans leur authenticité brute.

Lundi 20 juillet 1914

Cent quarante-deux journalistes accrédités (plus moi-même, cent quarante-troisième, rajouté en dernière minute), cinquante-quatre témoins pour la partie civile, vingt et un pour la défense, sans compter les agents en bourgeois, parfaitement identifiables, comme toujours, qui truffent la salle, et une nuée d'avocats qui se faufilent partout et qu'on n'ose refouler tant ils savent user de leur robe noire comme d'un talisman, c'est dire si, une fois tout ce beau monde casé tant bien que mal, il reste peu de place pour le public « ordinaire ». Le président Albanel avait d'ailleurs prévenu qu'il n'y aurait pas de billets de faveur et qu'en particulier les jolies femmes dont les toilettes sont l'ornement habituel des grands procès parisiens ne devaient pas s'attendre au moindre passe-droit. Paroles… D'où je suis, il me semble bien en apercevoir une vingtaine, parquées comme des biches dans un enclos derrière une demi-cloison de bois, juste dans le dos du jury : on ne voit dépasser, sous leurs toques et leurs chapeaux à plumes, que leurs yeux, tour à tour attentifs et rieurs.

On s'entasse donc comme on peut, entre les murs trop étroits de cette cour d'Assises où l'on ne parvient qu'après avoir traversé les effrayantes solitudes d'un Palais de justice en état de siège et montré patte blanche aux différents barrages de police. Cette semaine, l'événement sera au Palais où l'on viendra oublier les lointaines et ennuyeuses complications balkaniques pour suivre ce qu'un confrère américain porté sur l'hyperbole n'a pas craint de qualifier de « procès du siècle ». Peste !

Il est procédé à la constitution du jury – Me Chenu, pour la partie civile, ne récuse qu'un juré ; Me Labori, pour la défense, cinq – puis le président lit les recommandations d'usage sur la tenue de l'audience, en insistant sur le fait qu'il ne tolérera aucune manifestation. Pendant ces formalités, un confrère du *Petit Journal* me passe une brochure anonyme, mais dont il n'est pas bien difficile de deviner l'origine, que l'on vend à la criée sur le quai. Gaston Calmette y est présenté comme un jouisseur et un corrompu, n'hésitant jamais à faire passer ses intérêts avant ses convictions et à mettre son journal au service du plus offrant.

Il est midi moins dix lorsque M. Albanel prononce la formule rituelle : « Faites entrer l'accusée. » Comme il est de règle avant la comparution devant les Assises de la Seine, Mme Caillaux a été transférée il y a deux jours de Saint-Lazare à la Conciergerie. Elle avait pris place avec deux inspecteurs dans un taxi. Un deuxième taxi suivait, avec sa femme de chambre et ses malles de chez Vuitton. À la Conciergerie comme à Saint-Lazare, elle dispose d'une cellule double. Deux surveillantes sont affectées à sa garde – ou faut-il dire à son service ? Elle y a reçu la visite de son mari. Ses repas lui viennent toujours de chez Lapérouse. On peut supposer qu'ils lui arrivent moins froids… La presse nous informe qu'elle mange de bon appétit, qu'elle dort bien, qu'elle est calme, mais anxieuse.

Tous les yeux sont maintenant tournés vers la petite porte, derrière le box, qui donne accès à la pièce où elle doit patienter. Et voici que la porte s'ouvre…

Elle est vêtue d'une discrète robe noire, avec un corsage de tulle échancré, et coiffée d'un chapeau de paille noir surmonté de deux larges plumes, tout cela fait pour mettre en valeur sa carnation de blonde à la peau claire. Elle ne semble pas avoir souffert de ces quatre mois passés à l'ombre. Un peu empâtée, peut-être. Un peu trop ronde. Un peu fade. Des regards et des mines déçus s'échangent. Eh bien oui, ce n'est qu'une petite femme assez ordinaire, et qui accuse ses quarante ans. Qu'attendait-on ?

Le jeune avocat général, M. Mornet, s'est substitué au procureur général, M. Herbaux, pour donner lecture de l'acte d'accusation. Il s'est acquitté de cette obligation généralement tenue pour fastidieuse avec plus de conscience qu'il n'est d'usage. Il n'a ni boulé son texte ni avalé ou estropié les mots. À de tels détails, on mesure l'importance d'un procès. Il a donc été écouté dans un silence relatif, bien que les faits, largement connus – et reconnus – aient été à maintes reprises étalés tout du long dans tous les journaux.

Mme Caillaux, si elle est déclarée coupable de meurtre avec préméditation, encourt théoriquement la peine de mort. Si l'on retient des circonstances atténuantes, elle risque encore entre vingt et cinq ans de prison. Si l'on admettait qu'il n'y a pas eu intention de donner la mort, la peine minimale est de deux ans, éventuellement assortis du sursis.

La vraie difficulté, que devront trancher les jurés, en leur âme et conscience, est la suivante. L'affaire est-elle de nature politique ? Caillaux a-t-il vraiment voulu supprimer un adversaire dangereux ? Dans ce cas, sa place serait dans le box, aux côtés de sa femme, qui ne serait finalement que sa complice, donc moins coupable que lui. Ou bien Mme Caillaux a-t-elle agi spontanément, pour des motifs d'ordre privé, et nous resterions dans le cadre d'un simple faits-divers, plus ou moins assimilable à un crime passionnel… Autre manière de poser le problème : cherchera-t-on à atteindre Caillaux en châtiant durement sa femme ? Ou effacera-t-on le crime de la femme en considération du mari ?

« Je suis une bourgeoise », dit-elle d'entrée, « et je n'en ai pas honte. » Bourgeoise, elle l'est par l'éducation, les vêtements, le maintien, dans son comportement, dans ses sentiments, jusqu'au bout de ses longs gants noirs, jusqu'à la caricature. Telle elle se montrera tout au long de son interrogatoire. Car l'interrogatoire a commencé…

… Si l'on peut parler d'interrogatoire, tant le président Albanel fait montre vis-à-vis de cette accusée d'exception, d'une courtoisie, voire d'une déférence tout à fait inhabituelle, tant il se fait paternel, prévenant, presque obséquieux. « Parlez, madame… Voulez-vous me permettre une toute petite question ?... Peut-être souhaitez-vous quelques instants de repos ?... Si vous le désirez, vous pouvez consulter vos notes… » Sommes-nous toujours dans un prétoire, ou dans un salon ? Les méchantes langues assurent que l'hiver dernier, M. Albanel et les Caillaux se sont plus d'une fois trouvés aux mêmes réceptions. Qu'en sera-t-il à l'automne prochain ?

Mme Caillaux s'explique. Longuement. Sagement. Trop longuement. Trop sagement. Elle se reporte fréquemment à ses notes, comme on l'y a autorisée. Elle a eu pourtant tout loisir de préparer sa déposition, entourée des conseils éclairés de son mari et de ses défenseurs. Mais elle ne connaît pas encore tout à fait par cœur sa leçon. De plus, elle est comme les écoliers quand ils récitent devant la classe : elle ne met pas le ton. On a l'impression qu'elle n'est pas à la hauteur de son rôle.

Comme d'autres leurs bijoux ou leur fourrure, elle étale avec ostentation la réussite de son mariage. « J'avais tout, je veux dire j'ai tout. » Eh oui, après avoir vécu des amours clandestines et longtemps contrariées, elle a atteint son but. Elle est, au grand jour, Mme Caillaux, l'épouse légitime d'un des hommes les plus considérables de ce pays. Et à ce point, il est difficile de ne pas s'interroger : qu'aime-t-elle davantage ? Son mari, ou la position de son mari ?

Elle se fait plus convaincante lorsqu'elle raconte les attaques, les avanies, les humiliations, l'impopularité de son mari, surtout dans leur propre milieu – « je l'avais supplié », dit-elle, « de ne pas revenir au gouvernement » – la campagne, enfin, du *Figaro*.

« Nous avions appris que Calmette s'était engagé auprès de Barthou à ne pas publier le rapport Fabre. Nous n'avions à redouter que la publication de ces lettres intimes dont nous savions depuis 1910, avant même notre mariage, qu'elles étaient sur le marché. » Cela se tient. Et pourquoi en effet Calmette, qui n'avait pas hésité à publier la lettre « Ton Jo », avec ou sans l'accord de sa destinataire, aurait-il reculé devant une autre indélicatesse ? Elles étaient donc bien compromettantes, ces lettres, bien indiscrètes, bien polissonnes ? Mais pas du tout, proteste-t-elle vivement. Certes, elles comportaient des passages, politiques ou sentimentaux, qui n'avaient pas à être mis sous les yeux de tiers. Mais elles n'avaient rien que d'honorable. C'était le genre de lettres qu'une femme bien élevée peut s'attendre à recevoir d'un homme bien élevé. Alors ? « M. Caillaux s'y exposait tout entier. Et surtout, je ne voulais pas que ma fille sache... C'est l'effet de mon éducation. Combien de fois mon père m'a-t-il répété qu'une femme qui prend un amant est une femme sans honneur ! »

Là serait donc le premier mobile du crime : la crainte de passer pour une femme légère, une femme perdue, une femme « sans honneur », d'être montrée au doigt par les dames comme il faut, par la bonne société ? Ah bah, à Paris, en 1914 ? On a peine à la croire et pourtant, rappelons-nous les premiers mots qu'elle adresse aux employés du *Figaro* qui la maîtrisent après qu'elle a tiré, qui vont se méprendre et la malmener peut-être : « Messieurs, je suis une dame, je suis Mme Caillaux ! J'ai ma voiture qui va m'emmener au commissariat ! » De cette pudibonderie, de cette exigence de respectabilité, de sa conception de ce qui se dit et se fait, et de ce qui ne se dit pas et ne se fait pas, elle va fournir une nouvelle preuve. Arrivant au récit du jour fatal, elle dit : « C'est en revenant du ministère avec moi que mon mari a parlé d'aller casser... », et elle s'arrête net. Le président se penche vers elle : « D'aller casser quoi ? » « Je ne peux pas ». « Mais, madame, ce sont des mots qui figurent dans vos interrogatoires, qui ont paru dans tous les journaux ! » « Je suis désolée, je ne peux pas... » « Bien je vais les prononcer à votre place. M. Caillaux a dit, je cite, qu'il allait casser la gueule à ce salopard de Calmette. C'est bien cela ? » « Oui, monsieur le président. » Caillaux a-t-il dit exactement « ce salaud » ou « ce salopard » ou « cette salope », ce qui serait pire, ou « ce saligaud », ce qui serait assez commun, ou « ce salopiaud », qui vous a un petit air champêtre et bon enfant ? Ce n'est pas de Mme Caillaux que nous l'apprendrons. Il y a des mots, n'est-ce pas, qu'une femme n'emploie pas, qu'elle doit feindre de ne pas entendre, voire de ne même pas connaître...

Me Chenu a beau jeu de s'étonner et d'ironiser : tirer sur un homme désarmé pose moins de problèmes à

Mme Caillaux que de répéter une phrase banale qui a traîné partout. (Lorsqu'un peu plus tard, elle dira à propos des cinq coups de feu qu'elle a tirés : « Ces revolvers-là, ça part tout seul », Me Chenu commentera, sarcastique : « Le browning est passé de la poche de l'apache au petit sac de la femme qui tue. Le revolver est parti tout seul ? C'est ce que disent tous les assassins ! »)

L'accusée poursuit : « J'étais affolée, après ces paroles menaçantes de M. Caillaux. Je ne voulais pas que mon mari, si bon, si sensible, soit obligé de tuer pour moi. J'avais peur qu'on me l'assassine, comme on avait tenté d'assassiner Jules Ferry. On salissait, on voulait abattre, et pas seulement avec des mots, le chef du parti républicain. J'avais perdu le sommeil, je sentais que je devais faire quelque chose, mais quoi ? Je pensais intimider M. Calmette, obtenir qu'il me remette ces lettres. Je n'avais pas l'intention de le tuer, et d'ailleurs je n'avais pas intérêt à le tuer. Ce n'est pas ça qui diminuerait le scandale : on l'a bien vu. Mais j'étais comme folle. Quant à la préméditation, jusqu'au dernier moment, j'hésitais si j'irais à un thé ou bien au *Figaro*. La lettre que j'ai remise à la gouvernante prouve bien que je n'avais pris aucune décision puisque je ne savais pas si je rentrerais ou non chez moi. »

Pour finir, Mme Caillaux exprime d'une voix blanche les regrets conventionnels et mille fois entendus que la plupart des assassins se croient tenus de proférer devant les cours dans l'espoir d'attendrir les jurés : « Je regrette du plus profond de mon cœur le grand malheur que j'ai causé. » Une dame comme il faut, décidément.

Mardi 21 juillet 1914

Inutile de présenter M. Caillaux : il ne laisse à personne le soin de le faire. Son entrée théâtrale semble calculée pour susciter des mouvements divers, comme on dit à la Chambre. La tête droite, le regard hautain, sanglé dans sa redingote, le corps cambré, il s'avance. Au passage, dans un geste d'une négligence savamment étudiée, il a jeté sa serviette sur une chaise qui se trouvait là. Il empoigne la barre des deux mains, se balance et d'un regard circulaire semble toiser l'assistance. Avant même d'avoir ouvert la bouche, il aura mis la moitié de la salle contre lui. L'incessante cohue des avocats en robe qui vont, viennent et s'insinuent partout entretient un brouhaha permanent que le président n'ose réprimer. Ces messieurs sont en majorité hostiles au couple Caillaux et ne se gênent pas pour le faire savoir. Cela compense la claque bruyante qui a salué de bravos énergiques la simple apparition de M. Caillaux. Du coup, le président Albanel, très nerveux, donne à nouveau lecture du texte réprimant les délits d'audience et avertit qu'il usera sans faiblesse, s'il le faut, des pouvoirs disciplinaires qui lui sont impartis.

Caillaux raconte Caillaux, avec une complaisance certaine. Sa naissance, ses études, son ascension, sa fortune, ses succès électoraux. Le galant homme qu'il entend être n'évoque pas ses conquêtes d'un autre genre. Comment, conservateur au départ, il est allé vers la gauche, en n'ignorant pas le risque qu'il prenait. Chacun sait les haines qu'il s'est attirées et qui ont culminé avec la campagne du *Figaro*. Tout a été bon pour abattre l'homme assez osé pour entreprendre l'indispensable réforme de notre fiscalité.

Féroces, odieuses, ignobles, les attaques du *Figaro* étaient trop basses pour l'atteindre. Agadir, les « documents verts » ? Il n'y trouvait que des motifs de fierté. L'affaire Rochette et le document Fabre ? Il ne demandait pas mieux que de s'en expliquer, et il l'a fait. Il savait bien au demeurant que derrière cette campagne se cachaient à peine des hommes politiques de premier plan, et qu'il s'agissait de le discréditer avant les élections. On a vu ce qu'a été la réponse des électeurs. La seule menace qui le touchait ? Les lettres. Il s'en inquiétait pour sa femme, comme elle s'inquiétait pour lui-même. Ici, il place comme le grand air de son opéra biographique, un hommage appuyé, excessif, presque indécent à sa première et plus proche collaboratrice, à celle par qui il a connu enfin le parfait bonheur conjugal. « Nous vivons dans une étroite intimité de l'esprit et du cœur. Elle est de ma race, elle est de mon espèce, c'est pourquoi je l'ai prise et je l'ai choisie. » Ici, Mme Caillaux, incapable de contenir son émotion, prend son mouchoir et s'en tamponne délicatement les lèvres, comme pour étouffer d'irrépressibles sanglots et je ne saurais dire pourquoi, mais ces sanglots me semblent feints comme le dithyrambe de M. Caillaux me semble forcé. J'ai l'impression qu'il cherche autant à se convaincre qu'à convaincre son auditoire et que, craignant de ne pas en faire assez, il en fait trop.

Hélas, par délicatesse, pour ne pas ajouter encore à ses soucis, « la pauvre chère créature » a tout fait pour ne rien changer à son comportement habituel. Lui-même, accaparé par ses fonctions, n'avait pas pris à temps la mesure des ravages causés par les calomnies et les menaces de Calmette. Il croyait avoir trouvé le moyen de la rassurer et de la préserver. « Quand je lui ai dit le 16 mars que j'allais casser la gueule de Calmette, je voulais lui faire comprendre que c'était une affaire d'hommes, qui devait se régler entre hommes, qu'elle n'avait plus à s'en préoccuper. Je pensais l'avoir apaisée. Je n'avais pas compris qu'elle était possédée par une idée fixe. Elle a agi comme une somnambule. Quand je l'ai revue, le soir du drame, alors qu'il était trop tard, je lui ai dit : "Ma pauvre enfant, qu'as-tu fait ?" Elle m'a répondu aussitôt : "Pourvu que je ne l'aie pas tué !" »

Mme Caillaux verse une ou deux larmes, puisqu'elle porte cette fois à ses paupières son mouchoir roulé en boule. M. Caillaux reprend : « Calmette avait balayé tout scrupule et mené contre nous une guerre sans limite et sans merci. Eh bien, malgré tout ce qu'il nous a fait subir, nous sommes dans le même sentiment, ma femme et moi. Je le dis hautement, si je pouvais lui rendre la vie en l'autorisant à me couvrir d'encore plus de boue, je le ferais ! »

Cette fière et noble déclaration à peine faite et frénétiquement applaudie, M. Caillaux, au lieu de s'y tenir, s'emploie à en détruire l'effet. Son tempérament disons combatif reprend le dessus et il n'hésite pas à se lancer dans un parallèle hasardeux pour mieux piétiner l'ennemi aujourd'hui abattu.

« Je suis, dit-il, inspecteur des Finances, et l'on veut bien me reconnaître certaines compétences dans mon domaine. J'aurais pu utiliser à mon profit ma situation politique et notamment le poste que j'ai tenu dans quatre gouvernements, pendant sept ans au total. Or, je n'ai accepté la présidence du Crédit foncier argentin et celle du Crédit foncier égyptien qu'après la chute du cabinet Clemenceau, et je me suis toujours refusé à siéger au conseil d'administration d'une société qui aurait été en affaires avec l'État français. Nombre de parlementaires, qui sont également avocats, défendent de telles sociétés ; certains y sont partie prenante : Roche, Étienne, Jonnart, Clémentel… Pourquoi ne s'en prend-on qu'à moi ? Serait-ce pour des raisons qui n'ont rien à voir avec la morale, et tout à la politique ? Y aurait-il une jurisprudence Caillaux ?

» Je dispose d'une certaine fortune. Oh, pas bien considérable. J'avais hérité de mes parents millionnaires 1 200 000 francs. Je les ai toujours, pas plus, et l'on met en doute ma probité… Alors, que dire de ce journaliste qui, sans le sou, appuyait en 1900 le gouvernement Waldeck et qui, en 1914, devenu mon ennemi politique, laisse treize millions sur l'origine desquels je préfère ne pas m'étendre ? »

Des ovations et des cris d'indignation accueillent cette sortie. Apparemment indifférent aux unes et aux autres, M. Caillaux conclut : « Mme Caillaux expie cruellement depuis plus de quatre mois l'acte commis par elle. Mais peut-on qualifier de crime l'expression et la conséquence d'une trop légitime révolte ? Le procès de ma politique, certains l'instruisent depuis quinze ans. C'est aujourd'hui, à travers le geste d'une femme et d'une mère offensée celui d'une certaine presse que vous avez à juger. »

*

Nouvelles inquiétantes en provenance de Vienne. Le ministre des Affaires étrangères, comte Berchtold, le ministre de la Guerre, général Krobatin, le chef d'État-major général, Konrad von Hoetzendorf, ont interrompu leur congé pour regagner la capitale autrichienne. Il y a un parti de la guerre en Autriche, comme en Allemagne, comme en Russie, comme en France. Certes, les toasts pacifiques portés par le tsar et le président de la République ont compensé l'effet fâcheux qu'a produit l'étalage de la puissance militaire russe reconstituée en rade de Cronstadt et à Tsarkoié Sélo. On dit que la remise de la note autrichienne à la Serbie est imminente. Elle serait dure, mais courtoise, et M. Pachitch est disposé à la conciliation. M. Poincaré aurait-il maintenu son voyage s'il y avait lieu de craindre pour la paix ? Au fond, l'élément le plus rassurant réside dans l'espace et l'importance que la presse française accorde au procès en cours, comparé au peu d'intérêt qu'elle accorde aux rumeurs alarmistes en provenance des Balkans.

Mercredi 22 juillet 1914

Chaque matin depuis le début du procès, M. Caillaux et M. Ceccaldi arrivent ensemble et montent de conserve les marches de l'escalier monumental qui mène de la place Dauphine au grand vestibule de Harlay par où l'on accède à la cour d'Assises. Le soir, toujours côte à côte, ils redescendent le même escalier et s'engouffrent dans la voiture qui les attend sur la place. Ensemble, mais pas seuls, et ceci mérite d'être conté.

M. Caillaux, qui se riait des appels au meurtre quotidiennement lancés contre lui dans *L'Action française*, prétendait s'en remettre de sa protection à la police de son ami Malvy et aux gardes municipaux.

« Vous n'y pensez pas, président, lui a dit Ceccaldi. La plupart de ces énergumènes ne sont que des braillards, mais certains peuvent être dangereux. Rappelez-vous le président Loubet. Une faille dans le service d'ordre, une bousculade, une rixe, et un mauvais coup est vite arrivé. Il est hors de question que vous soyez à la merci d'un incident déplaisant, ou pire encore. Laissez-moi faire. »

M. Caillaux a donc laissé faire.

Député radical de l'Aisne, M. Ceccaldi est né quelque part du côté de Bastia. Avocat, et corse, il a donc des clients, qui sont aussi des amis, et des amis qui sont à l'occasion des clients, tous corses comme lui. Et ces amis à leur tour ont eux-mêmes d'autres amis, aussi sûrs qu'eux-mêmes. C'est ainsi qu'ont été recrutés une cinquantaine de *gardes du Corse* qui escortent M. Caillaux à l'arrivée, au départ, et jusque dans le prétoire où le si bienveillant M. Albanel leur a fait délivrer des cartes d'entrée. S'étant pris au jeu, ces hommes ne limitent pas leur soutien à des arguments frappants, mais donnent de la voix en faveur de l'ami de leur ami. C'est sans doute ce qu'on appelle là-bas dans l'île la *polyphonie*. Faut-il ajouter que ces messieurs, à qui la justice a souvent cherché noise pour *vagabondage spécial*, s'enorgueillissent tous d'un casier judiciaire long comme le bras ? Le chef de la bande, qui répond au joli nom de Napoléon Poggiale, n'a pas encouru moins de douze condamnations. Eh bien, tous les soirs, le directeur de la Conciergerie, le directeur de la Sûreté et le commandant du Palais se retrouvent au domicile de M. Ceccaldi et règlent de concert avec M. Napoléon Poggiale le dispositif policier du lendemain.

Rien n'est plus curieux que de voir ces repris de justice et les inspecteurs de police qui les ont maintes fois arrêtés et interrogés se coudoyer à l'audience ou dans le vestibule de Harlay, échanger des regards complices, des souvenirs communs, et se donner un coup de main à l'occasion.

Tels quels, ces hercules patibulaires ont fait la preuve de leur utilité et de leur efficacité. Hier encore, un groupe de camelots du Roy qui avaient trompé la vigilance des municipaux, attendaient M. Caillaux devant l'entrée du Palais pour lui faire un mauvais parti. Eh bien, les moulinets des cannes plombées de ces petits messieurs n'ont pas, mais alors pas du tout, impressionné les apaches insulaires. Quelques jeunes révolutionnaires rameutés par M. Almereyda étant venus à la rescousse, l'armée royaliste fut mise en déroute en un clin d'œil. Aujourd'hui, de nouveau mobilisée, elle se tenait à une distance respectueuse de l'invincible garde corse.

Ce matin, Me Chenu, anticipant vraisemblablement sa plaidoirie, s'en est violemment pris à Caillaux : « Vous avez profané la tombe que votre femme a ouverte... Quel spectacle que celui d'un homme qui s'en prend à un cadavre ! Le chacal, lui aussi, ne craint pas de ronger les ossements du lion... Vous avez travesti cette belle et mâle figure de Gaulois énergique. Vous avez confondu *Figaro* et les Zoïle ou les Basile d'une certaine presse... Oui, *on* parlait du collier de perles que vous aurait rapporté la cession du Congo, *on* vous disait malade et presque fou, *on* donnait votre divorce pour certain, *on* colportait des phrases prétendument extraites de lettres privées, mais ce *on* n'était pas Calmette. Calmette signait ses articles. Il n'était pas l'un de ces folliculaires stipendiés dont la fréquentation vous est familière. S'il avait inspiré ou écrit une brochure contre vous, il en aurait assumé la responsabilité... Vous prétendez greffer un procès politique où vous joueriez le rôle de la victime sur une triste affaire de droit commun... »

Me Chenu parlait et Caillaux souriait, Me Chenu dénonçait, Me Chenu grondait, Me Chenu tonnait et Caillaux n'en avait cure. Il avait obtenu, sur un autre terrain, entière satisfaction.

Hier matin, M. Louis Latzarus, rédacteur au *Figaro*, avait entrepris de repêcher le monstre du Loch Ness, je veux dire ces fameux « Verts » dont tout le monde a entendu parler et que personne n'a jamais vus. Mais lui, si. Calmette, assurait-il, lui avait donné lecture de ces documents « dont aucun Français ne pourrait prendre connaissance sans indignation, et qui rendaient Caillaux passible de la Haute Cour ». Caillaux, dans un premier temps, s'était borné à répéter, mécaniquement, qu'il n'avait pas à rougir de son rôle dans l'affaire d'Agadir et que le jour où l'on saurait tout, on saurait ce qu'il a fait pour la France et on lui rendrait hommage. Le procureur général Herbaux était sorti de sa torpeur pour voler au secours de Caillaux et rappeler qu'en 1912, M. Poincaré avait reconnu le patriotisme de son prédécesseur, ce qui valait bien quitus et certificat de moralité. C'est alors que Me Labori avait renchéri, en faisant observer que M. Albert

Calmette avait trouvé ces prétendus documents dans le portefeuille de son frère, qu'il les avait remis au président de la République et que celui-ci, en les transmettant simplement à M. Viviani, avait semblé les authentifier. Il revenait à M. Herbaux, représentant dans cette enceinte le ministère de la Justice, d'obtenir sans tarder du gouvernement l'assurance que rien ne permettait de mettre en doute l'honorabilité de M. Caillaux. Le procureur général a fait diligence, puisqu'il a produit à l'audience de ce jour un communiqué officiel attestant que les « Verts » ne sont que « la prétendue copie de documents qui n'existent pas et n'ont jamais existé ».

De son côté, M. Clemenceau, par lettre, atténue singulièrement les propos qu'on lui a prêtés. Il n'a jamais dit : « Il faut la Haute Cour », mais : « Si cela était vrai, il faudrait la Haute Cour », ce qui est bien différent. Qu'importe que Clemenceau, qui a déterré la hache de guerre contre Poincaré et Viviani, opère un rapprochement tactique avec M. Caillaux, qu'importe qu'en l'absence du chef de l'État et du président du Conseil, le gouvernement, nominalement présidé par M. Bienvenu-Martin, lui-même surveillé de près par M. Malvy, n'ait rien à refuser à M. Caillaux. Celui-ci exulte et savoure sa victoire.

Les témoins défilent, ils ne m'inspirent guère. *« La vérité, rien que la vérité, toute la vérité... Sans haine et sans crainte... Ni parents ni alliés ni au service de l'accusée... Levez la main droite et dites : je le jure... »* Quelle comédie ! Ceux-ci ne font que s'ajouter à l'interminable file de témoins qui, depuis la nuit des temps, se parjurent avant même d'avoir prêté serment, avant que l'encre de leur témoignage ait séché, avant que le coq ait chanté une seule fois.

Amis personnels, littéraires et politiques de Calmette, employés et journalistes du *Figaro*... Qu'en attendre sinon qu'ils déversent des tombereaux de fleurs et de couronnes sur le cercueil de leur ami ou patron et dénoncent la meurtrière poussée au crime par son mari ?

Qu'attendre des proches, des domestiques, des amis politiques du couple Caillaux sinon qu'ils entonnent la main sur le cœur le refrain du ménage modèle et qu'ils attestent que

Mme Caillaux, bien avant le jour du meurtre, était dans une sorte d'état second ?

Le public, qui ne s'y trompe pas, n'accorde à ces dépositions que le vague intérêt qu'elles méritent. Depuis le 16 mars, tous ces gens ont eu dix fois, vingt fois, le temps et l'occasion de se concerter et d'accorder leurs violons. Ils ont répété et maintenant ils se répètent.

Jeudi 23 juillet 1914

Cette journée a été celle de Mme Gueydan.

Celle qui fut la première Mme Caillaux a repris aujourd'hui son nom de jeune fille. C'est peu dire que l'on était prévenu contre ce témoin-là. Mme Gueydan est plus que soupçonnée d'avoir vendu ou remis à Calmette la lettre « Ton Jo ». Elle a reconnu détenir les lettres « intimes » dont Mme Caillaux – l'autre Mme Caillaux, celle qui est dans le box – redoutait la divulgation. Il est apparu à l'audience qu'elle en possède même quelques autres. Ces lettres, elle les a d'abord utilisées comme un moyen pour retenir l'époux infidèle dans les liens du mariage. Elle les a brûlées devant témoins (!) pour sceller une réconciliation qui n'a pas duré. Mais elle en avait conservé des reproductions photographiques. Il est possible, mais non prouvé, qu'elle ait cherché à en tirer de l'argent avant son divorce, il est acquis qu'elle en a fait une arme de chantage pour négocier ce divorce aux meilleures conditions financières, il est certain que Mme Gueydan a une forte propension à s'approprier indûment des missives qui ne lui sont pas destinées. Elle garde et ne rend pas.

On attendait donc une épouse bafouée et vindicative, aigrie, mesquine, intéressée. Mme Gueydan a montré un autre visage – est-il le vrai, n'est-il qu'un masque, je ne saurais le dire –, elle a imposé une autre image, celle d'une âme haute et vaillante, simple et belle, meurtrie et brisée. En dépit des ricanements et des insinuations de M. Caillaux, il est peu contestable qu'après avoir quitté son premier mari par amour, elle a été assez laidement trahie puis assez vilainement abandonnée par le second. Par sa dignité, par sa présence d'esprit, par son refus de plier devant un président ouvertement hostile, elle a retourné l'assistance en sa faveur. Il faut dire qu'elle a été involontairement mais puissamment aidée par l'évidente partialité contre elle de M. Albanel et par l'attitude, composée d'arrogance naturelle et de muflerie délibérée, de M. Caillaux. Toujours est-il qu'arrivée sous des murmures malveillants elle a quitté l'audience sinon applaudie du moins entourée des marques d'un respect général.

Mme Gueydan est de taille élevée et de silhouette élancée. Les traits de son visage, durcis par le temps et creusés par les chagrins, sont d'une régularité et d'une sévérité toutes romaines. Quelques fils d'argent se mêlent aujourd'hui à ses cheveux bruns. Mme Gueydan est l'antithèse de l'actuelle Mme Caillaux. Celle-là est noire, raide, je dirai même anguleuse. Il ne doit pas faire bon s'y frotter. Celle-ci est blonde, claire et ronde. L'une semble taillée à grands coups de ciseau dans le granit, l'autre sculptée d'un pouce indulgent et distrait dans quelque matière molle telle que le beurre ou la gelée. Telle quelle, il semble bien que la deuxième convienne mieux à M. Caillaux, qui passe pour difficile à vivre, tandis qu'il ne s'est pas accommodé longtemps du caractère également fort de la première, qui est d'une autre trempe, j'allais dire d'une autre race, pour emprunter son vocabulaire à M. Caillaux. Si Henriette Raynouard était comparée à un canot de plaisance, fait pour la navigation en eau calme et par beau temps, Berthe Gueydan serait une frégate de haut bord, armée de cent canons, et qui défie la tempête.

En vain le président Albanel prétendait-il d'entrée interdire à Mme Gueydan le droit de lire ses notes qu'il avait si complaisamment accordé à Mme Caillaux. Elle se rebelle contre cette injustice. « J'ai de la bravoure », dit-elle, et elle le prouve. Lorsque le magistrat propose une transaction – il l'interrogera de telle façon qu'elle puisse répondre à ses questions précises – elle le rabroue : « Mais vous ne connaissez rien de cette affaire. Laissez-moi donc parler. Toute la pitié va à l'intruse qui s'est faufilée à mon foyer, qui m'a volé mon mari. Pas une parole de sympathie pour l'épouse fidèle et bonne qui est la victime de cette intruse et qui n'a jamais rien dit d'agissements dont vous ne savez pas la noirceur. » De guerre lasse, M. Albanel s'incline et elle déposera à sa guise, sans avoir besoin de consulter ses notes, et pour cause. Ce dossier, elle le connaît par cœur. C'est sa vie même.

Mme Gueydan va donc nous décliner tout du long le déroulement du plus classique des adultères, sans nous faire grâce d'aucun détail et en faisant ressortir toutes les lâchetés, grandes et petites, d'un homme supérieur qui apparaît bien faible devant les femmes et devant sa femme. D'un côté – de son côté à lui – les ruses, les mensonges, les dénégations, les retours tardifs, les absences injustifiées, les avanies, les revenez-y, les serments parjures, les traquenards. À elle les premiers doutes, la déception, les tristesses intimes, les tourments, les vexations et pour finir la solitude. M. Caillaux sort de ce récit plutôt diminué voire un tantinet ridicule, mais aussi à son avantage d'une certaine manière, parce que plus humain.

« Tout a commencé le 14 juin 1908. C'était un dimanche, nous déjeunions au ministère lorsqu'un huissier est entré et a remis une enveloppe non timbrée à mon mari. J'étais un peu étonnée de le voir décacheter la lettre, la lire puis la glisser dans sa poche. Je lui ai demandé de quoi il s'agissait. “Tu vas voir, me dit-il, de quoi nos ennemis sont capables pour me prendre au piège. C'est une prétendue lettre d'amour. Mais quelle prose ! Regarde, est-ce assez grotesque !” Et nous avons bien ri, ensemble. Hélas, j'ai pu me convaincre assez vite que cette liaison n'avait rien d'imaginaire. » Car Mme Gueydan a fait suivre son mari, et la filature a été concluante. Quand M. Caillaux, de son côté, a engagé un détective, celui-ci a fait chou blanc.

Suivent deux années orageuses. Le mari coupable nie puis, devant l'évidence, il passe aux aveux. Puis il jure que tout est fini. Et Mme Gueydan d'exhiber une première lettre, de rupture, écrite sous sa dictée et adressée à Henriette Raynouard, en septembre 1909, et une deuxième lettre, de novembre 1909, assez pitoyable, où Caillaux reconnaît sa faute, implore le pardon de l'épouse légitime, la supplie de reprendre la vie commune et lui jure fidélité : « Ces engagements solennels, non seulement il ne les tint pas, mais peu de temps après, il fit tout pour me pousser à bout. Il laissait traîner à dessein des lettres de Mme Raynouard, décachetées. Après avoir tout fait pour éviter un divorce qui le terrifiait, il fit tout pour le rendre inévitable : il avait été réélu. » Et c'est l'abandon du domicile conjugal.

— J'étais seule, sans argent, face à un homme puissant et rusé devenu mon ennemi. Les avoués, les avocats se dérobaient par crainte de déplaire à M. Caillaux ou, pire encore, me conseillaient de prendre les torts sur moi. Dans ce combat inégal, les lettres que j'avais conservées ont été l'arme qui m'a sauvée.

— Mais ces lettres, intervient Me Labori, devaient être brûlées...

— Oui, c'est vrai, et en effet, fin 1909, nous avons brûlé devant témoins, M. Caillaux et moi, toutes les correspondances qui pouvaient nous diviser. C'était après que M. Caillaux m'avait de nouveau juré une éternelle fidélité. J'ai pu voir ce que valait l'honneur de M. Caillaux. Sa trahison me déliait. Et là, il s'est produit un miracle en ma faveur. Ma sœur, à mon insu, avait fait faire des reproductions photographiques que mon frère avait heureusement gardées. C'est grâce à ces lettres, en dépit des pressions de mes défenseurs, en dépit de la partialité du juge, que le divorce a pu être prononcé aux torts de mon mari. Depuis le 23 juin 1911, jour où ce jugement a été transcrit sur les registres de l'état civil, ces lettres sont déposées dans mon coffre à la Société générale. Elles n'en sont jamais sorties. Le 13 mars dernier, lorsque *Le Figaro* a publié la lettre « Ton Jo », j'ai téléphoné à M. Caillaux pour lui dire : « Je n'y suis pour rien. » Il m'a répondu : « Je le sais bien. Vous êtes trop droite, trop loyale pour cela. »

Ici, M. Caillaux interrompt : « Je ne me rappelle pas avoir employé ces mots. » Toute cette journée, il a été comme un chasseur à l'affût, guettant le moment où le gibier passera dans sa ligne de mire. Lorsqu'elle dit : « Nous étions unis par l'amour le plus pur, nous étions un couple admirable », il rectifie sans tendresse : « Nous étions d'excellents amis. » Sans doute est-il exaspéré de se voir ainsi, en public, tourné et retourné sur le gril de ses fautes. Ce n'est pas un rôle pour lui. Alors, il en rajoute : « Mon malheur fut de vous rencontrer, mon erreur de vous épouser. La mésintelligence a commencé dès notre mariage. » Un homme comme lui peut admettre avoir trompé, mais n'accepte pas d'avoir été trompé à son tour. Insiste-t-elle sur sa méritoire fidélité à un homme qui ne lui était pas fidèle, il riposte avec une goujaterie tranquille : « Je ne veux rien dire contre une femme qui a porté mon nom, à laquelle j'ai été attaché tant d'années. Mais quand je suis parti, c'est que ma dignité ne me permettait plus de vivre avec vous. » On comprend et l'on murmure. Décrit-elle sa détresse de femme délaissée et dépourvue de ressources, il ricane et, hors de lui, moins soucieux de marquer un point décisif que de blesser et d'humilier, il lâche, cinglant : « Vous n'aviez pas un sou quand je vous ai prise. Le divorce n'a pas été une mauvaise affaire pour vous. Il vous a rapporté 200 000 francs comptant, et me coûte chaque année 18 000 francs que je vous verse scrupuleusement aux dates prévues. » C'est aller trop bas dans l'inélégance. Des « oh ! » et des « ah ! » d'étonnement suivis d'une vague de réprobation s'élèvent dans la salle, qu'il défie du regard.

S'agit-il toujours d'un grand procès d'Assises ou d'une audience de non-conciliation chez le juge de paix ? Le public, médusé, à la fois vaguement gêné et tenu en haleine par une curiosité assez basse, a le sentiment d'assister sans y avoir vraiment droit à une scène de ménage à la fois feutrée et féroce, comme il peut y en avoir dans la meilleure société.

Que cache une telle animosité ? Que révèle-t-elle ? L'homme précis, l'homme froid, l'homme supérieur que prétend être M. Caillaux s'irrite sans doute du rappel de ses faiblesses et de devoir affronter de nouveau, telle qu'il l'a découverte, telle qu'il l'a connue, telle qu'il l'a aimée, telle qu'il s'en est lassé, impérieuse et despotique, si sûre d'elle-même, si encline à tout régenter, cette femme de tête, qui lui tient tête. Et elle mesure une fois de plus tout ce qu'elle a perdu en le perdant. Et pour qui ? Nul doute que, dans l'esprit de Mme Gueydan, le plus grand crime de Mme Caillaux n'est pas d'avoir assassiné Calmette mais bien de lui avoir pris son mari.

Entre ces deux-là, qui se font face à quelques mètres l'un de l'autre, ne reste-t-il pas quelque chose qui ressemble aux cendres encore chaudes d'un amour ? N'y aurait-il plus que de la haine ? Je n'en jurerais pas, et je ne suis pas le seul. Mme Caillaux suit avec une attention et une anxiété non feintes la joute qui oppose son ancienne rivale et son actuel mari. Celui-ci a beau donner le change en outrant l'affirmation de son bonheur présent et de sa passion pour elle, elle voit bien qu'il n'y en a plus que pour l'autre, qu'elle est reléguée au second plan, qu'elle ne compte plus, qu'on la délaisse, qu'on l'a oubliée dans son coin. Alors, elle recourt à une recette éprouvée : elle se trouve mal. D'un bond, Caillaux est près d'elle. Il entre dans le box, il écarte les gardes, il la prend dans ses bras et l'emporte dans la petite pièce voisine.

À la reprise, Me Labori parle à l'oreille de M. Caillaux. L'éminent avocat adjure évidemment le mari de sa cliente de se ressaisir. Ses échanges avec Mme Gueydan, s'ils amusent la galerie, font inutilement diversion et ne peuvent que rabaisser leurs protagonistes.

Mme Gueydan revient à la barre. Dans sa main gantée, un petit paquet : les lettres, les fameuses lettres. Finalement, il n'y en a pas deux ou trois mais huit ou dix, on ne saisit pas très bien, qu'à la réflexion elle a décidé de sortir de son coffre-fort pour les mettre à la disposition de la justice. Ce qui débouche sur une de ces étranges comédies-ballets dont les tribunaux ont le secret. Ces lettres, ni le président, malgré son pouvoir discrétionnaire, ni le procureur que l'on aurait pu croire plus curieux, ne veulent les joindre au dossier. Ce sont des pièces privées. Me Chenu se récuse à son tour, on ne sait trop pourquoi, les propose à Me Labori, qui se récrie. Ne pourrait-on permettre aux membres du jury d'en prendre connaissance sous le sceau du secret ? Finalement, Me Chenu et Mme Gueydan, unissant leurs efforts, persuadent Me Labori de les accepter en dépôt, s'en remettant à sa discrétion et à sa délicatesse de les lire et de décider lui-même de celles qui sont de nature à intéresser le procès.

La déposition de Mme Gueydan a occupé toute l'audience. S'adressant directement à M. Caillaux, elle conclut par un « Je vous pardonne », très noblement dit. À quoi il réplique de la plus mauvaise grâce du monde : « Et moi, je pardonne à Mme Gueydan ce qu'elle vient de dire. » Elle réitère très calmement : « Je ne réponds pas aux insultes de M. Caillaux et je lui pardonne. » Puis, tête haute sous son ample chapeau dont l'architecture développe des volutes compliquées, elle quitte le tribunal avec la gracieuse majesté d'un grand navire aux voiles gonflées par le vent.

*

Chaque matin, le pont-levis de la forteresse judiciaire se referme derrière nous et tous, acteurs ou spectateurs de la tragi-comédie qui s'y déroule, nous demeurerons toute la journée dans l'ignorance du drame qui se joue au-dehors. Nous sommes sans doute, avec les prisonniers, les malades et peut-être les écoliers, les seuls dans Paris à ignorer la marche, ou plutôt le galop de l'histoire dont tous les autres, les gens normaux, les bien-portants, suivent les péripéties heure par heure, grâce à tous les moyens que nous offre le progrès, télégraphe, téléphone, éditions spéciales et passants lumineux des journaux, sans compter les innombrables bruits qui courent.

C'est en rentrant au Matin, *à huit heures passées, que j'apprends ce que sait le monde entier : l'ultimatum autrichien et sa stupéfiante brutalité. Vienne exige la dissolution de toutes les organisations panslavistes, le châtiment de tous les complices de l'attentat, un contrôle efficace de la frontière. Cela est dur, mais attendu, et après tout légitime. Mais il s'y ajoute deux conditions inacceptables : la publication au* Journal officiel *serbe d'un texte fourni par l'Autriche et engageant le royaume, et surtout l'ouverture du territoire serbe à des commissaires autrichiens, civils et militaires, qui y conduiraient à leur guise l'enquête, autant dire la renonciation à la souveraineté nationale ! Et la réponse serbe est exigée dans les quarante-huit heures. Le délai est draconien, le ton comminatoire, les demandes formulées de telle façon qu'elles ne peuvent qu'être rejetées. Et précisément on dit que le général von Hoetzendorf a eu ce mot : « Pourvu qu'ils refusent ! »*

Cependant Poincaré, sur le chemin du retour, maintient ses escales dans les trois pays scandinaves !

Vendredi 24 juillet 1914

Ce matin, l'affaire Caillaux n'occupe plus toute la « une » des journaux parisiens, mais la partage moitié-moitié avec la note autrichienne.

La comédie autour des lettres « intimes » tire décidément en longueur. Finalement, nous apprend Me Labori, il y en a huit : trois de la main de M. Caillaux, quatre de Mme Caillaux, une d'un tiers. Touché de la confiance que lui a faite Mme Gueydan, Me Labori voudrait les lui restituer. Elle s'y refuse absolument. Alors, les remettre au président Albanel ou à M. Herbaux. Elle s'y refuse également. Ayant perdu l'attrait de la nouveauté, Mme Gueydan nous fait maintenant l'effet d'une actrice sur le retour, un peu cabotine, qui revient saluer en scène sans y avoir été invitée. Après bien des échanges confus, des politesses, des minauderies, il est convenu que les lettres seront versées au dossier et que Me Labori lira demain, en début d'audience, les deux seules qui intéressent la cause, qui sont celles que M. Caillaux a adressées à Mme Raynouard à l'époque où il était encore l'époux de Mme Gueydan. Ouf !

Des témoins encore. M. Albert Calmette, le grand savant : « Si Mme Caillaux avait laissé à mon frère le temps de parler, il l'aurait rassurée, il l'aurait raccompagnée, et il lui aurait fait porter des fleurs. »

M. Ceccaldi, dont la déposition est longue et fougueuse, se révèle un redoutable spécialiste du lancer du pavé de l'ours : « Je défends, dit-il, mon ami, mon chef, mon parti… Que serait la République sans Caillaux ?… Mais je ne doute pas un instant de l'attachement du jury à la démocratie… » Cet appel du pied un peu trop grossièrement politique soulève de véhémentes protestations, et les applaudissements frénétiques de la garde corse. M. Albanel laisse faire.

On attendait avec curiosité le témoignage de Barthou. On est resté sur sa faim : l'ancien président du Conseil aurait été dûment prévenu que, s'il se montrait offensif, on lui ressortirait la désertion de son frère.

« J'étais l'ami de Calmette depuis vingt-cinq ans, dit-il. Je veux dire tout le respect que j'ai pour Mme Caillaux, mais elle est défendue par un homme qui est la vivante incarnation du talent et de l'énergie. Laissez-moi avoir une pensée pour la victime et ses enfants. »

De longs applaudissements saluent cette phrase habile. L'audience tournerait-elle au meeting ? M. Albanel, cette fois, décide de montrer son autorité, et ordonne une suspension de séance. Le conseiller Dagoury, qui est l'un de ses deux assesseurs, se tourne vers lui et lui dit distinctement : « Monsieur, vous nous déshonorez. »

À la reprise, Barthou se défend vigoureusement d'avoir été pour quoi que ce soit dans la publication de la lettre « Ton Jo ». « J'aurais pu », dit-il en s'adressant à Caillaux, « utiliser le rapport Fabre contre vous quand vous m'avez renversé. Je ne l'ai pas fait. » C'est exact, il a attendu que Caillaux fût blessé pour essayer de l'achever. Pour finir, il rend hommage à la parfaite direction des débats par M. Albanel et à la méritoire discrétion du procureur Herbaux. On rit. M. Herbaux, vexé, prend la mouche : « Ministre ou simple citoyen, tout le monde ici est traité de la même manière. » Hilarité générale.

Henry Bernstein, l'auteur dramatique dont on parle, se présente lui aussi comme un vieil ami de Calmette. « C'était l'homme le plus répandu de Paris. Je le voyais plusieurs fois par jour, au *Figaro*, au théâtre, dans le monde… L'an dernier, à Aix-les-Bains, Mme Gueydan m'avait conté son malheur avec une grande dignité. Elle m'avait dit la partialité des magistrats. Elle m'avait cité le cas d'un avocat qu'on avait récompensé d'avoir refusé de la défendre en lui décernant une décoration. Je voulais en tirer une pièce. Calmette me l'a déconseillé. Il était l'honneur même. C'est pourquoi il ne pouvait comprendre que M. Caillaux ne lui eût pas demandé réparation par les armes... Il se trouve que les idées de Caillaux sont plutôt les miennes, et je n'avais pas caché à Calmette que je désapprouvais les accusations sans preuves portées contre Caillaux dans l'affaire de la succession Prieu. Mais j'ai trouvé insupportable, il y a trois jours, que M. Caillaux ait osé faire le procès d'un cadavre. »

Un mot, qui passe de bouche en bouche : Mme Caillaux a dû retourner au bureau de placement, cette fois pour embaucher M. Albanel.

*

L'Autriche refuse tout adoucissement et tout délai. La Russie proclame qu'elle n'abandonnera pas la Serbie. Nous sommes au bord du gouffre.

Samedi 25 juillet 1914

La justice, imperturbable, suit son cours, comme indifférente aux nuages qui s'accumulent et aux grondements de l'orage qui se rapproche. Mais si l'on étouffe ici, ce n'est pas seulement parce qu'on s'y entasse toujours autant, ni parce que les puissants ventilateurs électriques installés par les bons soins du président Albanel ne font que brasser la chaleur. En vérité, si nous sommes tous oppressés et n'avons plus l'esprit libre pour suivre attentivement le procès, c'est que nous sentons presque physiquement la menace qui pèse sur nous se faire plus lourde de jour en jour et d'instant en instant.

M. Albanel et M. Dagoury, qui siègent côte à côte, se regardent de biais en chiens de faïence. Il avait été question d'un duel. M. Dagoury le souhaitait. Mais M. Albanel préfère que les choses se règlent place Vendôme devant une instance disciplinaire.

Nous avons donc eu droit à la lecture, par Me Labori, de deux lettres adressées en 1909 par Caillaux à celle qui, divorcée de Léo Claretie et pas encore remariée, était déjà *sa chère petite Riri.* M. Caillaux a le goût des diminutifs.

En écoutant Me Labori, je me disais qu'en effet M. Caillaux avait tout à craindre de ces lettres, tant s'y étale en toute innocence sa banalité. Mais il y a bien longtemps que le ridicule ne tue plus. Quant à Mme Caillaux, on peut parfaitement comprendre qu'elle n'ait pas souhaité que le public eût connaissance de ces lettres qui n'étaient destinées qu'à elle, mais on cherche vainement ce qu'elles contenaient de si terrible pour elle. En tout cas, ça ne valait pas qu'on tue.

Dans la première de ces épîtres, longue de seize pages, M. Caillaux raconte longuement sa vie publique avant d'exposer minutieusement l'origine, l'évolution et la gestion de sa fortune. On est loin des *Lettres de la religieuse portugaise.* C'est aussi émouvant que le mémoire d'un homme de loi qui viendrait en appui d'une demande en mariage.

Quant à la deuxième lettre, à l'en-tête de la préfecture de la Sarthe, datée du 19 septembre 1909, donc de l'époque où, rabiboché en façade avec Mme Gueydan en prévision de la campagne électorale, Caillaux ne voyait plus sa maîtresse qu'en catimini, on dirait d'un collégien amoureux qui couche avec la bonne et redoute d'être surpris par ses parents. Je n'ai pas résisté à en recopier quelques lignes :

« Quand je t'ai rencontrée, j'ai ressenti une poussée de tout mon être vers toi, ma chère petite Riri. J'y aurais résisté, mais je n'étais pas heureux... Je t'aime et t'aimerai, je compte bien reprendre ma liberté quelque jour, mais en aucun cas je ne bougerai avant les élections... Ma conscience, qui est d'une délicatesse poussée jusqu'au scrupule et confinant à la bêtise... Tu me dis : "Tu as été faible, il fallait fermer la porte à la fugitive." J'avais, nous avions

tout à redouter d'une femme qui sentait sa situation perdue et n'avait pas encore eu le temps de se faire à cette idée. Ce que tu oublies, c'est que ma position électorale était pour ainsi dire perdue dans l'arrondissement... Tu observeras sans nul doute que je ne tire pas parti d'un incident précieux, que je perds du temps, et que je vais passer un hiver épouvantable. Tout cela est vrai, mais tout cela méconnaît non seulement ma légitime ambition politique mais, ce qui est beaucoup plus grave, les devoirs que j'ai vis-à-vis de mon parti et de mes amis. Je m'explique : mon parti m'a fait ce que je suis, je lui dois en honnête homme que tu me sais de me battre pour lui l'an prochain dans la plénitude de ma force... Ce qui est pénible pour moi, ce qui est pénible pour tous deux, c'est que, durant de longs mois, nous devrons avoir recours à d'infinies précautions... La vie n'est pas aisée à construire quand on a tant de choses à ménager, et une à laquelle je tiens par-dessus tout : la réputation d'une femme qu'on adore... »

Et cetera, et cetera.

Tout cela n'est pas très glorieux, et ne fait de Caillaux ni un héros ni un écrivain. Mais, baste, pour être un excellent ministre des Finances, on n'est pas tenu de faire jeu égal avec Choderlos de Laclos.

Pendant cette lecture qui lui rappelle des jours anciens, qui furent aussi des jours heureux, Mme Caillaux, le visage enfoui dans ses mains est secouée par de gros sanglots puis, glissant sur son banc, elle se dérobe graduellement à notre vue. Bon, nous sommes un peu blasés. Elle réapparaît au bout d'une demi-heure. Il paraît qu'on lui a fait respirer de l'éther et qu'elle a subi deux piqûres.

C'est à présent un éminent praticien qui vient soutenir que, si Calmette est mort, c'est qu'il a été mal soigné. Une opération immédiate l'aurait sauvé. Mais il fallait oser. En somme, ce sont ses médecins qui l'ont tué. S'ensuit une controverse passionnée entre professionnels. Le professeur Pozzi et le professeur Hartmann montent sur leurs grands chevaux : une salle de rédaction n'est pas l'endroit idéal pour opérer. De toute façon, la balle qui a perforé l'intestin était mortelle. Pas du tout, rétorque le témoin. J'ai sauvé plusieurs patients qui présentaient la même pathologie. On échange plusieurs fois les mêmes arguments, jusqu'à ce que le président Albanel, pour une fois unanimement approuvé, décide qu'on en restera là pour aujourd'hui.

*

L'ultimatum autrichien expirait ce soir à 18 heures.

Dimanche 26 juillet 1914

Relâche.

Hier à 17 heures 45, la Serbie, se pliant à toutes les exigences de Vienne, demandait des éclaircissements sur la participation de policiers et de militaires autrichiens à l'enquête sur Sarajevo. Trop tard ! L'ambassadeur d'Autriche avait déjà demandé ses passeports. L'Autriche avait refusé toute prolongation de l'ultimatum et annoncé qu'elle mettrait ses troupes en marche à partir de 18 heures. Le gouvernement serbe a décrété la mobilisation générale et quitté Belgrade. La Russie ayant confirmé qu'elle ne resterait pas spectatrice d'un conflit, l'Allemagne a dénié à qui que ce soit un droit de regard dans cette affaire locale : il fallait laisser l'Autriche et la Serbie régler leurs comptes, c'est-à-dire laisser l'Autriche régler son compte à la Serbie. À Berlin, à Vienne, à Budapest, les foules acclament la guerre. Le chancelier Bethmann-Hollweg est rentré à Berlin, le Kaiser, interrompant sa croisière estivale, a débarqué à Kiel.

Alors, tout est perdu ? Ce n'est pas possible ! François-Joseph ne ternira pas la fin d'un si long règne par un coup de folie. L'Allemagne peut encore retenir l'Autriche, la France et la Grande-Bretagne retenir la Russie. Et notre gouvernement qui flotte entre Baltique et mer du Nord, entre guerre et paix !

Lundi 27 juillet 1914

Ce matin, c'est un colonel, expert paraît-il reconnu dans le domaine de la balistique, qui vient nous faire un cours très savant. À l'appui de ses démonstrations, il utilise un mannequin articulé, de même corpulence que Calmette, habillé comme Calmette, sur lequel il a procédé à divers tirs d'expérimentation. Il fait passer dans les orifices ainsi pratiqués des tiges de métal qui matérialisent la trajectoire des balles. Les coups de feu tirés par Mme Caillaux, se sont très rapidement succédé, dit-il, et tout naturellement la tireuse, sans s'en rendre compte, a progressivement baissé son arme vers le sol. Il en résulte que si Calmette, d'abord atteint à l'épaule puis au bras, avait gardé la même position, les balles suivantes auraient percuté la cuisse ou la jambe, et il serait encore parmi nous. Mais, dans un mouvement réflexe, il s'est accroupi tout en se tournant, et la quatrième balle a traversé le ventre et transpercé l'artère iliaque. Moralité : si la victime est morte, elle n'y est pas pour rien. On l'a compris, le témoin était cité par la défense.

Après la pause du déjeuner, Caillaux se lève : « Je voudrais verser au dossier une pièce importante, avec votre permission, monsieur le président. » Albanel lui donne la parole, bien entendu. Rancunier, Caillaux s'en prend d'abord à Bernstein dont les propos, l'autre jour, n'ont pas eu l'heur de lui plaire. « Je ne permettrai pas à un homme qui a déserté de me donner des leçons de morale. » Puis il entreprend la lecture… du testament de Calmette. Étonnement général, agitation au banc de la partie civile. L'ancien ministre des Finances aurait-il bénéficié d'une fuite émanant des services de la rue de Rivoli, enregistrement ou direction de la fiscalité ? Comment a-t-il pu avoir communication d'un document strictement confidentiel ? Par les mêmes moyens, réplique-t-il, impavide, que M. Calmette s'était procuré la lettre « Ton Jo ». Quel rapport avec les faits ? Il s'agit de démontrer que Calmette était un homme vénal. En quinze ans, il a amassé une fortune de treize millions, dont seulement deux correspondent à ses émoluments. Il aurait fallu cent cinquante ans à un honnête homme pour réunir un tel magot. De là à insinuer que la campagne du *Figaro* était une campagne payée… Il se peut. Mais il n'en existe aucune preuve. La salle murmure. Caillaux persiste et hausse le ton ; le président le laisse dire. C'est à croire que cet homme politique, que cet homme intelligent prend plaisir à braver l'opinion, qu'il aime à se faire haïr.

Bernstein, prévenu qu'il avait été mis en cause, revient au Palais en fin d'après-midi et, après avoir d'une voix tonitruante sommé Caillaux, qui n'est plus là, de se montrer, exige un droit de réponse que le président n'ose lui refuser. Le dramaturge trouve dans sa colère l'inspiration de mots d'auteur, de mots qui font mal. Il commence par stigmatiser, après le dessinateur Forain et Me Chenu, l'homme qui monte sur la tombe d'un mort pour parler de plus haut. « C'est vrai, dit-il, j'avoue qu'à vingt ans, sur un coup de folie, j'ai déserté mon corps pour des raisons personnelles. Mais je suis revenu sur cette erreur, je l'ai réparée, j'ai été amnistié. Je pars le troisième jour de la mobilisation. Quel jour part M. Caillaux ? Je le préviens qu'à la guerre, on ne peut pas se faire remplacer par sa femme, et qu'il faut tirer soi-même ! »

Un tonnerre d'acclamations s'élève et le président fait évacuer la salle. L'audience ne sera pas reprise.

*

Après être passé au Matin, *j'ai parcouru les Grands Boulevards que des cortèges tumultueux arpentaient dans les deux sens, s'agglutinant autour des sièges des journaux et cherchant la bagarre, bien que toutes les manifestations soient interdites. De la Madeleine au carrefour Richelieu-Drouot, devant* Le Figaro *et aux terrasses des grands cafés, les chapeaux et les cannes dominaient. De la rue Montmartre à la République, c'étaient les casquettes. Les messieurs à chapeau criaient : « À mort Jaurès ! », « À mort Caillaux ! », « Vive la France ! », « Vive l'armée ! ». Par moments, ils cessaient de crier pour mieux estropier la* Marseillaise.

*Descendus de Belleville et de Ménilmontant, ou affluant de la Bastille et par le faubourg Poissonnière, les individus à casquette s'époumonaient aux cris de « Vive Jaurès ! », « Vive Caillaux ! », « À bas la guerre ! ». Des bribes d'*Internationale, *également braillée faux, s'élevaient de leurs groupes. Des agents à képi, dirigés par des civils coiffés de melons, contenaient et séparaient autant qu'ils le pouvaient les messieurs à chapeau et les individus à casquette, mais embarquaient seulement ces derniers, non sans leur avoir assené force coups de pèlerines plombées et de bâtons blancs. Il y a eu huit cents arrestations.*

On rappelle les permissionnaires. Poincaré s'est décidé à écourter son voyage. Il sera demain à Paris.

Mardi 28 juillet 1914

L'heure est venue des plaidoiries. Me Chenu se lève : « Après tant d'incidents tumultueux et divers », commence-t-il, « mes premières paroles seront peut-être pour vous étonner : je vais vous parler de l'assassinat de Gaston Calmette et je prends même l'engagement de ne pas parler d'autre chose. » Cela dit, après avoir en effet évoqué la figure de Calmette, le vieux renard s'attarde et se plaît à tracer de Caillaux en qui il dénonce « le vrai responsable » un portrait d'un réalisme cruel et pénétrant que l'on croirait ciselé dans le bronze ou gravé dans le métal comme une eau-forte. Me Chenu fait dans le grand style. Cicéron et Tacite ne sont pas loin. Et l'on dit que les humanités sont inutiles !

« M. Caillaux a d'exceptionnelles qualités d'esprit, une mémoire prodigieuse, mais avec des lacunes et des défaillances inexplicables, une haute intelligence, mais dépassée par l'opinion que visiblement il en a, une ambition sans frein ni limite, mais curieusement impatiente des obstacles ; comme législateur, faisant les lois ; comme ministre, les faisant appliquer, mais ne pouvant pour lui en supporter le joug comme citoyen, étendant sa main souveraine sur les trois pouvoirs, cherchant à les réunir alors que la loi et le bien de l'État exigent qu'ils soient séparés ; voulant être obéi, autoritaire, décidé à briser ceux qui lui résistent, à faire fléchir et à écarter de sa route par tous les moyens ceux qui l'embarrassent et le gênent, bref un de ces hommes dont la puissance est faite de leur propre audace et de la crainte qu'ils inspirent… »

Tandis que la voix de cuivre de Me Chenu égrène ses périodes classiques, je regarde Caillaux. Il écoute avec attention, et ne cille pas. Il esquisse même des sourires aux bons endroits, par exemple lorsque l'avocat le compare à Catilina. Manifestement, il ne lui déplaît pas de poser pour un grand peintre, même si celui-ci ne le flatte pas.

D'accabler Caillaux ne conduit pas Me Chenu à exonérer sa femme. Certes, il ne fait pas de doute pour l'ancien bâtonnier que par son attitude Caillaux a sciemment poussé Mme Caillaux à commettre l'irréparable. Elle a été un instrument, un agent subalterne, mais aussi une complice consentante. Et de fustiger son insensibilité. Elle n'était pas la malheureuse affolée qu'elle prétend être. Tout au long de la journée, elle a préparé avec méthode le crime qu'elle a exécuté de sang-froid. Sa main n'a pas tremblé. Elle n'a pas versé une larme. Un crime passionnel ? Allons donc ! Un assassinat politique. Elle a été le bras. Il était le cerveau. « Ce n'est pas d'avoir été mal soigné que Calmette est mort. C'est d'avoir été assassiné. »

Tous les regards se tournent vers Mme Caillaux qui ne sait trop quelle contenance adopter. Et soudain, une idée lui vient. Devinez… Mais oui, elle s'évanouit. Son mari et une infirmière la portent plutôt qu'ils ne la soutiennent jusqu'à la salle voisine où deux médecins lui prodiguent leurs soins.

Le procureur général, M. Herbaux, n'abuse pas du droit que lui a envié Me Chenu d'être sans indulgence. S'il ne nie pas qu'il y a eu meurtre, il ne serait pas étonné qu'en leur âme et conscience les jurés écartent la préméditation. Il ne requiert aucune peine précise.

Me Labori, lui aussi, rend hommage à Calmette. Mais il demande, symétriquement, qu'on rende justice à Caillaux. « On a traité indignement un homme d'État dont chacun, en dehors des passions, reconnaît le courage, la probité, l'intelligence. » Au passage, il ne se prive pas de donner un léger coup de patte à Mme Gueydan. « Je ne veux pas rouvrir le dossier du divorce, mais si je paraissais croire que M. Caillaux n'avait pas de griefs contre Mme Gueydan, je ferais sourire tout Paris. M. Caillaux s'est conduit en galant homme. »

Sur le fond, il rappelle l'antique adage : à qui profite le crime ? S'il y avait deux personnes qui n'avaient pas intérêt à la mort de Calmette, c'étaient bien M. et Mme Caillaux. Puis il évoque la très longue tradition d'acquittement des femmes en France. Une coutume, presque une règle. En 1885, Mme Clovis Hugues abat le courtier en publicité qui diffamait son mari, député de Marseille. Acquittée. En 1898, l'épouse d'un obscur député, Paulmier, avait résolu de faire taire le journal *La Lanterne* et son directeur, Alexandre Millerand, qui menaient campagne contre son mari. En l'absence de Millerand, elle avait déchargé sa rage et son revolver sur un obscur secrétaire de rédaction qui n'avait le tort que de se trouver là. Acquittée. Acquittée, Mme Steinheil, pourtant totalement incapable d'expliquer comment il pouvait se faire que les trois inconnus masqués, en longue lévite noire, jamais retrouvés, qui, dans la nuit, avaient expédié *ad patres* son mari complaisant et sa vieille entremetteuse de mère se fussent bornés à l'attacher fort lâchement aux barreaux de son lit, n'en avait pas moins été acquittée. Acquittée la belle Mme Porkës qui pourtant n'avait pas convaincu lorsqu'elle avait raconté que son mari, à ses côtés, dans le lit conjugal, sans qu'elle y fût pour rien, sans qu'elle pût l'empêcher, s'était suicidé d'une demi-douzaine de balles dont quelques-unes tirées dans le dos. Les deux dernières n'avaient eu ni le courage, ni la franchise ni les excuses de Mme Caillaux. Car enfin, celle-ci avait été victime d'une campagne dont la violence et la perfidie n'avaient pas de précédent. À quoi d'autre attribuer ce drame regrettable qu'aux excès d'une presse irresponsable qui abuse de la liberté ?

À sept heures cinquante-cinq, les jurés se retirent. Une demi-heure plus tard, ils demandent à consulter M. Albanel. À huit heures cinquante, le président du jury lit d'une voix mal assurée le résultat des délibérations. À la première question, la réponse est : non. Il n'y a pas eu meurtre. À la deuxième question, la réponse est : non. Il n'y a pas eu préméditation. Une huée formidable s'élève. Mme Caillaux étreint son défenseur. Le jury, le président et ses assesseurs, rasant les murs, prennent littéralement la fuite. (M. Albanel reviendra une heure plus tard dans la salle d'audience vide pour prononcer conformément à la loi le verdict d'acquittement.) Me Labori et Me Chenu, qui se donnent l'accolade, sont acclamés. De violentes discussions et des échauffourées se poursuivent dans le vestibule de Harlay. Sous la protection de leur garde de fer, MM. Caillaux et Ceccaldi parviennent à regagner leur voiture. Pendant ce temps, Mme Caillaux, emmenée dans le dédale des couloirs du Palais, trouve dans la cour du Dépôt un taxi dont la sortie passe inaperçue.

Comment se fait-il que M. Herbaux, de toute une semaine, n'ait pas cru devoir poser une seule question ? Quant à M. Albanel… J'apprends de la meilleure source – un membre du jury – que le président leur a caché qu'entre la condamnation la plus lourde et l'acquittement il existait toute une gamme de peines et qu'en particulier la requalification en coups et blessures ayant entraîné la mort sans intention de la donner aurait permis de prononcer une condamnation au moins symbolique.

Ce procès, au demeurant, n'a pas répondu aux attentes. L'affaire politique qui est à l'origine du drame n'a pas été traitée et s'est réduite au fil des audiences à un fait divers dont seules les personnalités en cause faisaient l'intérêt. Et puis, comme tout cela est petit, dérisoire, minuscule, à côté de ce qui se passe et de ce qui se prépare ! Ce soir, Jaurès, Sembat, Vaillant et Guesde sont à Bruxelles pour tenter de sauver la paix, mais l'Autriche a déclaré la guerre à la Serbie et ouvert les hostilités.

À dix heures du soir, Mme Caillaux, de retour chez elle et complètement rétablie, recevait ses amis.

25

« À L'AUTRE MAINTENANT ! »

Mercredi 29 juillet 1914

Le Figaro du jour, qui consacrait encore huit pages grand format au procès, titrait sur *« le verdict de la honte »*. Le journal de Gaston Calmette, c'est bien normal, vitupérait *« les magistrats vendus, le jury affolé, le gouvernement tremblant de peur »*. Il décrivait *« Caillaux et sa bande de cinquante forçats prêts à porter sur leurs épaules bonnes pour le fer rouge* un *ministre félon »* arpentant le Palais de justice *« le gourdin à la main, le revolver dans la poche »*. *« Le plus énorme scandale de notre époque »*, disait l'éditorial, *« vient de couvrir de boue et de sang la République radicale. »* Caillaux était présenté comme *« le chef de la nouvelle terreur »*… Les journaux, en ce temps-là, ne mâchaient pas leurs mots. La manchette de *L'Action française* parlait de *« permis d'assassinat »*. *La Libre Parole* n'était pas en reste. Mais dans l'ensemble la grande presse ne semblait pas trouver anormal l'acquittement de Mme Caillaux et la presse de gauche s'en félicitait…

Poincaré repoussa d'un geste brusque les quelque vingt journaux nationaux qu'il avait trouvés sur son bureau. Était-ce la fatigue du voyage ? Malgré le réconfort qu'il avait puisé dans le spectacle des cent mille fantassins et cavaliers qui avaient défilé devant lui à Tsarkoié Sélo comme l'image parlante des inépuisables réserves de la Russie, en dépit de l'accueil enthousiaste que lui avait réservé la foule parisienne lors de son arrivée à la gare du Nord, le président de la République était d'humeur chagrine.

— Eh bien, dit-il, il a gagné sur toute la ligne. Sa femme acquittée, le comité exécutif du parti radical qui lui demande de reprendre sa place à la tête du parti, le voilà libéré de toute entrave, de nouveau disponible pour faire sa rentrée. On n'a pas fini de les avoir dans les jambes, lui et son ami Jaurès…

— Vous me permettrez, mon cher président, dit Briand, de ne pas partager votre avis. Je serais presque tenté de vous contredire mot pour mot. Vous avez raison en apparence et pourtant mon intuition me dit que notre ami a perdu sur toute la ligne. J'ai toujours trouvé que Calmette y allait un peu fort, mais vous m'accorderez que Mme Caillaux est allée un peu loin. Quant à Caillaux lui-même, il a voulu rafler toute la mise, comme d'habitude, et c'est pourquoi il va tout perdre. Il aurait tout lâché pour se consacrer à la défense de sa femme, on l'aurait plaint et admiré ; il aurait poursuivi son activité politique mais laissé condamner sa femme, même à une peine de principe, on aurait considéré qu'il ne se mettait pas au-dessus des lois de la République. En fait, il n'a pas respecté politiquement le délai de décence qu'un homme dans sa situation se devait d'observer et nul n'a pu ignorer qu'en matière judiciaire il a violé et reviolé la règle sacrée de la séparation des pouvoirs. Me Chenu était dans le vrai : il y a du César et du Catilina chez cet homme-là : il pense que les lois sont faites pour les autres… Quant au parti radical, je crois bien que tout le monde, y compris les intéressés, se contrefout dans les circonstances actuelles de ce qui pourra se dire demain à son comité exécutif. En ce moment, c'est sur vous, c'est sur votre gouvernement que toute la France a les yeux fixés. Vous l'avez bien vu ce matin, à la gare du Nord. Reste Jaurès, évidemment…

Isvolsky referma la porte-fenêtre de son bureau. Il avait dû sortir sur le balcon pour saluer une délégation de la colonie russe de Paris venue acclamer le tsar et la guerre. L'ambassadeur était aux anges. Dépêches des agences ou communications officielles, tout allait dans le même sens. Après avoir massé douze corps d'armée à la frontière austro-russe, le général Soukhomlinov, ministre de la Guerre, venait d'annoncer le mouvement de quinze corps d'armée vers la frontière avec l'Allemagne. Berlin refusait la médiation proposée par sir Edward Grey. L'engrenage des alliances s'était mis en marche. Il tenait sa revanche. L'Autriche allait payer l'erreur qu'elle avait commise en 1909. Plus rien ne pouvait éviter la guerre. Rien ni personne. Personne…

Il sonna. Le comte Demidov, aide de camp de service, apparut aussitôt et se raidit dans un admirable garde-à-vous.

— Vous m'avez demandé, Excellence ?

— Mais oui, mon petit. Vous allez chercher l'homme qui attend dans la petite antichambre et me l'amener ici. Prenez garde qu'on ne vous voie pas.

Resté seul, l'ambassadeur regarda pensivement une carte de visite où étaient écrits les mots suivants : « Raoul Villain – étudiant ». Il mit le feu au petit morceau de carton auquel il alluma son cigare, et se frotta les mains :

« À l'autre maintenant ! »

26

COMME UN FÉTU DE PAILLE…

Elle était là. Elle était là, la bête puante. Elle avait fait irruption au milieu de l'été, des fêtes, des bals, des plages et des fleurs et maintenant, elle allait son chemin, ravageant villes et campagnes, brûlant les maisons, fauchant les moissons et dévorant les hommes.

L'Europe n'avait jamais été plus belle, plus raffinée, plus riche, plus rayonnante. Elle régnait et faisait régner sa paix sur le monde. Elle s'était partagé l'Afrique et l'Asie. Elle régnait par son avance technique, par sa capacité industrielle, par sa puissance financière, par sa supériorité militaire.

Et voilà qu'en l'espace de quelques jours, l'invraisemblable éventualité du suicide collectif d'une civilisation et du continent qui l'avait enfantée était devenue réalité. Dans toutes les capitales d'Europe, des foules prises de folie acclamaient la perspective de leur propre anéantissement. Sur la plus grande place de Munich, perdu dans la cohue, un inconnu nommé Hitler, en extase, les larmes aux yeux, rendait grâces au ciel de la divine surprise qu'il lui offrait. Au même moment, à Paris, René Viviani raccompagnait sur le perron du ministère des Affaires étrangères la délégation socialiste conduite par Jaurès. On lui voyait les yeux rouges d'un homme qui a pleuré toute la nuit. « Qu'ai-je fait ? Mais qu'ai-je fait ? » bégayait-il en se tordant les bras. Mais il était trop tard.

Le 29 juillet, la Russie avait décrété la mobilisation partielle. Le 30, l'Allemagne la sommait d'arrêter ses préparatifs militaires. Le 31, le tsar annonçait la mobilisation générale, le Kaiser proclamait l'état de danger de guerre, Jaurès était assassiné et la France mobilisait à la demande de la Russie. Le 1er août, l'Allemagne déclarait la guerre à la Russie. Le 2 août, l'Allemagne entamait les hostilités contre la France et envahissait la Belgique. Le 3 août, à la réflexion, l'Allemagne déclarait la guerre à la France. Le 5 août, la Grande-Bretagne déclarait la guerre à l'Allemagne…

Le tsunami emportait tout pêle-mêle sur son passage, les idées, les résolutions, les clivages, les partis et les hommes. Du jour au lendemain, le procès Caillaux, les suites du procès, les enjeux du procès, la querelle autour du procès, le nom même de Caillaux avaient disparu de l'actualité, des conversations et même, aurait-on dit, des mémoires. Et ce n'était pas seulement parce que le contingentement du papier réduisait la pagination de tous les journaux à une simple feuille recto-verso. Le scandale du siècle était englouti dans le tumulte assourdissant des événements. Qu'était-ce que la mort d'un homme au regard des millions de morts-vivants qui marchaient vers leur tombe ?

Et Caillaux lui-même existait-il encore ? Avait-il jamais existé ? Balayé par la tempête, emporté lui-même comme un fétu de paille, il lui était permis d'en douter. Car les preuves de sa non-existence s'accumulaient.

Le 31 juillet, le jour même où Raoul Villain abattait Jaurès, le préfet de police informait Caillaux qu'à son grand regret, et compte tenu des circonstances, il lui était désormais impossible d'assurer sa protection. Il se permettait de lui suggérer de se retirer chez lui à Mamers où il lui serait sans doute plus facile d'organiser sa propre sécurité.

Le gouvernement Viviani fut remanié le 26 août. De la droite à la gauche, toutes les tendances étaient représentées et tous les dirigeants politiques de quelque importance figuraient dans la nouvelle équipe : Delcassé, l'homme de la Triple Entente, Ribot, que Poincaré réussissait enfin à caser, Millerand, le plus réactionnaire des renégats du socialisme, Briand l'insubmersible, et le bon Doumergue. Mais aussi Guesde, Albert Thomas et Marcel Sembat, au nom, il va de soi, de leur indéfectible fidélité à Jaurès... Et même Malvy, et Messimy, les protégés de Caillaux. Tout le monde était là pour la photo, à l'exception de Caillaux. On ne lui en avait même pas fait la proposition que du reste il eût déclinée. Il n'avait pas sa place dans cette hétéroclite coalition que la guerre cimentait sous le nom d'union sacrée. Mais ce qui lui fut le plus douloureux, c'est que nul ne commenta ni même ne fit mine de remarquer son absence. Le Parlement anesthésié, les partis en hibernation, la presse soumise à la censure, quelle place restait-il pour la parole, quelle tribune pour l'opposition ? Le sol se dérobait sous ses pas. Il n'était plus rien. On le lui faisait sentir, et on le faisait payer pour ce qu'il avait été.

Admis sur sa demande dans les armées avec le rang de payeur-général, équivalant au grade de colonel, il y subit les avanies et les humiliations de son supérieur, le général Brugère, et des officiers de son état-major ravis de mettre en quarantaine avec les vifs encouragements de leur chef le pékin, l'adversaire des trois ans, l'ennemi de l'armée, le complice de Jaurès, le mauvais Français, le défaitiste, le traître que l'heureux hasard de la guerre leur mettait sous la patte. Il écopa même de huit jours d'arrêt pour avoir dans une lettre à sa femme donné machinalement le lieu d'expédition. Il prit ses distances et fut réaffecté en principe au groupe d'armées Maunoury, en formation. Mais rentré à Paris il ne pouvait s'y montrer en public sans que quelque ligueur ou quelque groupe de bons citoyens le prît à partie. Algarades, insultes, menaces étaient son lot et seule l'intervention de la police lui épargna à plusieurs reprises les mauvais coups. Le danger qu'il courait n'avait rien d'imaginaire.

En vain Messimy proposa-t-il de le faire nommer à l'état-major de Sarrail, « le général républicain » (et franc-maçon).

Mais Sarrail, pour cela même, était tenu à l'œil et appartenait comme Caillaux à la catégorie des suspects.

Si peu d'espace qu'il restât pour le débat, et si peu de place pour l'expression d'une opinion critique, Caillaux gênait, embarrassait par sa seule présence comme un vivant reproche à la fois parce qu'il ne se cachait pas assez d'être même en temps de guerre hostile à la guerre et parce qu'au fond on était conscient de la sottise et de l'injustice qu'il y avait à se priver des services d'un homme de sa qualité.

Enfin Louis Malvy, survivant miraculé du cabinet Doumergue-Caillaux, toujours ministre de l'Intérieur et toujours fidèle à son parrain en politique, parvint fin octobre à persuader ses collègues et le soupçonneux Poincaré de confier à Caillaux une mission, de toute première importance, d'étude des relations économiques franco-brésiliennes. « L'idée, avoue Poincaré dans ses *Mémoires*, était moins d'employer les talents de M. Caillaux que d'éloigner sa remuante opposition. »

27

DU CÔTÉ DE CHEZ SWANN…

13 novembre 1914

Un soleil couchant énorme, rond et rouge, telle une orange sanguine, allumait des reflets pâles et sanglants sous la verrière de la gare, comme une allusion aux millions de jeunes hommes qui abreuvaient de leur sang les sillons de la vieille Europe.

On ne prêta pas attention au petit groupe que formaient Caillaux, sa femme, la femme de chambre et le ministre de l'Intérieur. Comme trois ans plus tôt – mon Dieu, cette époque hier si proche, aujourd'hui si lointaine, « l'avant-guerre » – Malvy était venu saluer les voyageurs sur le départ. Il accompagna les Caillaux jusqu'à leur compartiment. Presque un acte héroïque comme le soulignait sa gêne. Chef de la police, il avait déjà des raisons de penser que sa police le surveillait de près.

« J'espère que vous ferez un bon voyage, murmura-t-il. Il n'y a aucune raison, personne ne peut être au courant. Vos places ont été réservées au nom de Raynouard. J'ai détaché deux inspecteurs qui assureront votre tranquillité pendant le trajet. La police locale prendra le relais à votre arrivée à Bordeaux et vous escortera jusqu'au paquebot. Maintenant, il faut que je me sauve. Si ma présence ici s'ébruitait, ça ferait encore toute une histoire. Madame, acceptez mes respectueux hommages. Permettez, président, que je vous donne l'accolade. Mes pensées vous accompagneront, dans l'attente de jours meilleurs. »

Le train roulait maintenant en pleine campagne, mais à vitesse réduite. La priorité étant aux convois militaires, ils n'arriveraient pas à Bordeaux avant le lendemain matin. En attendant, ils se sentaient bien dans la confortable quiétude du sleeping-car. Chaque tour de roue les éloignait de Paris, des haines, des huées, des poings tendus, des cannes brandies. À défaut d'être utile, la mission au Brésil promettait d'être dépaysante. Et là-bas au moins, on n'était pas en guerre.

Mme Caillaux prit dans le filet à bagages au-dessus de sa tête son petit sac de voyage et en sortit un livre broché.

« Qu'est-ce que tu lis ? »

Elle lui montra la couverture : « Marcel Proust. À LA RECHERCHE DU TEMPS PERDU. Tome I. *Du côté de chez Swann.* » Le titre ne lui disait rien, mais le nom de l'auteur lui rappelait vaguement quelque chose de désagréable.

« C'est paru l'an dernier. Il paraît qu'on en a beaucoup parlé, mais tu penses bien qu'avec tout ce qui nous est arrivé, j'avais la tête ailleurs. La princesse Estradère m'a juré que c'était très original, que ça ne ressemble à rien de connu. »

Elle chaussa ses lunettes et ouvrit le volume, pour s'exclamer presque aussitôt :

— Ah non, par exemple, c'est trop fort !

— Qu'y a-t-il donc ?

— Regarde plutôt !

Sur la page de garde qu'elle lui indiquait, on pouvait lire : *« À Gaston Calmette. Comme un témoignage de profonde et affectueuse reconnaissance. Marcel Proust. »*

— C'est un coup de cette vipère d'Estradère. Je suis sûre qu'elle l'a fait exprès pour se venger de n'avoir pas été conviée à notre soirée du 28 juillet.

— Mais oui, je me souviens maintenant, dit-il en se frappant le front. C'est ce petit gommeux, cette crevure de salon qui a souscrit une fortune pour un monument à Calmette...

Il fit le geste de lui rendre le livre...

— Ah non, merci bien. Je ne vais pas lire cette saleté. Je crois que je vais me reposer. Ça ne t'ennuie pas de baisser un peu la lampe, s'il te plaît ?

Elle dormait maintenant, la joue contre l'appuie-tête qui déformait son visage et aplatissait son chapeau, la bouche légèrement ouverte. Il la contempla sans indulgence. Ce spectacle qui naguère l'aurait attendri l'agaçait, et il s'en irritait autant contre lui-même que contre elle. *Parce qu'enfin*, songea-t-il, *je ne pourrai jamais oublier ce qu'elle a fait, ce qu'elle a osé pour moi.*

Pour lui ? Mais qu'en savait-il en définitive ? Quelle était dans le geste de sa femme la part de l'amour et du sacrifice, la part de la vanité et de la respectabilité bourgeoise ? *Pour qui a-t-elle tué ? Pour moi ou pour elle ? Est-ce moi qu'elle aime, ou le président Caillaux ? Elle a cru bien faire, j'en suis sûr, mais l'enfer aussi est pavé de bonnes intentions. Le fait est que personne, même Calmette, ne m'a plus fait tort qu'Henriette.*

À cause d'elle, j'aurai été absent de la partie au moment même où ma présence aurait été la plus nécessaire, où j'aurais été le plus utile. Il y a eu un moment où j'étais le maître du jeu, un moment où le destin hésitait, et je suis passé à côté de ce moment. Je n'avais qu'une préoccupation, une obsession, je me suis laissé accaparer par sa défense. Tout mon temps, toute mon énergie y ont passé. Je n'ai plus rien vu venir, je n'ai rien su empêcher. Je me suis fait avoir. Je n'ai à m'en prendre qu'à moi-même. Le plus drôle de l'histoire c'est qu'au bout du compte ce pauvre Calmette aura eu ce qu'il voulait. Son cadavre en travers de mon chemin m'aura barré la route du pouvoir.

Henriette, il y a quelque temps déjà que ce n'est plus l'amour fou de nos débuts. Oh, je lui suis fidèle, en gros, depuis que nous sommes mariés, et pourtant, ce ne sont pas les occasions qui manquent. Je ne parle pas des petites entorses au contrat, en passant, par-ci par-là, mais pas une liaison, pas une histoire sérieuse, rien qui tire à conséquence. D'ailleurs, les cinq à sept, les rendez-vous galants dans des maisons discrètes, ce n'est plus de mon âge. Et où trouverais-je le temps ? Tiens, par exemple, cette Mme B., la femme du président du tribunal de Mamers, j'ai cru comprendre en septembre dernier que si je poussais un peu mes travaux d'approche... Bon, nous verrons cela à notre retour. Ce n'est pas que je sois fatigué de Riri, mais il y a quand même quelque chose de cela. C'était déjà la même chose avec Berthe. Quelquefois je me demande si je ne les aimais pas surtout quand elles étaient mariées, et parce qu'elles étaient mariées à un autre. Pascal me dit qu'au fond je n'aime pas les femmes, mais seulement la conquête.

Quand même, il est sûr que cette pauvre Riri n'a pas inventé l'eau tiède. Après tout ce que j'ai fait pour elle, après que j'ai déplacé des montagnes, que j'ai remué ciel et terre pour la tirer du guêpier où elle s'était fourrée, tout ce qu'elle a trouvé à me dire quand nous nous sommes retrouvés seuls, le soir de l'acquittement, rue Alphonse-de-Neuville, c'est : « Jo, jure-moi que tu ne m'as pas trompée pendant que j'étais en prison ! » J'attendais d'autres remerciements.

Quand on y réfléchit, quelle sottise, quel monstrueux gâchis. C'est l'éternel recommencement de Cléopâtre. Tout cela est tellement bête, à s'en taper la tête contre les murs ! Parce qu'une femme qui n'y voit pas plus loin que le bout de son nez, parce qu'un fanatique, parce qu'un fou furieux ont tiré en tout une demi-douzaine de balles dont trois mortelles, l'Europe est en guerre et je suis persona non grata *dans mon propre pays ! Et je serais condamné à passer le reste de mes jours en tête à tête avec une femme à la cervelle d'oiseau ?*

Il prit machinalement le livre qui était resté sur la banquette à côté de lui. Depuis quand n'avait-il pas lu un roman ? Depuis le temps lointain de ses études, il ne lisait plus. Sa bonne culture classique lui permettait encore de truffer ses discours de quelques citations de Virgile ou d'Ovide, de quelques anecdotes puisées dans Tite-Live, Plutarque ou le *De viris*. Mais lire pour lire, lire pour le plaisir de lire, il ne savait plus ce que c'était.

Il essaya pourtant de se forcer, mais les longues phrases de l'auteur, la vacuité de ses préoccupations, la futilité prétentieuse de son propos le découragèrent. Il étouffa un bâillement et allait refermer le volume lorsque quelques lignes, après qu'il les eut parcourues d'un regard distrait, puis relues plus attentivement, lui sautèrent pour ainsi dire au cœur :

> *Et avec cette muflerie intermittente qui reparaissait chez lui dès qu'il n'était plus malheureux et que baissait du même coup le niveau de sa moralité, il s'écria en lui-même : « Dire que j'ai gâché des années de ma vie, que j'ai voulu mourir, que j'ai eu mon plus grand amour pour une femme qui ne me plaisait pas, qui n'était pas mon genre ! »*

« *Et avec cette muflerie intermittente* »... Il se répétait tout le passage, il s'en pénétrait, il le savoura jusqu'à ce qu'il l'eût entièrement incorporé à sa mémoire, à sa sensibilité, à ses propres amours, à sa vie passée, présente et future, et, sans trop chercher à savoir pourquoi, il sombra dans une mélancolie profonde, tandis que le train s'enfonçait dans la nuit.

Table

Avant-propos 7

1. UNE JOURNÉE PARTICULIÈRE 13
Lundi 16 mars 1914, sept heures et demie du matin 13
Lundi 16 mars 1914, onze heures du matin 16
Lundi 16 mars 1914, onze heures et demie 18
Lundi 16 mars 1914, après-midi 20

2. « LE JEUNE ET TRÈS BRILLANT MINISTRE… » 31
1899 – 1910 31

3. DU PLOMB DANS L'AILE 43
2 mars – 23 juin 1911 43

4. LA GUERRE DE 1911 N'AURA PAS LIEU 49
24 juin – 30 décembre 1911 49

5. CAILLAUX TOMBE POUR LA PREMIÈRE FOIS 79
9 janvier 1912 79

6. « JE REVIENDRAI » 85

7. CONFIDENCES SUR LE PAPIER 89
Février 1912 – mai 1913 89

8. « LA FRANCE NE SOUHAITE PAS LA GUERRE, MAIS ELLE NE LA CRAINT PAS » 95
Printemps – été 1913 95

9. LES HABITS NEUFS DU PRÉSIDENT CAILLAUX 111
Octobre – décembre 1913 111

10. CE N'EST RIEN, C'EST UN GOUVERNEMENT QUI TOMBE ! 117
2 décembre 1913 117

11. LA FAUSSE BARBE À PAPA 125

12. IIIe RÉPUBLIQUE, MODE D'EMPLOI 133

13. TROIS HOMMES ET UN COMPLOT 137
3 décembre 1913 137

14. ISVOLSKY ENTRE EN SCÈNE 149
6 décembre 1913 149

15. FAIBLESSE D'UN HOMME FORT 159
Décembre 1913 – janvier 1914 159
16. FEU À VOLONTÉ ! 169
4 janvier – 14 mars 1914 169
17. « TON JO… » 189
Vendredi 13 mars 1914 189
18. UN AMI VÉRITABLE 199
Samedi 14 mars 1914 199
19. « MON PAUVRE CALMETTE… » 209
Lundi 16 mars 1914, six heures et demie 209
20. LE RAPPORT FABRE 215
17 mars – 4 avril 1914 215
21. LE CÔTÉ DE MAMERS 239
5 avril – 26 avril 1914 239
22. « L'HOMME LE PLUS PUISSANT DE FRANCE » 251
27 avril – 27 juin 1914 251
23. « ENSEMBLE, TOUT EST POSSIBLE » 259
28 juin – 17 juillet 1914 259
24. « LE PROCÈS DU SIÈCLE » 275
Lundi 20 juillet 1914 276
Mardi 21 juillet 1914 281
Mercredi 22 juillet 1914 285
Jeudi 23 juillet 1914 289
Vendredi 24 juillet 1914 296
Samedi 25 juillet 1914 298
Dimanche 26 juillet 1914 301
Lundi 27 juillet 1914 302
Mardi 28 juillet 1914 304
25. « À L'AUTRE MAINTENANT ! » 309
Mercredi 29 juillet 1914 309
26. COMME UN FÉTU DE PAILLE 313
27. DU CÔTÉ DE CHEZ SWANN 317
13 novembre 1914 317

Composition et mise en page

NORD COMPO
multimédia

CET OUVRAGE
A ÉTÉ ACHEVÉ D'IMPRIMER
SUR CAMERON
PAR L'IMPRIMERIE NIIAG
À BERGAME (ITALIE)
EN DÉCEMBRE 2012

N° d'édition : L.01EUCN000541.N001
Dépôt légal : janvier 2013